1

**Tarot, lumière gnostique d'Egypte :
les lames sont des cartes du ciel
et des images de l'âme.**

Par Monsieur le comte Pascal de Treffainguy

Contributions d'André Serre

« Arrêtez-vous, devenez lucides :
regardez de nouveau avec les yeux du coeur !
Et si vous ne le pouvez pas tous, au moins ceux qui le peuvent.

Car le fléau de l'ignorance submerge la terre entière,
met en péril l'âme emprisonnée dans le corps
et l'empêche d'entrer dans le havre du salut »,

Le grand mal de l'homme est qu'il ne connaît pas Dieu,
Corpus Hermeticum d'Hermès Trismégiste, chapitre III.

Préface.

Cette réédition de l'ouvrage de Pascal Treffainguy sur le Tarot a beaucoup tardé. La première avait été très confidentielle, mais elle avait beaucoup circulé en copie pirate. Le volume des propos a donné lieu pour cette réédition à une division en deux tomes : un théorique sur le Tarot et l'autre consacré à l'étude des lames majeures.

Nous soulignons le caractère exceptionnel des informations données par l'auteur sur la manière dont les lames du Tarot ont été construites à partir de cartes du ciel et nourries de la philosophie platonicienne.

Cet ouvrage est ainsi unique dans le vaste panorama des études sur le Tarot. Il a marqué bon nombre de lecteurs, dont il a transformé la vision du jeu, et nourri d'intenses échanges avec l'auteur.

Pascal Treffainguy n'a pas souhaité reprendre les informations d'ordre psychique données généralement sur le Tarot mais il s'est attaché plutôt à son aspect spirituel et à son message eschatologique.

Cette approche et le propos anti-moderne peuvent choquer un public non-averti.

8

Avant propos de l'auteur.

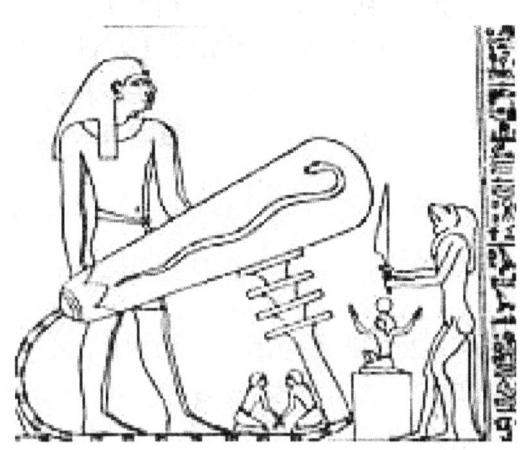

Temple des Athors, Dendérah (Egypte)
Image Wikipedia

Les traditions antiques ont suspecté deux groupes humains
de se tenir derrière les événements du monde : les fidèles
du Dieu d'Abraham, le Dieu vivant, et ceux d'une
mystérieuse « confrérie du serpent ». Son origine
remonterait avant le Déluge et à des êtres mystérieux, mi-
humains mi-dieux appelés *Néphilim* par la bible. Cette
confrérie aurait survécu aux flots en la personne de Cham,
le fils maudit de Noé, et méditerait de sombres dessein.
Les deux autres frères Japhet et Sem seraient restés
fidèles à la foi de leur père, chargés d'assister
spirituellement l'humanité.

Que doit t-on croire ? Que nous enseigne l'ethnologie moderne? Les découvertes de l'archéologie ont connu un éclairage nouveau depuis les derniers progrès de la science moderne et de la technique. La vision actuelle des archéologues contraste beaucoup avec les interprétations souvent romantiques et spiritualistes des premiers égyptologues et orientalistes du XIXe siècle.

Ainsi, la représentation qui a été placée en antenne de cet avant-propos est pour le moins une provocation. Elle suggère que les décorateurs des pyramides connaissaient entre autre l'usage de la lampe à incandescence. Les dirigeants de l'Egypte antique auraient t-ils alors fait partie de cette confrérie vicieuse. Le fameux serpent de cette confrérie est t-il l'onde électrique? La maitrisaient t-ils et leurs fins étaient t-elles perverses, comme le pointe la bible?

Un savant moderne éclaire le questionnement sur l'usage antique de l'électricité : Nicolas Tesla. Les découvertes de l'ingénieur serbe, partenaire de la banque J. P. Morgan (le banquier du jeu de Monopoly et sa société General Electric), ont suivi leur chemin dans nos sociétés en toute confidentialité.

Tandis que nous profitions sans le savoir de sa découverte du courant alternatif, du téléphone et d'une myriade d'autres de ses inventions, nos gouvernants auraient mis au point dans l'ombre des moyens de contrôler nos sociétés avec une redoutable efficacité, voire une nette perfidie. Leurs machines à orienter le psychisme par l'électricité, basées sur les inventions de Nicolas Tesla, rappellent ainsi beaucoup les précédés décrits dans les pyramides. Somme nous face à une réédition des pratiques ayant justifié que Dieu engloutisse l'humanité dans un déluge ?

Grâce à ces moyens techniques réédités, la confrérie moderne du serpent n'aurait jamais été aussi puissante. Elle disposerait de nos jours d'un arsenal industriel, servi par une puissance monétaire jamais égalée. Elle jouit de bien plus de pouvoir que la civilisation antédiluvienne, qui somme toute ne s'était jamais libérée du géomagnétisme. Programme de contrôle psychotronique, plan Saqqara, projet Blue Beam, HAARP et tous les « serpents électriques » plus ou moins éventés de la confrérie menaceraient nos existences.

Comment le savoir avec certitude ? La télévision, le cinéma et les médias ont façonné notre conscience avec leurs images, romantiques et violentes. Nos langues si riches depuis l'épisode de Babel se sont réduites avec le coefficient intellectuel moyen, de sorte qu'il est quasi-impossible à un étudiant d'université de lire un texte quelconque âgé de plus de deux cent ans, de dessiner une carte du monde détaillée ou de citer les régimes politiques successifs de son pays dans leur ordre et depuis sa création. Tandis que la technique et la connaissance du détail atteignaient des sommets, la vision d'ensemble et les dispositions morales des dirigeants n'ont fait que baisser.

Un petit groupe de criminels (le fameux « un pour cent ») dirigerait désormais une humanité abêtie et réduite en esclavage par l'image et les ondes. Nous avons déjà là une forme efficace de contrôle. Doit t-on imaginer pire ?

Sous cet éclairage, on comprend mieux l'opposition de Moïse à pharaon et les châtiments imposés par Adonaï aux Egyptiens. Ils avaient réduit les Hébreux en esclavage au nom d'idoles et dirigeaient le pays par l'hypnose. Après un combat entre les « serpents » des magiciens de pharaon et le bâton donné par Dieu à Moïse, les Hébreux ont pu sortir d'Egypte et être dirigés en toute sécurité vers le paradis d'Israël.

La situation a t-elle été reproduite et menace t-elle de nos jours les descendants de Sem et Japhet ? Comment en sortir ? Comment substituer aux images et aux ondes du système, les révélations de notre Créateur ?

Ce nouvel ouvrage, réédition corrigée et enrichie d'un texte écrit il y a vingt ans maintenant, entend ramener le lecteur là où le Tarot aurait été conçu : en Orient. Nous y voyagerons à la découverte d'un fabuleux livre d'images, en vingt-deux scènes, et la description d'un chemin de salut, permettant de sortir une nouvelle fois d'Egypte et de Babylone pour atteindre un paradis en ce monde.

Rien à avoir avec nos comédies, nos tragédies, nos films policiers et les dessins animés de nos enfants mettant en scène des événements de la vie quotidienne ou des récits fantastiques. Les images que nous allons étudier sont sacrées. Elles ont été les piliers de la connaissance depuis plusieurs millénaires et ce n'est que tout récemment qu'elles ont été divulguées parmi les peuples sous la forme d'un jeu de cartes à jouer.

Quel meilleur moyen de conserver un trésor que celui de le placer dans des mains innocentes, qui en feront un usage puérile ou en tout cas fort éloigné de celui imaginé par ses concepteurs! Ce monument de l'intellectualité a tout de même attiré l'attention de quelques génies de la littérature contemporaine, comme Oswald Wirth ou Eliphas Levi. Intrigués par les similarités avec l'astrologie, certains ont cru reconnaître des correspondances avec les planètes et les constellations. Ils ont proposé des liens avec des lettres hébraïques et tout un flot d'interprétations plus ou moins fantaisistes, car basées sur les formes profanes des arcanes tarologiques.

Pourtant, aucun ne s'est posé la véritable question. D'où viennent ces images ? D'où sont t-elles tirées ? Que représentent t-elles et pourquoi ? Ses auteurs ont t-ils volontairement brouillé les pistes pour éconduire les curieux ? Qu'elle serait donc la clef ?

Pour ma part, j'ai été intrigué par le Tarot dés mon enfance. Ma grand-mère tirait ses cartes, et avec un certain talent. Elle m'a enseigné ce quelle avait compris et d'une certaine manière m'a conditionné à lui succéder dans son travail de connaissance. J'ai ainsi réalisé la plupart de ses désirs sans en être bien conscient : soigner par imposition des mains, maîtriser l'herboristerie, travailler avec les cristaux et la radionique pour rendre les lieux d'habitation plus sains, accéder à la gnose, partager une existence confortable et calme avec des êtres de qualité, démasquer les impostures politiques, sonder les mystères des civilisations disparues et aider les gens de toute condition qui faisaient appel à elle.

Ma grand-mère est la personne que j'ai le plus aimée et qui a eu le plus d'influence sur mon existence. Je ne l'ai réalisé que dernièrement. Je me rends parfois sur sa tombe et j'ai pu remarquer que, plus de quarante ans après sa mort, figurent encore des messages de gratitude et des fleurs offertes par ceux qu'elle a aidés. Et ils sont nombreux.

Hélas, sa vision des choses spirituelles et religieuses était parfois un peu hétérodoxe, comme son mélange de christianisme, d'islam et de doctrines orientales. Elle était ainsi persuadée que j'étais la « réincarnation » de plusieurs yogis et lamas tibétains en s'appuyant sur l'astrologie et une prophétie que lui parait faite un éminent soufi d'Algérie sur son futur petit-fils. Elle m'a offert mes premiers livres sur le sujet des religions orientales. Ma manière de découvrir la vérité assez rapidement sur quelque sujet et de la jeter au visage de mes interlocuteurs pour les sonder a parfois justifié qu'elle me reproche d'avoir la « dent dure ». Je lui suis reconnaissant, même si je sais que la vision que j'ai d'elle n'est pas partagée par toute notre famille.

Elle avait aussi compris que j'aimais plus les garçons que les filles et m'avait mis en garde contre la société encore très homophobe en Occident. Elle m'avait conseillé de ne jamais devenir curé dans l'église catholique, profession pour laquelle je me sentais une vocation. Elle en était certaine, l'Eglise était dans les mains de satan. Elle citait l'Apocalypse de saint Jean en appui :

« Sortez d'elle mon peuple si vous ne voulez pas gouter au fruit de ses péchés ».

Enfin, elle haïssait le communisme, vouant un véritable culte aux rois de France, en particulier la branche espagnole.

Mes fidèles lecteurs retrouvent donc bien ici l'orientation générale de mes ouvrages et de mon existence. Comme un vrai lama tibétain, ma grand-mère avait prédit le jour de sa mort et déploya un trésor de ruses pour rendre exacte sa prédiction. Un drôle de phénomène! C'est d'ailleurs ainsi que France2 allait me présenter en antenne de son émission « Faites entrer l'accusé : le mystère de Hassel », en 2016, à propos du montage politique dont j'avais été l'objet au Luxembourg et qui fut médiatisé dans tout le nord de l'Europe.

Dans le contexte d'ésotérisme occidental et d'apports orientaux, j'ai longtemps pratiqué et enseigné le Tarot sur les bases des travaux d'Oswald Wirth, des religions de l'Inde et de la Kabbale. Puis un soir où je donnais un cours à l'aide de représentions sur des transparents pour rétroprojecteur, j'ai eu une révélation. Je me trouvais alors dans l'hémisphère sud, sur une île au large des côtes australiennes. J'ai placé l'image de la Lame XXI face à la clarté du ciel, dans l'encadrement de la porte de la salle d'hôtel où j'enseignais, afin de l'orienter sur le rétroprojecteur.

J'ai reçu alors une lumière surnaturelle en plein front. J'en suis tombé à la renverse. A ce moment là, j'avais par accident superposé la baguette dans les mains de la femme au centre de la Lame XXI avec la constellation de la croix. Rentré chez moi, j'ai pris un atlas céleste et j'ai pu en moins d'une heure placer toutes les lames sur la carte. Les lames du Tarot étaient des « templum », des zones du ciel apparaissant à certaine périodes de l'année. Le Tarot était un zodiaque, une représentation du ciel par d'autres images que celles auxquelles nous sommes habitués par l'astrologie héritée des Grecs ou des Egyptiens.

Comment ne l'avais-je pas réalisé avant? Ni quiconque? J'utilisais abonnement l'astrologie et ses figures dessinées dans le ciel par les Mésopotamiens pour imager les constellations. Pourquoi personne n'avait eu avant cette intuition aussi simple? Je l'ignore. Mais l'accueil de ma découverte dans les milieux tarologiques fut très hostile. Elle réduisait à néant des montagnes de littérature spiritualiste, des situations de rente et des magistères arrogants. Alors le tir de barrage fut soutenu et ma découverte ignorée, ne pouvant être moquée.

Le pire fut dans les milieux maçonniques, que j'avais pensés à tort plus ouverts sur la question de l'ésotérisme et des antiquités. La doctrine politique à la base de mon interprétation du Tarot est inadmissible dans certains obédiences. Je ne parle pas des référents religieux, dans certains groupes connus pour leur anticléricalisme viscéral.

Les adeptes du niou-edge - que l'on penserait plus ouverts et moins dogmatiques - se refusent à une approche traditionnelle du Tarot par principe. Ils lui préfèrent les interprétations spiritualistes et psychanalytiques, en accord avec leur idée de grand tout, d'énergie cosmique et de réincarnation.

Les catholiques, n'en parlons pas. Le Tarot est pour eux l'oeuvre du diable et toute idée de gnose est vue comme une menace. L'excommunication de principe est posée. L'Eglise catholique a persécuté et tué l'Eglise gnostique, menant la chasse aux textes et aux adeptes depuis l'empereur Constantin 1er. Son message est clair : tu ne mangeras pas du fruit de l'arbre de la connaissance, tu verseras ta dîme et tu iras en bon mouton à l'abattoir, la religion chrétienne était devenue l'amie inconditionnelle des nations, de leurs républiques et de l'ONU. La grande prostituée dans ses oeuvres d'apostasie, avant son massacre expiatoire.

De la sorte, mon travail n'a intéressé quasi-personne, même donné gratuitement sur internet. Tous les éditeurs m'ont claqué la porte au nez, sous prétexte que mon étude du Tarot était trop volumineuse, trop pointilleuse et que je n'étais pas un chercheur académique. Quand on sait les monuments de bêtise publiés depuis un siècle par pure cupidité, on comprend mieux. Plus c'est con, plus c'est commercial et plus ça passe. Il suffit d'ailleurs que quelque lampiste de la police politique demande à l'éditeur de vous éconduire et la menace d'un contrôle fiscal le dissuade. La liberté de la presse n'existe pas pour les anti-modernes.

Les chercheurs universitaires comme privés me sont tombés également dessus, utilisant la moindre erreur de détail pour remettre en cause mes explications et la théorie générale du système d'interprétation. Chez les imbus d'eux-mêmes et de préjugés, peu importe ce que je dis et écris, je suis perçu comme une menace au train train quotidien. Comme dans le domaine de l'Egyptologie, il est impossible de contester un dogme fondé au XIXe siècle sans constituer une menace au consensus. Ces « messieurs de l'Académie » en ont fait leur vache à lait, parler vrai menace leur rente.

Pour la police des esprits, je serais même un échec de leur programme de lavage de cerveau psychotronique, qu'ils tentent en vain de mettre sous contrôle par le harcèlement continu, le montage policier, la prison et la réitération de tentatives de meurtre. Peu importe, ce sera sans effet.

Quand on sait le niveau et les milieux de recrutement dans cette sphère de l'antéchrist, il en faut pas s'inquiéter du projet de gouvernance mondiale de la confrérie du serpent.

Comme dans James Bond, ce sont leurs propres hommes de mains qui feront échouer Docteur No et sa secte mondialiste. Un programme crétin, servi par les imbéciles utiles de la République.

Monarchiste, adepte des doctrines orientales, respectueux de la plus parfaite orthodoxie opérative, attaché au calendrier liturgique ancien, astrologue et kabbaliste, rejetant l'anti-maçonnisme comme l'anticléricalisme, mon individualité ne fait pas l'unanimité. Elle est hors clan. Ou plutôt elle appartient à une caste disparue et à une cause qui n'a plus cours : celle des amoureux de la vérité.

Je n'en ai cure et puisque l'opportunité est là, j'ai pensé qu'une version résumée de mon travail sur le Tarot pourrait aider quelques bonnes âmes. Il en reste heureusement encore quelques unes et elles sont souvent mes lecteurs assidus. Même dans notre monde moderne peuplé de stupides dangereux, il reste encore un espace pour un peu de véracité, même partielle. Un espace pour le Tarot.

Quel est mon apport à la compréhension du Tarot ? En quoi ma méthode est t-elle unique et se distingue telle de celles déjà exprimées ? En quoi n'est t-elle pas moderne mais demeure t-elle traditionnelle ?

Ma méthode d'interprétation du Tarot repose sur cinq points, trahissant toute son originalité et sa pertinence :

1. J'ai identifié les zones du ciel à partir desquelles les Lames tarologiques sont dessinées sur les contours des constellations, tout comme les représentations mythologiques des étoiles.

2. J'ai dressé la liste de tous les mythes connus, y compris dans le monothéisme, concernant ces groupes d'étoiles.

3. J'ai tenté d'en faire émerger le noyau commun derrière le récit tarologique, en l'éclairant de l'oeuvre des philosophes (comme Platon et Marsile Ficin) et des indications des ésotérismes, de l'alchimie et de la mystique juive, chrétienne et islamique.

4. J'ai intégré ce noyau dans ma théorie générale du Tarot, telle que je l'ai découverte en appui de la science des lettres hébraïques, de leur symbolisme et de l'astrologie.

5. Je n'ai pas cherché à être exhaustif, une telle ambition dépassant les possibilités d'un volume consacré au Tarot.

Il est clair que mon travail est influencé par mes études sur les sociétés métaphysiquement orientées, leurs institutions et leurs initiations, ainsi que le messianisme islamo-chrétien. Toutefois, le Tarot l'est clairement aussi et je le démontre ici, ne serait-ce qu'en considérant les noms des Lames du Pape (I), de l'Empereur (IV) et de l'Impératrice (III) ou encore du Jugement (dernier) (XX).

Nous sommes dans un cadre social traditionnel, avec des figures du pouvoir relevant du spirituel et du temporel. Je renvoie à ce titre aux travaux de mon mentor René Guénon sur la société métaphysiquement orientée : « Autorité spirituelle et pouvoir temporel » et « La grande Triade ».

A ce jour, à part un rejet de principe sans même me lire, des critiques sur des points infimes de détail et des attaques personnelles sur ma sexualité, ma probité ou mon caractère, ce travail n'a jamais pu être remis en cause et par quiconque. Je suis juriste et éducateur de formation, je ne suis ni historien, ni historien des religions, ni théologien, ni orientaliste, ni n'appartient à aucune des rubriques du saucisson académique républicain. Je ne suis un spécialiste de rien et c'est certainement cette absence de spécialisation qui m'a permis de saisir l'universalité du Tarot. Je ne suis pas un technicien moderne. Je suis un universaliste, tel qu'il s'en rencontrait encore avant la Renaissance.

Une fois ces questions de méthodologie posées, une énigme doit être résolue : quelle est l'origine historique du Tarot?

Introduction : L'origine du Tarot.

Ce sujet est un serpent de mer. On suppose en général trois sources possibles au jeu, que je reprends ici avec de nouvelles informations : les milieux sémites hellénisés d'Egypte, les Soufis iraniens, inspirés par les Chinois et / ou les Hindous, et les acteurs du Quattrocento de Florence.

Ces pistes de recherche sont toutes horizontales, supposant une lignée de transmission humaine et un texte qui aurait été transmis (ici le jeu de Tarot). On peut également imaginer une source transcendante : une révélation du Tarot faite à un individu récipiendaire ou un groupe spirituel, ayant produit une oeuvre collective.

Il est prudent d'envisager que les deux sources aient pu être conjuguées : une révélation à un temps x et un point y (celui des milieux gnostiques d'Egypte au le siècle par exemple) et des sagesses pérennes, transmises de tradition spirituelle en tradition spirituelle comme noyau ésotérique.

1. Un cercle platonicien et judéo-chrétien d'Egypte.

L'origine du Tarot est un débat n'agitant qu'un tout petit microcosme d'intellectuels, qui lui soupçonnent une origine gnostique. Le grand public ne connait pas le jeu. Et si tel est le cas, ce n'est qu'à travers l'usage qui en est fait par les cartomanciennes, pour analyser les conditionnements en cours et en déduire le devenir de leurs consultants.

Les historiens académiques ne remontent guère qu'au XVe siècle, où le Tarot serait apparu selon eux ex-nihilo. Les spiritualistes, de leur côté, ont imaginé toutes sortes de sources au Tarot, sans en apporter une preuve quelconque.

Pour ma part, j'ai depuis le début soupçonné une origine gnostique au Tarot, dans les milieux juifs hellénisants convertis au Christianisme en Afrique du nord, et notamment à Alexandrie en Egypte. Pourquoi cette intuition?

Les connaissances à la base du Tarot, voire le jeu lui-même, sont parvenus en Europe via le monde islamique par vagues depuis le XIe siècle. Cette divulgation s'est faite en parallèle des discours du Timée, du Phèdre et de la République de Platon, auxquels des Lames du Tarot font une allusion claire. L'occident avait perdu la majorité de ses textes fondateurs et oublié les moyens de reproduction antique (papyrus, xylographie et lithographie), les chrétiens ayant détruit presque tous les livres à l'exception de la bible et réduit la pensée philosophique antique à néant.

Le catholicisme romain s'est imposé en faisant table rase des sciences traditionnelles antiques et en absorbant pour les requalifier les cultes trop ancrés dans la mentalité des peuples. Le culte d'Isis à Rome et Paris est devenu celui de Marie. La vie de Mithra ou celle d'Appolonius de Thyare, sont devenues celles de Jésus. Le fête du Sol Invictus des Romains a été transformée en Noël. Les rites celtiques ont été modifiés en fêtes chrétiennes : les célébrations des solstices et des équinoxes, la Toussaint, la saint Jean.

L'empereur Constantin 1er de Rome a réalisé le rêve d'Hitler : imposer le culte d'un homme nouveau, en recouvrant les traditions du passé. Ce catholicisme est devenu de plus en plus totalitaire (Xe siècle, affirmation de la théocratie pontificale), jusqu'à être rejeté par la noblesse. A la Renaissance (XVIe siècle), l'aristocratie européenne était prête à se vouer à tout, mais plus à ce totalitarisme sectaire catholique. C'est à ce moment que l'islam a joué un rôle de pôle intellectuel pour l'Occident et que le talmudisme a séduit.

Des oeuvres majeures issues du monde islamique ont joué une influence dans ce travail de polarisation, comme les « Hermetica », des textes attribuées depuis l'Antiquité à l'égyptien Hermès Trismégiste. Certains ont été regroupés dans le « Corpus Hermeticum », une compilation de traités en grec, datant de la période hellénistique initiée par les conquêtes d'Alexandre-le-grand jusqu'à la période romaine. Soit de -323 à -30. Ces textes mêlent astrologie, l'alchimie et la mythologie égyptiennes, l'ésotérisme biblique juif (la Kabbale), le mysticisme chrétien d'Orient et la philosophie grecque.

Vers 1460, quatorze de ces textes ont été rapportés de Macédoine à Florence par le moine Léonardo de Pistoia et vendus à Cosme de Médicis (1389-1464), après avoir transités par la Hongrie et l'Europe de l'Est. Il est possible que des initiés se soient cachés dans les caravanes de gitans et de bohémiens. Ou encore que ces connaissances aient été transmises à dessein à ces derniers pour qu'ils en assurent la garde en toute innocence, par un usage comme instruments de jeu ou de divination.

Comme leurs noms l'indiquent, ces nomades seraient originaires d'Egypte et de Bohème. Ce qui n'est pas sans incidence. Cette origine éclaire le cheminement des textes et de la gnose tarologique vers l'Italie. J'aurai l'occasion de développer ce thème à propos du « juif errant » et du personnage coranique de Khadir.

Cosme de Médicis confia la traduction de Platon et des textes hermétiques au philosophe Marsile Ficin (1443-1499), ancien prêtre et chanoine avec qui le puissant banquier et homme politique (républicain) avait fondé une école platonicienne dans une propriété de la banlieue de Florence, dans la campagne toscane : la Villa Lemni.

La traduction est finalisée en 1463. Marsile Ficin pense que les quatorze textes sont des chapitres d'un même ouvrage. Il donne donc à l'ensemble le titre de « premier traité », le « Pimander », du latin du grec « Poimandrès ». L'ouvrage devient vite populaire sous forme manuscrite puis imprimée après 1471, sous le titre « Mercurii Trismegisti Pimander seu liber de potestate ac sapientia Dei ». On parle depuis de « Corpus Hermeticum », d'autres textes s'étant ajoutés par la suite.

Je joins à la suite un extrait de ce texte, qui illustre bien la mentalité du Quattrocento. Il éclaire le contexte intellectuel dont jouissaient les premiers tarologues en Italie. Pour plus de détails, j'ai donné un aperçu synthétique de la pensée alchimiste, et plus généralement de la vision traditionnelle, dans mes ouvrages « Le grand retour des sciences de l'âme » et « La franc-maçonnerie et la nostalgie de l'empire ». J'y renvoie le lecteur.

« Le grand mal de l'homme est qu'il ne connaît pas Dieu »,
Le Corpus Hermeticum d'Hermès Trismégiste, chapitre III.

« 1. Où courez-vous, ô hommes qui êtes obscurcis parce que vous vous êtes enivrés de paroles vides de Gnose, de paroles d'ignorance totale, que vous ne supportez plus et que déjà vous vomissez ?

2. Arrêtez-vous, devenez lucides : regardez de nouveau avec les yeux du coeur ! Et si vous ne le pouvez pas tous, au moins ceux qui le peuvent. Car le fléau de l'ignorance submerge la terre entière, met en péril l'âme emprisonnée dans le corps et l'empêche d'entrer dans le havre du salut.

3. Ne vous laissez pas emporter par la violence du courant, mais que ceux qui sont au- dessus de vous et en état d'atteindre le havre du salut utilisent le contre-courant pour y pénétrer.

4. Cherchez celui qui vous prendra par la main et vous guidera vers les portes de la Gnose, d'où rayonne la lumière limpide, où ne règnent nulles ténèbres, où personne n'est ivre, où chacun reste lucide et lève les yeux du cour vers celui qui veut être connu.

5. Mais sachez-le bien : nul ne peut entendre sa voix, prononcer son nom ; les yeux de chair ne peuvent le contempler ; seule l'âme-esprit en est capable.

6. C'est pourquoi, déchirez d'abord le vêtement que vous portez : tissu d'ignorance, cause du fléau, chaîne de corruption, prison ténébreuse, mort vivant, cadavre doté de sens, tombe que vous emportez partout avec vous, voleur qui habite en vous, qui vous montre sa haine par tout ce qu'il aime et sa jalousie par tout ce qu'il hait.

7. Tel est le funeste vêtement dont vous êtes couvert, ce vêtement qui vous empêche de respirer, vous abaisse et vous identifie à lui, pour que vous ne puissiez jamais plus le voir, et qu'au spectacle de la beauté de la vérité et du bien qu'elle recèle, vous ne puissiez plus haïr ce fléau et découvrir les pièges et les embûches qu'il vous adresse.

8. Car il rend vos sens insensibles, vous enferme dans un amas de matières et vous emplit de délices impies, afin que vous n'entendiez pas ce qu'il faut que vous entendiez et ne voyiez pas ce qu'il faut que vous voyiez. »

La Table d'Emeraude aux éditions Hermus.

On remarque que l'illustration de couverture de cet ouvrage de traduction est tirée d'un traité d'alchimie. On y retrouve comme dans le Tarot les constellations, les symboles des planètes et des quatre éléments ainsi que les deux grands luminaires célestes.

L'iconographie générale rappelle la Lame XVIII du Tarot, la Lune, dont l'arcane renvoie au mystère caché. Il est symbolisé par l'écrevisse ou « aigre vice », la gnose en référence au parchemin que l'ange place dans la bouche de saint Jean, au commencement de son récit de l'Apocalypse, et remplit son âme d'amertume. La connaissance laisse toujours un goût amer, dans la mesure où elle révèle le travail vain de construction de l'ego face au déterminisme historique et naturel.

2. Un transfert vers l'Italie :
Florence et Venise, d'où l'habillement du XVe siècle.

Plusieurs indices permettent de penser que le Tarot dans sa forme actuelle - mais pas le Tarot en tant que tel - serait l'oeuvre conjointe du philosophe florentin Marsile Ficin et du peintre Alessandro di Mariano di Vanni Filipepi, dit Sandro Botticelli.

Je souligne : <u>le Tarot dans son habit actuel et non son principe.</u>

Les deux personnages sont présents dans l'entourage de Cosmes de Médicis et acteurs de son école néoplatonicienne de la Villa Lemni. L'artiste et le philosophe auraient utilisé le jeu comme véhicule d'une science secrète, les reliant au poète et « fidèle d'amour » Dante Alighieri. La société secrète de gens de lettres aurait ainsi joué un rôle en sous-main dans l'élaboration de la forme du XVe siècle du jeu et la diffusion du Tarot au sein des élites intellectuelles. Le tout se faisant dans un climat de forte hostilité du Vatican.

En ce qui concerne Sandro Botticelli, la mise à jour en 2007 de fresques dans une salle secrète des caves du château d'Esztergom (capitale de la Hongrie du Xe au XIIIe siècle), à 40 km au nord de Budapest, prouve que le peintre est l'auteur des lames dans leur aspect actuel. La fresque laisse à voir un personnage féminin, qui ressemble à s'y méprendre à la Lame XIV, la Tempérance. La jeune femme présente également tous les éléments d'identification du coup de crayon et de pinceau de Sandro Botticelli, en particulier ceux de sa célèbre Vénus sortant des eaux.

Autre élément de preuve, Sandro Botticelli a été prié d'illustrer l'édition de « La Divine Comédie » de Dante Alighieri. Sa représentation de Lucifer dans les dessins préparatoires ressemble trait pour trait à celle du Diable, en Lame XV du Tarot. Dans le texte imprimé, les deux personnages enchaînés à Lucifer / au Diable dans le Tarot sont Dante lui-même et le philosophe antique Virgile, qui sont présentés comme les prisonniers de la Caverne de Platon.

C'est là que nos trois compères se sont trahis. Marsile Ficin a ajouté certains détails à sa traduction des textes de Platon. Or, ces détails ne figuraient pas dans l'original grec du philosophe mais sont présents et dans le Tarot et dans les illustrations de la Divine Comédie.

Par exemple, les prisonniers de la caverne que Platon décrit au Livre VII de La République sont dépeints par Marsile Ficin comme ayant les mains attachées dans le dos, une torche placée derrière ce dernier. Or, ces détails sont absents du discours de Socrate. En revanche, ils sont bien présents dans la Lame XV du Tarot, le Diable, et dans les illustrations de la divine comédie de Sandro Botticelli.

La vision que Marsile Ficin a de l'enfer est également assez éloignée de la philosophie grecque, tout comme des descriptions chrétiennes. Elle est « psychologisante » et fortement influencée par de vieilles croyances indo-européennes et égyptiennes.

L'enfer pour Marsile Ficin est plus « un état de l'âme », et non pas un lieu de séjour géographique comme l'enseignant l'Eglise catholique. Après la mort, la pression psychique alimentée par ses illusions et les mémoires de son existence passée enfermeraient l'âme du défunt dans un monde de simulacres. Ils ne sont pas reconnus comme tels, s'imposent comme réalité artificielle et empêchent le retour de l'être à l'esprit divin. L'âme ne pouvant pas s'en émanciper d'elle même, elle va y demeurer tant que n'est pas reconnue la vérité ou qu'elle ne lui est pas apportée par autrui. L'une ou l'autre seuls peuvent la conduire au-dehors de la bulle psychique dans laquelle le défunt est retenu prisonnier. Cette croyance est gnostique, et non pas catholique. Elle se retrouve telle quelle en Inde.

Le philosophe Marsile Ficin rejoint ainsi le Bouddhisme, et en particulier le Bouddhisme tibétain, et les conceptions des Egyptiens dans leurs livres respectifs des morts. Cette vision n'a pu surgir en Italie ex-nihilo au XVe siècle. La raison en est que cette doctrine repose sur la « métensomatose », la transmission d'informations d'un corps à un autre. Cette doctrine est très différente de la réincarnation indienne (le changement de corps par l'âme) et de la métempsycose grecque (le souvenir d'existences antérieures à la sienne). Ces trois doctrines étaient inconnues en Europe à cette époque, qui ne disposait pas comme nous aujourd'hui des textes mis à jour par l'archéologie ou parvenus par le biais des travaux des orientalistes. Certes, la Route de la soie a peu colporter les idées et alimenter les débats des milieux gnostiques. Rappelons également qu'avant l'ère moderne, la religion et la philosophie sont au coeur des existences, même des plus humbles. Notre époque de matérialisme et de « vie ordinaire » tranche beaucoup par sa pauvreté intellectuelle.

Autre exemple de doute, dans le discours du Phèdre, Platon rapporte l'image d'un char tiré par deux chevaux antagonistes, utilisée par Socrate pour illustrer la nécessaire maîtrise des passions par la conduite éthique et morale. On le retrouve en Lame VII du Tarot, le chariot. Dans la traduction de Marseille Ficin apparaissent des détails de l'attelage et du conducteur absents du texte grec original. Par exemple, la tête du conducteur est dédoublée et les deux chevaux sont liés dans la traduction de Marsile Ficin… mais pas dans le texte de Platon.

Il est devenu assez évident que Marsile Ficin a traduit Platon en ayant face à lui au moins les ancêtres des Lames du Tarot, comme par exemple des cartes du ciel dont les traits des constellations sont reliés pour former des thèmes. Sandro Botticelli aura donné son style iconographique et les vêtements du XVe siècle pour former de nouvelles représentations, mais ni le peintre, ni le philosophe n'auraient inventé les figures tarologiques. Point.

Le Tarot aura tout à fait pu être un jeu de carte pédagogique au sein de l'académie de la Villa Lemni. Toutefois, Marsile Ficin n'en est pas l'auteur. Le philosophe est parti d'un original antérieur hermétique, et pour ses traductions et pour les nouvelles iconographies des Lames. Nous en avons la preuve par déduction logique. Ceci clos le débat sur le Tarot comme produit du Quattrocento.

Une autre preuve de cette affirmation en est que le personnage de la Lame XXI, l'androgyne naissant de l'oeuf cosmique, se retrouve dans d'autres illustrations hermétiques du XVe siècle. Il est le symbole de l'âme délivrée du corps, qui gouverne les quatre éléments.

Marsile Ficin a ainsi puisé à des modèles, qui devaient circuler sous le manteau dans les mieux intellectuels de la Renaissance, effrayés par l'Inquisition catholique. Cependant, Marsile Ficin n'a rien inventé : il aura copié un original hermétique, conçut dans les milieux égyptiens, et l'aura rendu plus beau avec l'aide de Sandro Botticelli.

Certes à la même époque, Thomas Murner (1475-1537), un théologien et professeur de droit, avait crée un jeu similaire pour mémoriser les institutions romaines sous l'empereur Justinien. Mirsile Ficin a pu demander à Sandro Botticelli de redessiner des représentations antérieures des Lames pour en faire un jeu de formation à la philosophie gréco-égyptienne au sein de son académie de Florence.

Toutefois, les représentations originelles ne sont pas de Marsile Ficin et de Sandro Botticelli. Une preuve supplémentaire que le Tarot est antérieur est la suivante : Marsile Ficin a traduit en marge du Corpus Hermeticum un texte gréco-égyptien comportant un tableau en trois colonnes où les sept astres connus de l'époque sont présentés comme une échelle et associés à des nombres de un à vingt-un[1], soit le nombre de Lame majeures du Tarot, si on lui ajoute le Mat. Ce dernier personnage serait l'âme du consultant circulant sur cette échelle.

Les trois colonnes de l'échelle astrale sont une référence aux trois grâces : la jeunesse corporelle, la joie psychique et la gloire spirituelle. Elles correspondent respectivement aux domaines terrestre, intermédiaire et céleste que le Mat doit réaliser pour s'émanciper de l'oeuf cosmique. Je reprends le tableau ci-dessous.

---

[1] Source : *Les Mystères du Tarot de Marseille*, documentaire ARTE France, Strasbourg, 2014, une réalisation de Christophe Poncet et de Philippe Truffault.

céleste	intermédiaire	terrestre	astres en échelle
21	14	7	Jupiter
5	10	15	Mars
2	17	6	Vénus
3	19	11	Soleil
4	18	9	Lune
1	12	16	Mercure
8	20	13	Saturne

On retrouve les trois jeunes femmes dans la fresque de Sandro Botticelli à la Villa Lemni : Vénus et les trois Grâces. C'est là encore une preuve que le Tarot parait pu y être un jeu de formation mnémotechnique à la philosophie platonicienne. Chez les Grecs, les « Charités » ou Grâces étaient en effet : Euphrosyne, Thalie et Aglaë. Elles incarnaient toutes les formes de l'Idée de « Beau », chère à Socrate.

Euphrosyne (en grec la joie) ou Euthymie (la confiance) symbolise la jeunesse corporelle. Thalie (en grec l'abondance) incarne la félicité des fêtes, des célébrations et des banquets, où l'abondance de la nourriture n'a rien à envier aux signes extérieurs de richesse. Aglaé ou Pasithée est la grâce de la splendeur céleste et de la beauté glorieuse. Ne les retrouve t-on dans le Tarot aux Lames XI (la Force), XIV (la Tempérance) et XVII (l'Etoile)?

On aurait donc à Florence un groupe de Fidèles d'amour. Ils auraient réalisé des traductions orientées des discours de Platon et de textes hermétiques des milieux gnostiques gréco-égyptiens. Ces Fidèles d'amour seraient incontestablement les réalisateurs du Tarot dans son iconographie actuelle. Pour autant, cette société secrète n'en est pas l'auteur. Elle s'est appuyée sur une masse de connaissances plus anciennes, dont nous n'avons pas la trace complète pour le moment. Ces gnoses ne sont pas exclusives à Florence. Elles sont certes transmises par ce canal, mais ont emprunté d'autres voies entre l'Egypte et vers l'Europe.

Comme dans le cas des Prophéties de Nostradamus (1503-1566), les auteurs ont pu s'inspirer de documents antérieurs et les détruire, voire également publier leurs oeuvres sous des noms allégoriques ou dans l'anonymat. C'est le cas de « La prophétie des Papes de saint Malachie », dont il est à peu près certain qu'elle a été écrite ou inspirée dans le groupe autour de Michel de Nostredame, voire par le mage lui-même, notamment à partir de sources antérieures.

Il faut se souvenir que l'on vit au XVe siècle dans un contexte qui précède de peu la Renaissance et où l'Inquisition sent le vent tourner pour le dogmatisme du Vatican et son monopole en matière intellectuelle. La noblesse rejette la théocratie pontificale, qui a fait éclater le consensus politico-religieux en Europe depuis le XIe siècle.

La noblesse se tourne désormais vers d'autres sources de savoir, notamment orientales et antiques. Le Tarot est un des instruments de contestation catholique de ce monopole étouffant, et ce n'est pas pour rien que le jeu a intégré dans ses figures une Papesse. Comment ne pas y voir une référence à la fois à une grande prêtresse de temple antique et à la papesse Jeanne, dont la légende dit qu'elle accoucha en pleine messe ? Nous verrons ce qu'il en est de son symbolisme saturnien lors de l'étude de la Lame.

La contre-réaction à l'ambition d'indépendance de la noblesse sera terrible des milieux cléricaux catholiques. Elle est nette avec des fous furieux comme le moine Girolamo Savonarola (1452-1498), qui s'empara du pouvoir à Florence en 1495 et y fit régner une dictature socialiste. Les religieux catholiques ont joué un rôle certain, comme les Jésuites avec leurs expérimentations sociales en Amérique du sud, dans l'invention des régimes totalitaires qui se généraliseront au XXe siècle. L'anti-papisme et même l'anticléricalisme des milieux maçonniques spéculatifs se justifient de la sorte, face à une autorité spirituelle en plein naufrage intellectuel et social depuis presque 1.000 ans.

Isaac Newton, comme de nombreux exégèses protestants, ont pu voir dans l'Eglise catholique la « grande prostituée » de l'Apocalypse. Il est annoncé par saint Jean qu'elle régnera avec le « dragon rouge » de l'usure et la « bête » de la comptabilité, puis de l'informatique sur une période de 1.260 ans. Si l'on date la formulation de la théocratie pontificale à 767, la fin de l'Eglise serait en 2027, date annoncée par deux Papes en écho à la prophétie de saint Malachie comme fin du catholicisme romain. Or, l'apparition du Tarot se fait à mi-chemin entre 767 et 2037, aux alentours de 1367. Est-ce un hasard?

La réponse donnée à ces questions ne clôt pas le débat sur les origines et la fonction du Tarot. Le Tarot n'est pas à l'abri de critiques, notamment parce que son usage pourrait fait croire à un déterminisme spirituel et historique absolu. Ses cartes du ciel sont un système de représentation des influences astrales, mais il en existe d'autres dans la plupart des traditions spirituelles depuis l'aube de l'humanité. Les trente-deux signes communs recensés dans toutes les grottes préhistoriques, ornées et orientées, du monde laissent à penser qu'un alphabet très ancien, et pourquoi pas en relation avec les étoiles, était commun à toute l'humanité. S'agit t-il du fameux alphabet adamique dont parlait mon aïeul Alexandre Saint Yves d'Alveydre ? L'épisode de Babel a t-il mis fin à cette intellectualité commune ?

En 1240, le Synode de Worchester avait interdit le jeu « des rois et des reines », en particulier à titre divinatoire et parce qu'il était gnostique et portait « la trace du paganisme ». L'actuel jeu de Tarot, dit de Marseille, n'est pas le seul jeu de cartes de ce style. Appelés « Naïbs » lors du synode, les Tarots auraient été amenés, selon les prélats chargés de les interdire, par les Arabes. Ils les tenaient eux-mêmes des Chinois, est t-il indiqué dans le procès en interdiction écossais. On y est. Adieu Florence! La ville a donné une forme au Tarot mais ne l'a pas inventé.

Le terme « Naïbs » est le pluriel de l'arabe « Naïb », qui désigne une charge judiciaire. Les cartes sont ainsi vues comme des éléments de droit, c'est à dire des images exprimant des aspects de la loi divine des musulmans, la Charia. Rappelons que ces lois sont situées dans le ciel, dans un livre naturel appelé « Mère du Livre ». Les cartes de jeux arabes sont en général associées aux dés, autre objet de divination venu du monde islamique, permettant de lire le « hasard », c'est à dire toujours en arabe la valeur numérique derrière les faits, les êtres et les biens et renvoyant à une racine. Cette dernière renseigne sur le nom divin en action dans la création.

Le mot hasard n'a pris son sens moderne de « fait aléatoire sans cause identifiée » que bien plus tard. Pour les musulmans, le « hasard » est le nombre caché derrière une parole, la parole divine étant la plus sacrée. La racine d'un mot est ainsi composée de lettres, dont la valeur numérique (de 1 à 18 / on joue à trois dés) renvoie à un signe de l'alphabet et de là à une qualité divine, un Nom divin.

Le Nom divin est la cause première. Le zéro incarne la totalité, avant l'apparition des contraires. Les six premiers nombres sont alors les premiers couples opposés à l'origine de la multiplicité, en rapport aux directions (nord, sud, est, ouest, zénith, nadir). Ces six nombres sont suspendus entre le 0, symbole du tout, et le 7, symbole de la manifestation. On a ainsi 8 nombres, dont les mutations rappellent la science chinoise du Yi-Ching.

On constate ainsi le méli mélo de la pensée de la modernité, et en particulier du français. Cette langue comporte cinq mots celtes et plus de mille mots arabes, auxquels elle a donné des sens des plus fantaisistes. Pour autant, le Français s'estime depuis le XIXe siècle plus gaulois que romain, chrétien ou musulman.

On touche ici du doigt le ridicule absolu de l'idéologie nationaliste républicaine, servie par les débuts de l'archéologie. L'Anglais ira encore plus loin dans la confusion. Il est assez caractéristique que cette langue serve le projet de nouvel ordre mondial des banquiers. Comme la Nov-Lang de George Orwell dans son roman « 1984 », elle est un extraordinaire instrument de confusion intellectuelle, au point que les mots n'ont plus de sens métaphysique et théologique. Les symboles sont ainsi détruits et l'homme ne peut plus s'échapper de l'univers psychique social, sauf par la démence. L'enfer par la langue, une langue appauvrie, déspiritualisée et matérialiste, destinée aux zombies de la modernité sous hypnose psychotronique. Un esclavage absolu.

3. Une transmission par les Arabes des spéculations des Soufis d'Iran.

Les premières références écrites faisant mention du Tarot sont datées de 1378 et sont apparues en Espagne. Le Tarot est décrit comme ayant été apporté par les Maures, c'est à dire les musulmans d'Afrique du Nord. Ce n'est qu'en 1379 en Italie, que l'on voit apparaître le jeu des « Triomphes » à Venise, sous une forme qui rappelle vaguement le Tarot dit de Marseille.

D'aucuns ont suspecté que le terme italien « taroccho », qui a donné Tarot, serait une déformation de l'arabe « turuq », pluriel de « tariqa », la communauté et la voie des croyants du soufisme, une initiation spirituelle de l'Islam. Cette hypothèse d'un lien du Tarot avec les doctrines soufies ne serait pas si étonnant.

Ces doctrines étaient bien connues de Dante, que l'on soupçonne avoir été impliqué dans la gestation du Tarot de Marseille avec Cosme de Médicis, Sandro Botticelli et Marsile Ficin à la fin du XVe siècle. Le contenu et la structuration mathématique et géométrique des Triomphes n'est pas sans évoquer les spéculations algébriques et métaphysiques des soufis iraniens du XIIIe siècle, qui s'inspiraient eux-mêmes des travaux antérieurs des Egyptiens, des Chaldéens, des Chinois, des Grecs et des Juifs hellénisés. On a donc bien une transmission horizontale très ancienne, dont Florence est un lieu de manifestation mais pas de création. Le chapitre du Quattrocento comme berceau du Tarot est clos.

Outre la piste italienne, une autre voie de transmission, via le Sud et non plus l'Est de l'Europe, est envisagée depuis les milieux gnostiques juifs hellénisés et chrétiens d'Egypte puis arabes d'Iran en deux étapes.

La première vague d'apports aurait eu lieu à l'occasion de la croisade de Louis VII (1120-1180) qui, si elle a été un désastre financier, militaire et politique, s'est poursuivie par une extraordinaire impulsion dans l'art de la construction en France. L'abbé Suger, conseiller du roi de France, initie l'art ogival (dit gothique) à la sépulture royale de saint Denis, sur la base de connaissances opératives inédites et d'une maîtrise spectaculaire des mathématiques. Or, les constructeurs du roi disposent déjà de représentations iconographiques rappelant celles du Tarot, qu'ils tenaient des Maures et des Arabes.

Le flambeau sera repris par les monarques capétiens suivants. Le processus de construction en rose mystique de monuments étonnamment égyptiens dans leur conception (les cathédrales) est amplifié par saint-Louis, Louis IX (1214-1270), après son retour de captivité en Tunisie. De nouveau : la présence d'un roi de France dans le monde islamique produit un renouveau architectural et gnostique en Occident à son retour. Le fait n'est pas anodin.

C'est une seconde piste du cheminement du Tarot vers l'Europe. Si les deux se sont appuyés sur les milieux platoniciens dans leur oeuvre de bâtisseurs, il est étonnant que leur contact avec l'Orient ait à ce point transformé les deux rois. Qui y ont t-ils rencontré? Des musulmans soufis, des juifs kabbalistes, des chrétiens gnostiques, les trois?

Il est en effet remarquable qu'à son retour d'Afrique du Nord après l'échec de la septième Croisade, saint Louis initie un vaste projet de construction de cathédrales, dont la structure mathématique et l'emplacement s'inspirent directement de la science et des bâtiments antiques égyptiens (le mètre, Pi et le nombre d'or Phi).

Or cet art de la construction, servant une ambition politique et morale, n'a pu apparaitre d'un coup et tel quel. Il y a forcement eu une révélation puis une transmission dans le temps, qui atteignent la France au milieu du XIIIe siècle. Le temps des cathédrales bat son plein puis stoppe net, juste avant la Réforme et ses conséquences (Renaissance puis révolutions). Cet arrêt mène au matérialisme, avec une rapidité vertigineuse dans l'abrutissement des masses.

En Tunisie, saint Louis déclare avoir acquis la conviction que son échec face à l'Islam était la conséquence de l'immoralité de son royaume. Il décide alors de punir sévèrement le blasphème mais il protège l'homosexualité au sein de la cour, alors punie de mort par l'église. Il interdit les jeux d'argent, les prêts à intérêts et la prostitution. Il s'en prend aux juifs d'origine d'Europe de l'Est. Il tente également de les convertir de gré ou de force au christianisme. En même temps, il protège les Séfarades, les juifs de Méditerranée.

Pour y parvenir, saint Louis impose diverses obligations aux juifs de l'Est comme celle de se limiter à la Torah et brûler le Talmud en place publique puis le port de la rouelle, signe que reprendront les nazis avec l'étoile jaune de David. Pour autant, le souverain défend les juifs de la force royale lorsqu'ils sont injustement attaqués.

Le roi semble avoir bénéficié de l'influence des milieux judéo-musulmans, notamment ceux détenteurs de la science de la construction et du prophétisme. Avait t-il été informé de l'identité réelle des Ashkénazes ? Leur fonction eschatologique comme « synagogue de satan » ? Du message des monuments antiques concernant leur venue, ponctuée d'une catastrophe naturelle d'ampleur planétaire, reproduisant par le feu l'épisode du Déluge de la bible?

Pour preuve, la cathédrale de Strasbourg, achevée en 1365, voit inscrite dans son portail le profil et les proportions de la plus grande pyramide d'Egypte, alors pourtant partiellement sous les sables. Elle est orientée comme elle sur la position des astres aux équinoxes et porte un message apocalyptique identique.

Le site de La Base Numérique du Patrimoine d'Alsace y voit un enseignement moral, destiné à ceux qui se préparent au jugement dernier et ceux qui se laissent aller au matérialisme :

« Le programme figuré qui se déploie sur la façade est profondément renouvelé. Si le thème des Vierges folles et des Vierges sages reprend celui de Magdebourg, le combat entre les Vertus et les Vices, en sculpture monumentale, est une innovation. L'iconographie des portails dénote une particularité de l'école strasbourgeoise en mettant les figures, personnifications du monde céleste et du monde moral (les Vertus, les Vierges sages), aux piédroits des portails (...) Le récit du destin du monde a fait place à un élément d'enseignement moral (...) Toute la composition du programme de la façade de Strasbourg est un condensé des connaissances de la foi chrétienne, une catéchèse populaire[2]. »

---

[2] http://www.crdp-strasbourg.fr/data/albums/facade_occ/index.php?parent=20

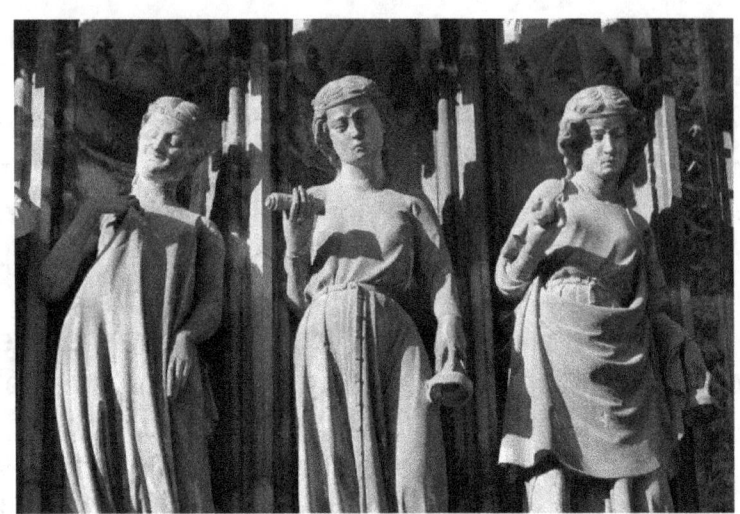

Vierges folles à Strasbourg, image libre de droit CRDPA[3]

La pyramide de Gizeh, construite sur la base du mètre, du nombre d'or Phi et du nombre Pi, est en effet un chef d'oeuvre de savoir, portant un message mathématique de plus en plus clair de nos jours : constantes de la création et du fonctionnement de l'univers, vitesse de la lumière, informations sur le climat, etc. Seul un tel monument aurait pu être transmis à l'humanité pour résister à un déluge et son message être découvert par qui de droit et qui survivrait. Est-ce le cas ? Pourquoi le retrouve t-on à Strasbourg et même en Arles et St Gilles du Gard, sur fond de thématique du jugement dernier ?

---

[3] Cette image fait partie des fonds numérisés du Centre Régional de Documentation Pédagogique d'Alsace. Il est mis à la disposition du public sous un contrat Creative Commons (CC-BY-NC-SA).

Les propriétés géométriques et arithmétiques du bâtiment strasbourgeois auraient été importées des Croisades, sur la base d'une connaissance secrète des milieux judéo-musulmans. Elle est un haut lieu initiatique de la maçonnerie médiévale et même le plus haut bâtiment du monde jusqu'en 1874. Elle marque au Nord-Est le point de départ du chemin rédempteur vers Compostelle. Elle est également un des éléments clefs de l'algorithme dit de la rose, à partir duquel le réseau des cathédrales aura été construit en France, en particulier sous saint Louis et ses successeurs.

Michel Christian Soulier, chercheur en géométrie sacrée, auteur, conférencier et collaborateur de la revue d'archéologie « Atlantis », avait mis en lumière que ce réseau fut imaginé à partir d'une figure de base : une étoile à cinq branches, représentant Vénus, dont le centre est Paris, et plus exactement la croisée des transepts de Notre-Dame sur l'île de la Cité. Le motif est alors amplifié en encorbellement sur des centaines de kilomètres, comme les ondes d'une vague déferlante.

Dans cet espace sacré, les rites, le son des cloches et le chant des fidèles formaient un immense coeur vibrant, tourné vers son Créateur. La France est un modèle unique, qui n'a son équivalent que dans l'Egypte antique et les grandes civilisations des Amériques. Cette étoile de base, à Notre Dame de Paris, est en quelque sorte l'algorithme mathématique de base à partir duquel on aura construit la

« rose mystique » française, symbole et attribut de la Vierge-Marie.

Images de la revue Atlantis, domaine public.

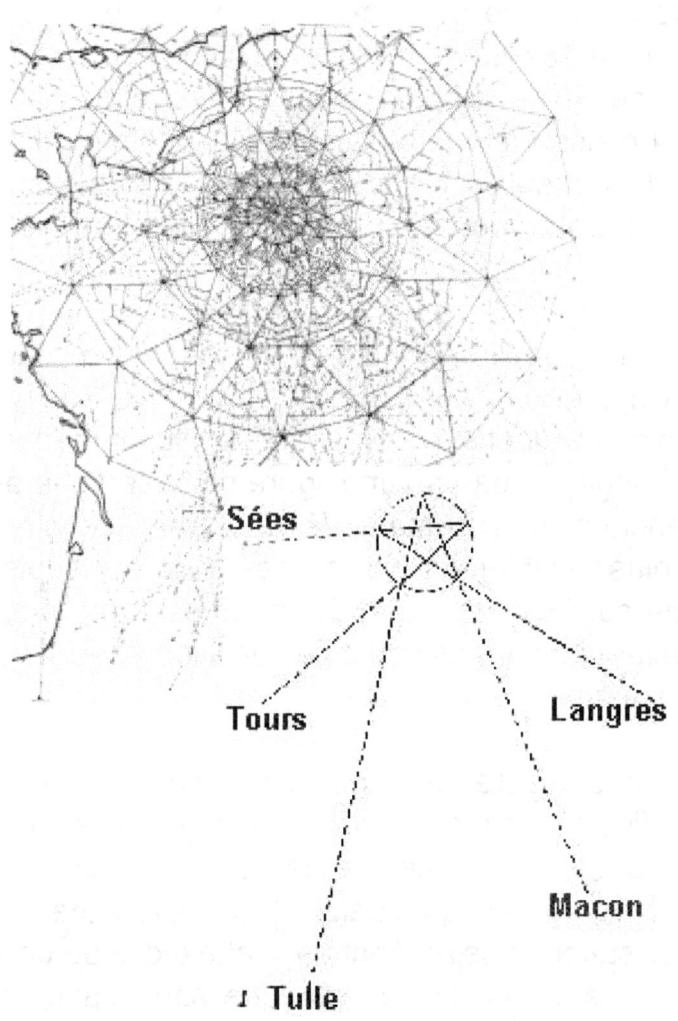

52

Autre exemple significatif des influences antiques, juives et arabes, les « vertus » du tombeau des Ducs de Bretagne dans la cathédrale de Nantes pourraient donner une confirmation d'un apport par le Tarot des milieux judéo-chrétiens platoniciens de l'Islam égyptien.

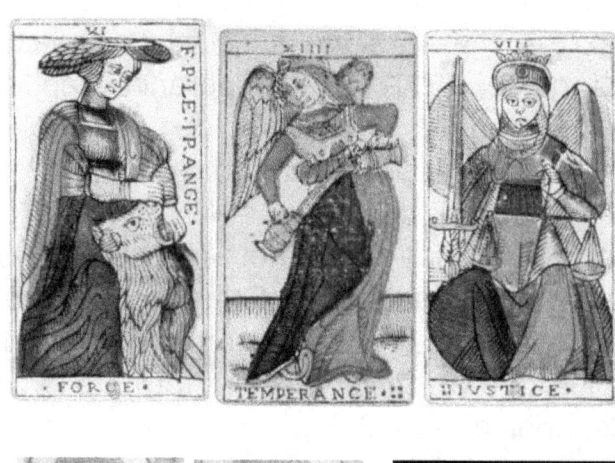

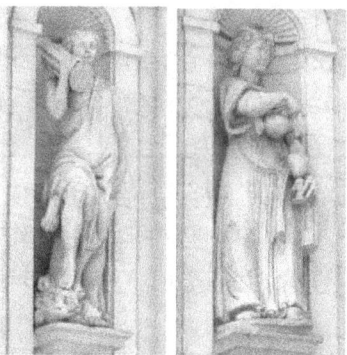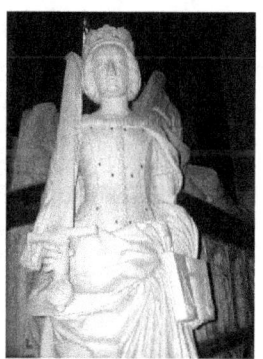

Les lames XI, XIV et VIII au Tarot
et leur représentation dans les lieux de culte chrétiens
- Images Wikipedia -

Le projet fut initié en 1434, période où les images du jeu italiens n'ont pas encore fait leur apparition publique en Europe. Michel Colombe mit cinq ans à exécuter (1502-1507) le tombeau de marbre dit de François II. Il est décoré des douze apôtres et des quatre femmes qui représentent la justice, la prudence, la force et la tempérance de Platon. Il ne sera mis en place dans la cathédrale qu'en 1817. La tempérance rappelle à s'y méprendre l'oeuvre éponyme de Sandro Botticelli (1445-1510), au château d'Esztergom en Hongrie.

Le premier Tarot français aurait été réalisé en 1392 pour le roi Charles VI par Jacquemin Gringonneur. Toutefois, vu l'absence de preuves, on soupçonne ce jeu d'être une variante plus tardive, inspirée d'un Tarot italien datant du XVe siècle, originaire de Bologne ou de Florence.

Les historiens modernes posent en effet la période de 1425 ou 1441 comme date d'apparition consensuelle des jeux de carte italiens, donc bien avant le Tarot de Botticelli et consorts à Florence. Dans tous les cas, le jeu est réputé avoir été formulé en Italie du Nord, en particulier au sein de la cour du duc de Milan, Philippe-Marie Visconti.

Un jeu de 1425, considéré comme l'ancêtre du Tarot de Marseille, aurait été peint par Michelino da Besozzo à la demande du Prince. Il n'en demeure aucun exemplaire, mais on se base pour le reconstituer sur une description donnée par Marziano da Tortona, le secrétaire du Duc. Le jeu comportait seize figures majeures construites autour de la mythologie grecque et de l'astrologie : quatre représentent les vertus platoniciennes, quatre symbolisent les richesses, quatre des Vierges célèbres des mythes et les quatre derniers, les plaisirs mondains.

Ici encore, on a une illustration des vertus des quatre Eléments naturels de « l'anneau de Platon » et leur transformation des Idées métaphysiques pures définies par Socrate aux plaisirs mondains les plus vains. Je renvoie à mon ouvrage « La psychologie élémentale tibétaine » pour plus de détails sur le mécanisme de distorsion des éléments.

En 1441, Philippe-Marie Visconti commande au peintre un nouveau jeu pour égayer les noces de sa fille avec Francesco Sforza. Ce Tarot est connu sous diverses appellations : Tarot de Philippe Marie Visconti, Tarot des Visconti de Modrone, Tarot Cary-Yale, Tarot de Milan, etc. Ce nouveau Tarot est visiblement inspiré de l'oeuvre du poète Pétrarque, « Les Triomphes », un poème allégorique en six chapitres daté de 1374.

L'artiste, réputé un autre Fidèle d'amour, a en effet été l'hôte du palais des Visconti durant huit ans. Les cartes mettent en scène six triomphes : l'Amour justement, la Chasteté, la Mort, la Renommée, le Temps et l'Eternité. On y aurait ajouté les sept vertus chrétiennes théologales ou les sept astres connus, ainsi que des référents apocalyptiques. Ne nous sont parvenues qu'une soixantaine de cartes, dont onze majeures connues.

Toutefois, il y en aurait eu seize à dix-huit au total. Une représente le monde, dans une vision de la Jérusalem céleste puisant aux mêmes sources judéo-chrétiennes que la Lame XXI du Tarot de Marseille.

Ce jeu des Visconti apparaît au moins vingt-cinq ans avant le travail de traduction du corpus hermétique par Marsile Ficin. Ses similitudes avec le Tarot de Marseille sont faibles et il n'a rien inventé. Les Chinois disposaient de jeux semblables depuis des siècles, ainsi que les Arabes qui les avaient reçus d'eux. Nous avons vu que les premières références écrites faisant mention du Tarot sont datées de 1378 et sont apparues dans les milieux maures de l'Espagne.

Sous sa forme actuelle, la plus ancienne trace du Tarot de Marseille est une planche xylographiée datée autour de 1550, dite « Feuille Cary » en référence à la collection Cary de l'université de Yale. Elle est la seule connue à ce jour tant du XVIe siècle à comporter des motifs tarologiques complets, à savoir les Lames XVIII, XVII et I. Plus d'un siècle nous sépare déjà postérieurement de l'Académie platonicienne de Florence. Et deux siècles des Tarots maures espagnols.

Affirmer que le Tarot aurait été inventé au Quattrocento à Florence par Botticelli et Ficin pour Comes de Médicis et sa villa philosophique est pour le moins excessif. Voire carrément abusif. Adapté : oui. Inventé : non.

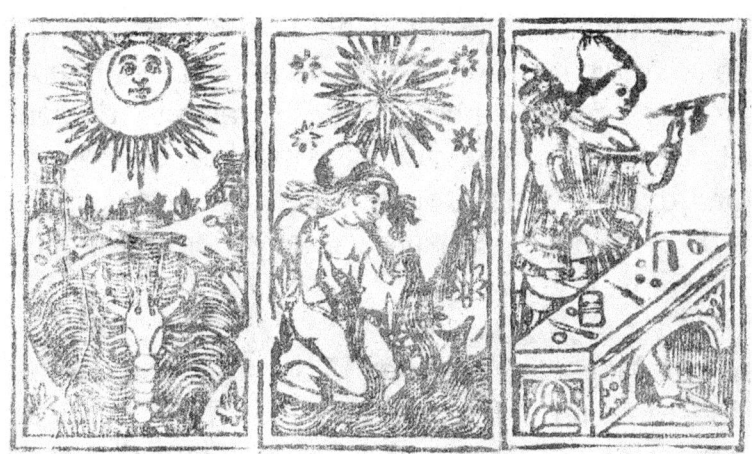

Image Wikipedia

Au XVIe siècle, les princes italiens ne s'intéressent plus guère au Tarot. Avec la fin des guerres d'Italie en 1515 et l'essor des châteaux de la Loire, la science tarologique s'exporte en France, où le succès revient en parallèle de la Kabbale juive venue d'Andalousie et du Maghreb. Le château de Chambord présente bon nombre de références à l'alchimie mais aussi à la Kabbale et au Tarot.

Grâce au progrès de l'imprimerie, se succèdent des variantes et des éditions du jeu, qui le rapprochent de plus en plus de l'hébreu : Tarot de Jean Noblet en 1650, de Jacques Vieville après 1650, de Pierre Madenier en 1709, de Jean Dodal vers 1715 et enfin de Nicolas Conver en 1760.

Au XIXe siècle, J.-B. Camoin rachète la manufacture Levenq, précédemment Conver, de Marseille. L'homme d'affaire industrialise la fabrication des cartes, utilisées comme jeu mais revenues en mode auprès des occultistes. Il n'est pas maître-cartier et pour raisons d'économie, l'industriel reprend les anciens moules et change les couleurs du Tarot de Conver. Son Tarot est largement diffusé vers 1860 et constitue une variante simplifiée du Tarot de Conver de 1760.

Le Tarot de Marseille de Grimaud apparaît enfin en 1930. Il se présente comme une synthèse d'un Tarot de Besançon dit « Tarot italien » (racheté dans le fonds d'archives de Lequart) et du Tarot de Conver de 1760, avec des couleurs reprises de la version marseillaise de J.-B. Camoin et les lettres hébraïques. Il constitue une tentative de reconstitution moderne, influencée par la méthode scientifique historique-critique et l'occultisme du début du XXe siècle.

Enfin, la psychanalyse freudienne s'attaque avec Karl Gustav Jung au Tarot, dont les triomphes deviennent des « archétypes », des forces inconscientes nées des traumatismes et que l'humanité exprime sous forme de mythes et de figures religieuses ou symboliques.

Les Lames du Tarot ne sont plus perçues comme des figures stellaires renseignant sur l'ordre divin, la métaphysique, les aspects psycho-subtils de l'homme et la voie initiatique judéo-chrétienne... mais comme l'expression des mémoires collectives. On a alors atteint les bas fonds de l'ignorance, érigée en certitude scientifique.

Cette question des origines étant si ce n'est élucidée, pour le moins éclaircie, nous pouvons désormais nous intéresser à la structure du Tarot.

Chapitre préliminaire.
Considérations générales sur le Tarot.

La plupart des auteurs se sont intéressés au Tarot en tant qu'outil de divination et de prédiction, c'est à dire uniquement dans une de ses nombreuses applications contingentes.

Plusieurs interprétations ont été proposées : astrologique, alchimique, philosophique, égyptienne, psychologique, humaniste, maçonnique ou jungienne (selon les vues du freudisme et des conceptions de Karl Gustav Jung).

Je suis donc le seul à avoir d'une part donné une explication logique sur la manière dont les Lames ont été dessinées à partir de cartes du ciel ; d'autre part à avoir replacé le Tarot dans son contexte prophétique (apocalyptique), avec ses implications en matière d'organisation sociale.

Pour ne pas répéter ce qui avait été dit par d'autres, je me suis donc concentré sur ces deux aspects : cartes du ciel et organisation sociale, sur fond de prophétie messianique et eschatologique. Je suis donc amené à décrire l'organisation sociale traditionnelle, le fonctionnement des religions et les initiations. Ce point de vue peut être très choquant pour un moderne, qui ne conçoit pas que l'on ne puisse pas penser comme un français moderne, un rationaliste et un républicain, socialiste ou libéral.

Je n'en est cure. Soit on fait un effort pour accéder à la gnose, soit on reste dans l'ignorance. La connaissance n'a pas à se travestir pour atteindre un moderne. Si elle le fait, elle a toutes les chances de se pervertir ; comme c'est le cas du maçonnisme. Ce dernier a certes pu imiter les formes traditionnelles parce que d'une part, il avait été formulé dans le milieux des oligarchies financières et portait certains traits du royalisme, et d'autre part, il était destiné aux propriétaires fonciers, sensibles à la construction, qu'il s'agissait de détacher de la pensée traditionnelle mais qui n'étaient attirés ni par le socialisme, ni par le capitalisme. Il ne faut pas s'étonner qu'il accouche de nos jours du sionisme, une parodie satanique du message apocalyptique. Nous sommes dans le domaine des inversions, telles celles d'un miroir.

Il est regrettable de voir confondus en permanence à notre époque la maçonnerie (opérative), voire la franc-maçonnerie (spéculative), et le maçonnisme. Encore plus de résumer le maçonnisme à l'illuminatisme anglo-saxon. Le fascisme, par exemple, est un maçonnisme. Son architecture se revendique de l'antiquité et des constructeurs médiévaux, mais sa pensée n'est pas traditionnelle.

On fera remarquer d'ailleurs qu'au sein de ce qu'il est convenu d'appeler le fascisme, plusieurs écoles se distinguent. Le nazisme en Allemagne n'a presque pas de point commun avec le franquisme en Espagne, tandis qu'il a inspiré les dictatures d'Amérique du sud. Tous reposent tout de même sur le nationalisme, qui est une conception totalement étrangère à la mentalité médiévale.

S'il peut y avoir certaines similitudes entre un mode d'organisation fasciste du pouvoir et la monarchie, c'est seulement sur le mode parodique. Hitler a parodié Charlemagne, mais son ambition reste parodique. De la sorte, même si certaines formes et idées du pouvoir paraissent semblables ou similaires dans le fascisme et le royalisme, elles sont pourtant diamétralement opposées dans leur esprit et leurs conséquences pratiques.

L'étalon permettant de les distinguer est le nationalisme. Le nationalisme est étranger au royalisme. Au moyen-âge, on ne sait pas ce qu'est une « nation », sauf chez les nomades (Gitans et Tziganes) et avec le souvenir des grandes invasions barbares venues de l'Est de l'Europe et des plaines d'Asie centrale. On ne peut donc concevoir ce que sera « l'internationalisme », c'est à dire l'idée d'unir les hommes en nations et ces nations en un gouvernement central international. Une telle idée vous aurait mené chez les fous ou au bûcher.

Les médiévaux pensent local, avec une fidélité au Seigneur, protecteur et administrateur. Lui-même est engagé par le serment féodal à plusieurs niveaux supérieurs allant jusqu'au roi ou à l'empereur : l'homme d'arme protecteur, le chevalier, le seigneur, le baron, le marquis, le comte, le duc, le roi et l'empereur forment une échelle du pouvoir, avec un contrôle s'exerçant dans les deux sens.

Les médiévaux pensent universel, avec une fidélité au Pape, l'autorité spirituelle suprême désignée par le Christ lui-même. Il légitime une hiérarchie descendante de prélats : Pape, nonce apostolique, archevêque, évêque, diacre et abbé, prêtre et moine. Le latin est langue commune, qui permet d'une entité politique à l'autre de partager la même religion, de célébrer les mêmes cultes et de recevoir les mêmes sacrements. On vise « l'au-delà », après la mort, et en ce monde, on craint le jugement dernier, une série d'événements naturels où l'humanité frôlera de nouveau l'extinction.

Les médiévaux pensent par ordre social, avec une fidélité par degré de capacité. Le prêtre s'en remet pour sa connaissance théologique et son art pastoral à son évêque, et lui-même au Pape. Le page s'en remet au chevalier pour l'art de la guerre et de l'administration, et lui-même au hiérophante de son ordre chevaleresque, qui peut être le roi ou un saint (vivant ou décédé). L'apprenti s'en remet au compagnon dans l'art de la construction, et lui-même à son maître.

D'un étage à l'autre, chacun est reconnu par ses inférieurs pour la maîtrise de son art et ses valeurs morales. Le prédécesseur propose mais la communauté élit, par son adhésion au choix des anciens. On vise non seulement la progression de la sagesse et des techniques, mais aussi la continuité de l'organisation par sa fidélité à son esprit fondateur.

La société médiévale est encore une société qui se défend : elle se défend des invasions de pilleurs et elle se défend de la subversion sociale, qui ferait qu'un individu qui n'a pas les qualités nécessaires puisse accéder à une fonction depuis la caste inférieure. On craint la confusion, tant culturelle que de castes. On n'hésite pas à rejeter dans la caste inférieure ceux qui dérogent, quitte à en faire des serfs et des domestiques. On se méfie des étrangers, dont la culture et la foi pourraient être source de confusion. S'il est présent, on le confine et on le taxe, pour éviter qu'il ne prenne le contrôle de la pensée collective et des institutions. Toutefois, on l'accueille et l'assiste pour en faire un frère. Le monde médiéval n'est pas xénophobe.

A l'opposé, la société moderne est au contraire une société qui défend : les lois d'interdiction montrent que la morale a été perdue et qu'il faut en tout temps et tout lieu fixer à l'écrit les limites. Les interdictions dominent tellement qu'il a fallu formuler des droits, qui pour un médiéval allaient de soi : droit à la vie, droit au logement, droit de l'homme, droit à respirer, etc. Ridicule non ?

La société moderne est encore une société subversive, où on a de cesse d'aspirer des étrangers et de faire monter les « nationaux » au sein de la pyramide sociale, jusqu'à la présidence de la république. On se réjouit qu'un Pape puisse être un national et on danse devant des spectacles affrontant les nations : Jeux olympiques, Coupe de football des nations, etc. La société moderne est internationaliste : elle s'en remet à l'ONU pour régler les conflits entre nations et laisse le soin aux multinationales de régler et animer le commerce international.

Cette organisation permet de garantir le bonheur individuel, c'est à dire que les besoins matériels et psychologiques de l'homme soient comblés. Il n'y a pas d'au-delà et l'homme pense pouvoir affronter la nature par la technicité : contrôle climatique, chasse aux astéroïdes tueurs, constructions anti-sismiques, etc. On se veut résiliant et cette résilience passe par la science et la technologie, et non plus par la sagesse et l'homme. Au contraire, l'homme est devenu le maillon faible, au sein d'une société technicienne.

Nous sommes donc dans deux mondes totalement opposés. Le Tarot est le produit du monde médiéval chrétien, héritier de l'antiquité égyptienne et gréco-latine. Il n'a cure de l'individu, de la nation, de l'internationale, du bonheur individuel, de la science, des robots domestiques et de la jouissance en ce monde. Il vise autre chose : faire progresser la sagesse et préparer le taronaute pour la fin d'un monde.

Les modernes entretiennent donc un dialogue de sourd avec le Tarot. Qui ne leur est pas destiné, qui ne leur parlera pas et qui n'a aucune considération pour leur ambition. C'est certainement cet aspect qui est le plus difficile à comprendre pour les universitaires et les profanes qui étudient ou utilisent le Tarot. Le jeu échappe à leur univers mental. Il ne peut être source que de confusion. J'espère pouvoir remédier à cette crise en écrivant cet ouvrage.

Le Tarot propose un mode d'organisation sociale et un type de guérison psychologique dont les modernes n'ont aucune idée, qui ne leur est pas accessible et qu'ils refuseraient et rejetteraient avec véhémence s'ils venaient à le connaître. J'ai pu le constater au cours de ma mission d'enseignement du Tarot : ce qui est visé est le succès matériel, le Tarot servant de moyen de divination. Le reste ne fait l'objet d'aucune attention. La gnose ? Imaginez ! Le salut de l'âme ? La réalisation métaphysique ? La plupart de mes stagiaires n'en avaient jamais entendu parler préalablement. Cela n'avait aucun sens pour eux...

L'individu moderne a ainsi atteint le degré de déchéance ultime : celui d'un animal dominé par son estomac, son sexe et sa tranquillité psychologique. Il ne vise à rien de plus que le confort et la jouissance paisible. Dans un tel contexte, enseigner le Tarot à des individus aussi inférieurs et méprisables n'a aucun interêt. Et je m'en abstiens. Il va sans dire que le réveil va être brutal pour la masse d'animaux sociaux que la modernité a produit, en particulier lorsqu'il faudrait affronter ce qu'annonce le Tarot : le jugement de l'humanité (Lame XX), sous la figure austère de Jupiter.

Pour les autres, j'ai pensé de mon devoir de les éveiller à ce qu'est une société métaphysiquement orientée, qui chemine en shanga, synagogue, église ou oumma vers la fin de ce monde et qui a foi en son salut individuel. Afin d'aider les étudiants, voici quelques considérations préliminaires, destinées à leur faire jauger l'ambiance générale du Tarot. Les informations sont données à reculons du monde moderne pour amener au premier chapitre, consacré à la vision traditionnelle du cosmos. Ce n'est qu'ensuite que l'on peut étudier les Lames et la dynamique du jeu. Sans cette préparation, l'étude est impossible.

En effet, on ne peut passer de la vision pérenne à la vision moderne d'un coup ou d'un saut. J'ai constaté dans mes cours qu'il fallait d'abord passer par l'émotionnel, les modernes n'étant plus capables d'une pensée logique pure. Ce qui suit est donc destiné à éveiller une émotion sur le Tarot et son contexte intellectuel, avant de mettre les choses au clair.

Section 1. Le retour des médiévalistes.

Jusqu'à une époque relativement récente où quelques auteurs comme l'historien George Duby (1919-1996) ont rendu sa pensée moins obscure à nos contemporains, le moyen-âge était considéré comme une période sombre et froide de l'histoire, marquée par une vie intellectuelle pauvre et une technicité rudimentaire. Pourtant, un simple coup d'oeil à nos cathédrales aurait permis de considérer ô combien, au contraire, cette époque fut fort lumineuse, chaude, technique et animée de débats doctrinaux fondamentaux.

Qui ignore encore que l'Occident doit sa modernité à la rupture qui s'y est opérée au sein de la noblesse d'avec sa propre tradition spirituelle, et plus généralement la vison pérenne du cosmos, encore admise dans l'antiquité et tout au long du haut moyen-âge ? La Renaissance marque le triomphe sur la conception féodale d'honneur et de salut, de la mentalité vénale, de la jouissance matérialiste et du matérialisme de la noblesse marchande des villes. Les habitudes et les ratiocinations de la pensée ont alors pris le dessus sur la spiritualité et l'intellect pur.

Au XVIIe siècle, le philosophe René Descartes (1596-1650) formulera, avec l'appui des marchands hollandais, une doctrine dans l'air du temps : seul le « moi » est réel (« Cogito ergo sum ») et façonne le monde extérieur (devenu « la réalité »). Les réalités métaphysiques permanentes décrites par les religions et les philosophes

(Dieu, le bien, le beau, etc) ne sont que de simples croyances. N'existent que les faits obéissant à la règle suivante : un fait est établi comme tel que s'il obéit à un postulat scientifique et peut être vérifié par des démonstrations reproductibles en laboratoire, avant de pouvoir faire l'objet d'une commercialisation. Le réel, c'est le matériel. Le métaphysique est irréel. On est dans l'inversion totale par rapport à la pensée médiévale et antique.

En vérité, on est au coeur de la mentalité marchande : la quantité est la mesure de toute chose, confortée par la reproductibilité et légitimée par la vente. Tout ce qui n'entre pas dans ce chemin rationaliste (quantitatif), « scientifique » et commercial est nié. Bienvenue chez les boutiquiers.

Ce monopole de la noblesse marchande sur la vie psychique et sociale de la collectivité engendrera deux réactions fortes : 1) le nationalisme fasciste chez les propriétaires terriens, lassés de la marchandisation de la nature, et 2) le marxisme internationaliste chez les producteurs (ouvriers et paysans), réduits à la condition de machines biologiques rentables, asservies dans les usines du grand capital marchand.

La disparition de la noblesse terrienne au XIXe siècle puis du prolétariat ouvrier au cours du XXe siècle, après des crises de rejet du libéralisme, aboutira au règne sans partage du capital au début du XXIe siècle. Ni le nazisme et les fascismes d'une part, ni le marxisme et les socialismes d'autre part n'ont pu empêcher l'avènement d'un super-libéralisme totalitaire et socialisant : le mondialisme. Il est assorti de sa pseudo-religion : le sionisme en tant que messianisme.

Ce mondialisme a imposé sa version de l'histoire, ses acteurs et son projet de créer un nouvel homme dans un nouveau monde :

1. un homme « augmenté » par les prothèses bioniques et l'intelligence artificielle (le « transhumain » financé par Google, Facebook, Microsoft, Apple, etc) d'une part,

2. et d'autre part, un nature réorganisée selon le schéma de « L'Agenda de Rio » (la concentration des humains en bandes urbaines hautement densifiées et la sanctuarisation des réserves naturelles), avec en toile de fond la production d'organismes génétiquement modifiés (OGM) et l'orientation contrôlée de l'évolution darwinienne des espèces.

Le fascisme avec son « nouvel homme » et son « espace vital » ou encore le socialisme avec son « homme soviétique » et sa « mère patrie de tous les peuples » avaient déjà tenté et échoué à imposer durablement des programmes similaires. Le niou-edge tente de nouveau le pari avec le « trans-humanisme ».

Au moyen-âge, de telles prétentions vous aurez mené dans un hospice pour malade mental, chez un exorciste ou voire sur un bûcher. L'homme médiéval ne connaissait ni le nationalisme, ni l'internationalisme et considérait le mercantilisme comme un vice dangereux. Il vivait dans un cadre psychique dominé par les « universaux », c'est à dire des images récurrentes dont la présence anime la création tel un gigantesque hologramme.

Son ambition était de s'aligner correctement au sein de cet hologramme de la taille de l'univers, afin de vivre en paix en ce monde et d'y échapper à la fin de son existence pour parvenir au paradis de l'au-delà. Créer un homme nouveau et remodeler le monde lui paraissaient un rêve puérile ou plutôt celui d'un fou.

La contemplation de n'importe quelle cathédrale permet de s'assurer de la persistance de ce message pendant plus de 1.000 ans. On constate également que la technicité y était très élevée, ainsi que les connaissances mathématiques, géométriques, musicales et symboliques nécessaires à l'édification de ces bâtiments. Une grande partie de ces sciences était parvenue via l'Islam, sur la base de ses propres apports aux travaux des civilisations antiques.

L'édifice religieux médiéval est le témoin indéniable de ce que fut l'intellectualité médiévale, désormais oubliée. Son architecture et sa fonction sont d'un intérêt considérable, au coeur de la mission sociale et eschatologique de la religion. Il faut garder en mémoire qu'au moyen-âge il n'y a pas de concept d'Etat et de convictions religieuses, comme nous le pensons de nos jours. Ces concepts sont modernes.

La foi médiévale n'est pas un acte privé portant sur des croyances « irrationnelles », mais une pensée orientée sciemment vers l'au-delà. La science ne s'intéresse pas aux origines mais à l'eschatologie. La technicité vise à la réalisation métaphysique, et non au confort matériel. Le pouvoir politique n'est pas légitimé par la « nation souveraine ». Il y a Dieu, souverain des univers, et sa création, avec ses lieutenants et messagers.

L'homme jouit d'un rapport unique avec son Créateur et d'une place de choix au coeur de son oeuvre. La mission de l'homme est de sauver son âme, par la religion, et de s'émanciper de sa condition pécheresse (névrotique), par l'initiation. On investit dans ces domaines plus que dans tout autre, parce que l'urgence est là et que la société médiévale s'est fixée des buts spirituels et moraux, servis par les sciences traditionnelles.

La religion, comme son nom l'indique, relève de deux ambitions :
- relier les hommes (« religare ») ;
- proposer une lecture du monde (« relegere »), qui n'est pas celle tombant sous le sens immédiat.

Les hommes médiévaux sont liés par une vision, celle de la révélation (l'apocalypse) et du jugement dernier. Tout sera dévoilé et les hommes jugés selon leurs qualités psychiques… et non leur capital en banque.

La construction médiévale entend préparer à ces deux termes par un récit, mis en images et lumières, et une sélection des psychismes. Les monuments sont des livres religieux, richement ornementés. Ils sont fixés sur le flux géomagnétique et orientés sur les étoiles pour voir comment les individus se comportent en leur sein. De la sorte, on entrevoit le jugement, dont les individus seront l'objet à la fin des temps.

On a ainsi reproduit au moyen-âge les ambitions de l'Egypte ancienne, où les temples étaient utilisés de la même manière. Les écoles à mystères y sélectionnaient l'aristocratie, capable de maintenir la cité en bon état de marche et fidèle à ses fondamentaux. On craignait une perversion matérialiste de l'élite, qui aurait pour conséquence immédiate le chaos social, des guerres avec l'étranger, l'invasion, la déportation et la ruine.

C'est pourtant ce qui survient passé le temps des cathédrales en France. L'élan de saint Louis est brisé par Philippe IV (le bel) : le royaume connaît le chaos et la terreur, la guerre de Cent ans se profile sur fond de crise successorale, la réforme protestante génère l'exode de milliers de Français vers l'Allemagne puis les colonies, le Renaissance est marquée par la volonté d'oublier le christianisme et aboutira à la révolution, dont la logique finale est le socialisme.

On est passé en moins de mille ans de déchéance d'un système où l'homme est enfant de Dieu et au coeur de la création, à un monde où il est un animal social, au sein de la sélection des espèces (sur le modèle darwinien). La chute de statut est vertigineuse.

L'idée contemporaine de laïcité n'est pas pour autant nouvelle. C'est un vieux serpent de mer, passé par l'islam avant de nous parvenir. La laïcité est apparue en Occident depuis l'Espagne maure avec le philosophe Averroès (1126-1198), qualifié alors de « déviant » par les exégèses de l'islam.

Son idée du gouvernement par les « laicos », ceux qui ignorent la religion (et donc Dieu), l'opposât alors aux « clericos », les clercs. La crise qu'a opérée sa pensée a accompagné l'Europe tout au long d'une mutation, consistant à tourner le dos au moyen-âge : l'eschatologie a été remplacée progressivement par la recherche des « origines » (on passe donc du futur au passé) et la spiritualité, par le matérialisme athée (la contemplation du haut est abandonnée pour celle du bas). Le moyen-âge, c'est à la fin et en-haut. La modernité c'est : au début et en bas. De la sorte, les modernes admettaient ne plus avoir d'avenir et se diriger vers les infra-mondes et la déshumanisation.

Les deux points de vue médiéval et moderne sont alors inconciliables. C'est soit l'un ; soit l'autre. Le Tarot relève de l'eschatologie et de la métaphysique. De ce point de vue, il contribue de l'univers mental traditionnel, exprimé notamment au moyen-âge en Europe.

Dés lors, on peut s'intéresser au Tarot sous ces deux angles :
- Que nous prophétise le Tarot sur notre futur terrestre ? Comment nous y prépare t-il ? Quel sera notre sort en tant que bénéficiaires de sa prophétie ?
- Que nous apprend le Tarot sur le salut religieux dans l'au-delà et la réalisation métaphysique en ce monde ? Quels sont les moyens qu'il utilise ?

Pour répondre à ces questions, il nous faut un témoin. Quelqu'un ou quelque chose qui soulèverait le voile de l'aveuglement collectif contemporain pour nous révéler la réponse. Généralement, les religieux et les spirituels autour de nous ont cette mission.

On remarque hélas que depuis Vatican II, l'Eglise catholique s'est fortement laïcisée et ne s'exprime plus sur l'au-delà et la métaphysique sans déclencher un tonnerre de rires. La dernière initiation visible, celle de la maçonnerie, a été l'inspirateur d'un des moteurs de la modernité : la franc-maçonnerie. Cette dernière n'a pas la nostalgie de l'Empire et agit à rebours du sens des images sociales du Tarot : Papesse, Pape, Empereur et Impératrice, Roi, Reine, Cavaliers et Valets.

Il ne reste donc aucun témoin humain digne de ce nom. Il faut donc alors se tourner vers les livres. Mais de ce côté, nous avons trois obstacles.

1. La modernité a accouché de l'Académie et de l'université. Ces deux institutions monopolisent le savoir et sa transmission, de la sorte qu'aucune science traditionnelle ne peut y être enseignée sans déclencher l'hilarité et l'ostracisme.

2. Il reste les sources anciennes, certes. Toutefois, le vocabulaire moderne n'est pas celui dans lequel elles ont été formulées. A la suite de René Descartes, nous employons par exemple les mots « esprit » et « âme » dans des sens qui ne sont pas ceux des Ecritures et des textes antérieurs au XVIIe siècle. Il y a donc un travail de clarification lexicologue à opérer et aucun ouvrage n'a jamais été consacré à cette oeuvre. De la sorte, nous avons deux domaines cloisonnés, la modernité ne pouvant qu'interpréter la tradition sans la comprendre véritablement.

3. Les relectures spirituelles contemporaines utilisent le vocabulaire moderne et se basent sur les idées de la modernité (nationalisme et internationalisme, progressisme, maçonnisme et socialisme). Elle ne sont donc pas fiables comme instrument de transmission, dans la mesure où elles interprètent et certainement déforment les savoirs anciens.

Celles qui s'y refusent tombent sous l'accusation de « traditionalisme », dans la mesure où elles s'attachent à conserver les formes de la tradition sans en connaître le sens et la cause. Il en est ainsi des ambitions folkloristes, des reconstitutions et des conservations.

Il y a quelques mois, j'ai eu un incident de communication sur internet avec un individu. Ce dernier s'était inventé un personnage médiéval, s'était attribué le titre de Duc et était payé par l'Etat pour réaliser des reconstitutions virtuelles des monuments historiques. Dans ses loisirs (encore une idée moderne), il organisait et participait à des reconstitutions historiques.

Ce dernier a soutenu publiquement que initiations mariales ou seigneuriales n'existaient pas au prétexte qu'il n'en « avait pas trouvé la trace », mais « celles d'hommes amoureux de leurs terres, travaillées à la sueur de leur front ». Le point de vue est donc d'emblée matérialiste, ce qui augure mal de la suite.

J'ai fait remarquer à ce traditionaliste, rémunéré pour des séances de spiritisme et d'évocation des morts via l'électronique, que par définition, une initiation ne laisse aucune « trace matérielle ». D'autre part, l'initiation peut utiliser des lieux et des objets. Ces derniers peuvent avoir été détruits, employés à d'autres fins ou tout simplement échapper dans leur fonction initiatique à un oeil profane.

L'argument matérialiste est d'autant plus oiseux qu'une vaste littérature est consacrée à l'initiation mariale dans l'islam et dans la franc-maçonnerie. On peut donc n'avoir aucune idée de la fonction initiatique d'un lieu ou d'un objet, et en rien savoir des montagnes de littérature consacrées à cette initiation. Ce n'est donc pas parce qu'un fait est ignoré, étymologie même du mot « laïc », qu'il est privé d'existence. Mais bon, j'avais face à moi un pur con, comme ceux que la République aime utiliser pour faire de la tradition du guignol touristique.

J'ai fait remarquer à mon contradicteur qu'au contraire, il existait des preuves tangibles, comme par exemple la statuaire, la représentation et les constructions où on a établi que s'y transmettait ce type d'initiations. C'est par exemple le cas de la crypte de la cathédrale de Saint Gilles du Gars, haut lieu de l'initiation à la chevalerie sous la figure du saint chevalier. J'ai illustré mon propos par quelques indications, qui auraient permises à mon contradicteur de quitter le domaine profane pour entrer dans le temple. Il fit volte-face en m'insultant, m'accusant d'empêcher le retour de la royauté.

C'est pourtant là exactement le contraire. Le lieu est toujours existant et orienté, le courant géomagnétique est toujours perceptible, les reliques du Saint toujours présentes et la statuaire en partie conservée. Il est donc possible à toute personne qualifiée d'y recevoir l'initiation sans intervention humaine contemporaine. Et c'est là le propre d'une initiation mariale ou seigneuriale, qui intervient lorsqu'une lignée de transmission a disparu ou n'est plus active, à la différence d'une initiation ordinaire. Comme dans la légende du roi Arthur, celui qui est capable de sortir l'épée de la pierre, devient roi.

Dans le cas du Tarot, nous disposons de livres d'images similaires : les zodiaques employés par les diverses civilisations ainsi que les vitraux et ornementations des cathédrales. L'avantage d'utiliser l'iconographie de nos lieux de culte religieux est que cette dernière est a priori contemporaine du Tarot, dans son style comme ses thématiques. Les zodiaques égyptiens et gréco-latins relèvent eux d'autres religions et d'autres époques.

Le catholicisme a officiellement rejeté l'astrologie dans sa fonction d'interprétation, tout en en faisant un large usage dans d'autres domaines, comme par exemple l'orientation des bâtiments. La raison historique de l'interdiction de la prédiction astrologique est que les astrologues de la cour du roi de Babylone, incapables d'interpréter le rêve du roi (Dan, 2:27) ont été humiliés par le prophète Daniel (Dan, 1:20), le plus plus clair sur l'apocalypse et la fin des temps.

La raison théologique en est l'usage par l'homme de son libre arbitre, et le refus de le limiter par la croyance en un déterminisme absolu. La bible prophétise que les astrologues s'adonnant aux prédictions seront brûlés lors du jugement de Dieu (Ésaïe, 47:13-14), pour avoir adoré et servi « les corps célestes » (Deut, 4:19)... mais pas en tant que tels.

Sur cette base, on a assisté en Europe à une tentative de christianiser les objets célestes pour former une nouvelle astrologie, mais elle se heurta au dogme catholique en matière de prédestination. S'il y a salut par la confession et l'eucharistie, on n'a pas à se préoccuper des déterminations astrologiques au destin. Au moyen-âge, l'astrologie est donc enseignée principalement dans le domaine médical, pour appuyer un diagnostic, ou de manière prophétique, les astres étant les messagers de Dieu. Elle est connue mais marginale, le plus souvent réservée à des moines savants. La noblesse est presque toujours illettrée.

Les grandes allusions à l'astrologie augmentent avec l'essor gothique français, sur la base des mathématiques reçues des Arabes. Les cathédrales puis les châteaux se couvrent de référents astrologiques, préparant ainsi la Renaissance, où l'astrologie devient un des arts libéraux en vogue dans la noblesse. Pour comprendre et se comprendre, l'homme lettré fait appel aux mythes antiques, délaissant le christianisme. Ici encore, la posture anti-gnostique de l'Eglise catholique lui aura couté cher.

La connaissance est cherchée hors de la religion du Christ, devenu un cadre autoritaire et étouffant. Elle se fait dans deux directions : 1) les antiquités gréco-latines via les mythes religieux ; 2) l'islam, via les sciences. Cette séparation marque celle de la littérature, d'abord philosophique puis profane (le roman, issudu courant romantique - Rome antique), et de la science. Désormais en Occident, il y a les lettres et les sciences, les forts en thèmes et les forts en mathématiques. Le fossé n'ira qu'aller grandissant entre littéraires et scientifiques. L'âme n'a plus de science (la gnose). La science n'a plus d'âme (la conscience).

Au XVIe siècle, on ne comprend déjà plus rien au message des cathédrales, que l'on trouve laides et à l'art « barbare comme celui des Goths »… d'où « gothique ». La fin du cycle de construction laisse d'ailleurs des édifices mal-pensés, comme la cathédrale de Beauvais, et des thématiques déviées. Les crises du XIVe et du XVe siècle sont passées par là : les initiations ont été décimées. Plus tard, la contre-Réforme finira de dévier la symbolique des édifices médiévaux avec le Baroque et le Rococo, des styles surchargés et pompeux, dégoulinant de la vanité de la noblesse marchande. La Révolution rasera tout, ne laissant que ruines et statuaire décapitée.

Ces « monuments historiques » de l'Etat - que sont nos cathédrales millénaires - ont finalement échappé à la destruction moderniste par un hasard du spiritualisme. La République n'a jamais caché être animée en sous-main par les idées et les hommes du Grand Orient de France, une filiale à couverture maçonnique de l'illuminatisme allemand du XVIIIe siècle. Or, en revendiquant une filiation avec la maçonnerie médiévale, la franc-maçonnerie ne pouvait détruire l'oeuvre de ses prédécesseurs, prétendus tels ou véritables. Les cathédrales ont été vidées, blanchies et transformées en musée, mais les pierres et les vitres ont été protégées et même restaurées. On dispose ainsi d'un livre d'images remarquable, inaccessible aux touristes, mais qui est le témoin de cette mentalité médiévale présidant au Tarot.

Depuis la moitié du XXe siècle, les milieux traditionnels de la franc-maçonnerie ont même reçu une aide providentielle, émanant comme le Tarot des milieux gnostiques maghrébins. Elle s'est manifestée en la personne du philosophe français René Guénon (1886-1951), maçon éminent et universitaire de l'islam soufi en Algérie puis en Egypte. Le maître Wâhid Yahyâ a revendiqué une unité transcendante des traditions, appuyée sur une connaissance (gnose) méticuleuse du symbolisme et de la science sacrée dans la plupart des traditions spirituelles. Véritable machine intellectuelle à détruire le spiritualisme et le conservatisme, son oeuvre fut l'objet de peu de critiques. Il fut donc attaqué sur sa personnalité.

Trois groupes se revendiquent de son oeuvre de nos jours :

1. Des maçons, dont certains ont donné comme patronyme à une loge maçonnique parisienne le titre d'une de ses oeuvres, « La Grande Triade » ;

2. Des chrétiens, aussi bien dans le camp de la réforme conciliaire de 1962 (Vatican II) que du schisme des traditionalistes de Monseigneur Lefèvre ;

3. Des « anti-capitalistes » érudits, de gauche comme de droite, appuyant leur ambition de destruction marxiste ou de restauration fasciste sur son analyse critique du conservatisme libéral et bourgeois. Il n'est d'ailleurs que ce dernier groupe libéral a rejeter d'un bloc l'oeuvre de René Guénon, au sein de l'échiquier des croyances modernes occidentales.

René Guénon ne traita jamais du Tarot, dans la mesure où l'islam est critique face aux objets de divination en général. Pour autant, nombre d'éléments du jeu de cartes se retrouvent dans les symboles que le maître a analysé. Le terme « maître » est d'ailleurs inapproprié, René Guénon n'ayant jamais initié personne et reste flou sur sa propre initiation « orientale ». Selon ses indications, elle aurait été du domaine marial ou seigneurial que j'ai évoqué plus haut, appelé dans l'islam : « la Voie des Afrad[4] ».

A l'appui de l'oeuvre de René Guénon, les cathédrales délivrent un message inconnu au profane... mais partagé avec le Tarot. Ce n'est sans doute pas accidentel si on qualifié parfois le Tarot comme la cathédrale de « Livre des Imaginaux », selon l'expression d'Henri Corbin. Ces « Imaginaux » s'apparentent aux Idées de Platon : ce sont des figures sur lesquelles la pensée médiévale médite à l'infini, jusqu'à fonctionner comme un hologramme.

Pour René Guénon, les religions, les initiations et de leurs images intellectuelles sont les expressions d'un noyau permanent hors de l'espace et du temps : la « sagesse

---

[4] Voir la définition de mon ami Alain Santacreu dans « Al-Khadir : la voie mariale des afrad » :

« D'autres indications importantes sont données par Ibn Arabî concernant les afrâd : ils n'ont pas de disciples, ils ne revendiquent aucun magistère et n'imposent aucune discipline, ils dispensent leur science comme un don que l'on peut accueillir ou refuser. Une de leurs caractéristiques fondamentales est leur renoncement à tout mouvement propre, ils sont dans un état de repos perpétuel : ils ne se meuvent pas, ils sont plutôt portés par une monture qui les arrache à eux-mêmes, une puissance, une force désirante qui est l'Amour de Dieu. Car ils sont « les désirés » (al-murâdûn) plus que les désirants : ils sont les aimés de l'Ami.
Le sommeil – la Dormition – est pour eux l'état privilégié d'abandon à Dieu, un mi'raj, une ascension semblable à celle du prophète Muhammad qui fut transporté par Allah dans son sommeil (Coran, 17,1). Agis par cette force du Désir, ils sont les agents du Secret – ou plus précisément du « Sceau » qui les préserve : ils s'effacent, se cachent, humbles, ordinaires, invisibles parmi les hommes, jusqu'à l'heure où ils devront se révéler »., https://fr.scribd.com/document/16658961/Al-Khadir-La-Voie-Mariale-Des-Afrad

pérenne ». Cette intellectualité pure est d'origine transcendante et non-humaine. Elle permet de passer d'une forme traditionnelle à une autre, sans se lasser enfermer par les aspects contingents, cycliques et temporaires de chaque tradition. Cette unité des formes par leur noyau commun a permis à René Guénon d'exprimer les doctrines métaphysiques des religions et des initiations sans subjectivité, option personnelle ou parti-pris. Il se dégage des dix-sept ouvrages de l'auteur une tendance gnostique qui lui a valu le surnom de « transmetteur de l'Absolu » (divin).

L'auteur néoplatonicien du IIIe siècle Plotin (205-270) a dénoncé ce trait intellectuel gnostique comme une propension à varier le même thème à l'infini, parfois de manière simpliste et stéréotypée, dans la but de parvenir à expliquer les influences s'exerçant sur l'homme et son milieu. Il craignait que les émanations du Principe divin, absolu et central, ne deviennent de vrais petites « entités pures » : des dieux. Cette critique vaut pour les Lames du Tarot, lorsqu'elles sont vues comme des émanations de Dieu, décrivant non seulement des groupes d'étoiles mais des images intérieures chez l'homme, y compris les déterminations d'origine métaphysique et mémorielles.

En effet, la forme déstructurée de ces images, enfouie dans les sphères de dissolution externes (démons) et internes (mémoires), a donné l'illusion aux psychanalystes que ces « archétypes » (textuellement des battements liés à l'histoire traumatique du sujet) étaient la source des religions. Cette confusion s'est installée, de sorte que la plupart de nos contemporains qualifient les arcanes du Tarot d'archétypes. Elles ne peuvent l'être aucunement en leur état. Pourquoi ? Elles sont de images pures, apparaissant dans le ciel sous forme d'étoiles.

On remarque ici au passage comment la psychanalyse, que Freud a bâti sur des thématiques de la Kabbale juive qu'il a retournées (libido, refoulement, sublimation, etc), agit comme une anti-gnose. Les images sont reconnues mais déformées et attribuées à une source dans le passé et vers le bas. Le freudisme se trahit comme un ésotérisme inversé, puisant non pas dans le noyau universel de sagesse pérenne mais dans les déchets psychiques individuels et collectifs. Le dieu de Freud et Jung, c'est le démon, figure inversée du Dieu des juifs : c'est satan. Il est l'adversaire et l'adversité, quand Dieu est ami et providence.

La cathédrale, livre d'images, était encore bâtie sur un point actif du géomagnétisme, souvent en remplacement de temples païens et de mégalithes, pour obtenir un double effet en rapport avec les flux ascendants et descendants de l'activité électromagnétique de la planète :

1. Favoriser la perception des images divines venues du ciel ;

2. Relâcher l'emprise des images déformées, enfouies dans les lieux émonctoires de la conscience et de l'environnement.

Le Tarot fonctionne de la sorte, opérant une sorte de « tare ». Le consulat cherche à savoir, un fois taré ce qui lui est individuel, l'image ou les images divines en action sous les événements qui le tourmentent. Il souhaite comprendre la situation d'un point de vue spirituel et comment les choses vont tourner au final. Plus généralement, le Tarot comme la cathédrale expriment les préoccupations médiévales : le futur, avec ses révélations célestes et le jugement dernier. Le savoir et l'issue finale.

Le monde moderne se moque de tout cela : il cherche l'origine des images dans les écrits du passé, le sous-sol (archéologie) ou l'inconscient (psychanalyse). Il est nécrophile. Mais il n'obtient aucune réponse pour le futur, ni l'au-delà… des domaines qui ne l'intéressent pas. S'il considère la cathédrale ou le Tarot, c'est pour attribuer leur origine au passé, liée à un soi-disant traumatisme collectif ou individuel.

Deux mondes, deux univers, qui sont inconciliables. Pour l'homme traditionnel, le moderne est un fou, dont l'existence tournée vers la jouissance en ce monde lui ferme l'intellect divin et le salut dans l'au-delà. Pour le moderne, l'homme traditionnel est un archaïque, dont la pensée lui est totalement impénétrable et incompréhensible. Ses symboles ne lui parlent pas et il juge que son initiation manque de fondement scientifique. S'il s'y prête comme dans la franc-maçonnerie, ce n'est qu'à titre d'hommage aux anciens et de commémoration de rites devenus incompréhensibles ou revêtus d'acceptions spiritualistes modernes.

Section 2. Les images, les lettres et les nombres.

La cathédrale présente bien des points communs avec le Tarot. C'est vrai des images mais aussi des lettres et des nombres qui leur sont associées. L'édifice n'est pas l'oeuvre d'un architecte comme de nos jours, en quête d'originalité et de défis aux lois de la nature. Il obéit à des lois, issues de l'algèbre, la science arabe des chiffres et des lettres.

De même le Tarot. Son dessin n'est pas subjectif mais tiré de cartes du ciel, avec lequel il opère une connexion. Les Lames sont associées à des nombres, sous formes de lettres latines. Le Tarot ne doit rien à un artiste, mais à un initié ou un mystique, dont l'oeuvre a été copiée et recopiée par la suite pour devenir une sorte de court canon d'images-clefs. Quel est leur message général ?

Le Tarot annonce une fin connue de tous : le jugement de l'humanité et la descente de la Jérusalem céleste, une cité parfaite et construite sur la base des nombres 5, 7 et 12, symbolisant la Terre, le monde intermédiaire et le Ciel.

La forme en croix latine de la cathédrale renvoie au mystère de la crucifixion mais aussi de là au symbolisme des six directions, à l'horizontale et à la verticale à partir d'un point central. La croix est un symbole également présent dans l'arbre ; son relié le cube, l'est dans la pomme. On imagine ainsi au moyen-âge l'univers comme le déploiement de la vie à partir d'un point : l'oeuf primordial. Cette vision sera reprise par les scientifiques juifs apostats dans leur théorie du big-bang.

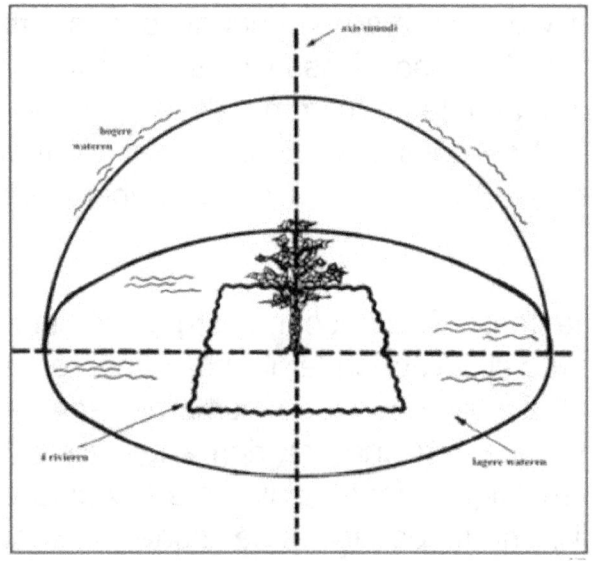

Les six directions, la croix en 3 D
Image Wikipedia

Depuis les années 1990, je me suis intéressé - en parallèle de mon étude des traditions spirituelles - à divers aspects de la science alternative et en particulier l'énergie libre de Nicolas Tesla, la radionique des frères Servranx, les images fractales et le questionnement scientifique à propos des solides dits « platoniciens », en particulier à partir des travaux du « Symposium Séquoia ».

Cette fondation a été créée par un des héritiers du géant Procter&Gamble (Foster Gamble) et s'est consacrée à l'identification du schéma universel selon lequel l'énergie de l'univers produit la vie sur notre planète. A partir des travaux précurseurs d'Albert Einstein, d'Arthur Young et de Richard Buckminster Fuller, la Fondation a regroupé une série de spécialistes de le Physique, des sciences naturelles et des religions pour produire le film « Thrive », dénonçant les abus du système capitalistique actuel, ainsi que son orientation génocidaire inéluctable et à venir, et ouvrant des perspectives, quant à l'utilisation de l'énergie vitale universelle.

Ces investigations m'ont conduit à considérer les travaux sur la « fleur de vie » de l'ancienne Egypte, et des théories adjointes comme celles du « Tore » (de l'anglais « Taurus ») et du « Vector Equilibrium » (du latin, vecteur d'équilibre ou équilibrant). Le « Tore » est la forme que prend l'énergie lorsqu'elle crée la vie. Elle ressemble alors à une pomme ou une orange, comme la magnétosphère de l'homme, de la Terre et ou de la galaxie, dans leur aspect électrique.

Le « vecteur d'équilibre » est outil purement intellectuel permettant d'appréhender sa structure mathématique et géométrique, et de là son fonctionnement. Il repose sur les formules simples :

$$V = \int_{0}^{2\pi} R\,\mathrm{d}\theta \left(\int_{0}^{2\pi} \int_{0}^{r} r\,\mathrm{d}r\mathrm{d}\theta \right) = 2\pi^2 r^2 R$$

$$A = \int\limits_{0}^{2\pi} R \, \mathrm{d}\theta \left(\int\limits_{0}^{2\pi} r \, \mathrm{d}\theta \right) = 4\pi^2 r R$$

Images Wikipedia

Arthur Young, ingénieur chez Bell, et le futurologue Richard Buckminster Fuller[28] l'ont représenté sous la forme d'une structure géométrique, composée de six carrés et huit triangles :

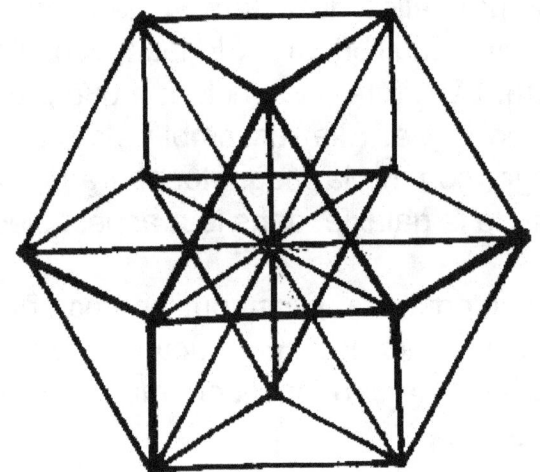

Hexagone ou Vector Equilibrium, image Wikipedia

Il est intéressant de constater que ces découvertes sur les modes d'auto-organisation de la nature ne sont que la réédition de celles véhiculées par les ésotérismes des anciennes traditions spirituelles, derrière les grandes civilisations. Une élite en détenait la clef... c'est à dire la gnose.

On retrouve le Vector Equilibrium aussi bien dans Temple d'Osiris en Egypte, gravée mystérieusement dans la structure atomique du granit d'un pilier, que dans les arts premiers de l'Afrique et de l'Océanie. Dans les dessins des Aborigènes et des Indiens natifs d'Amérique. Dans les civilisations précolombiennes d'Amérique centrale et latine. Dans l'écriture hébraïque et la Kabbale juive, dont l'arbre de vie est un des aspects de la « fleur de vie ».

A la « Cité interdite » de Pékin, sous les pattes des deux « chiens-Fu » ou « Lions des neiges », gardant l'accès au « Ming-Tang », ainsi que dans la structure même des soixante-quatre hexagrammes du Yi-Jing. Dans des mosaïques ottomanes et mongoles en Turquie (Ephèse) et en Inde (temple principal des Sikh). Sur des stèles de bois, sculptées en Autriche ou en Scandinavie au coeur des églises.

Bref, partout ...

Cette figure est le schéma mathématique et géométrique par lequel la vie apparaît dans l'univers et se développe de manière logique. Elle ne connait aucun frein de principe. Toutefois, il arrive que son schéma se déforme sous l'effet de facteurs parasitaires.

Lorsqu'un élément exogène s'introduit dans le tore en forme de pomme / cube, il se déforme et engendre l'apparition de pathologies, puis sa disparition. Cet événement est rendu en hébreu avec une des images les plus anciennes du monothéisme abrahamique : le serpent fixé à un pieu.

La dernière lettre de l'alphabet hébreu (Tav / ת) est formée sur le dessin d'un serpent fixé à un pieu ou un arbre, et par extension à une croix. Le schéma représente le verbe créateur du cosmos, suspendu dans les six directions de l'espace : est, ouest, nord, sud, zénith et nadir.

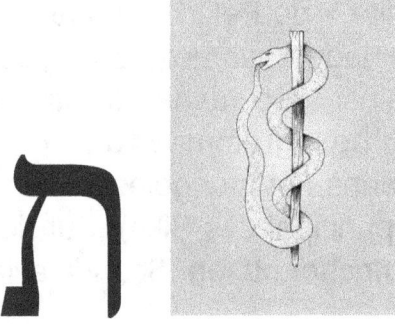

Lettre Tav en Hébreu et serpent fixé, Images Wikipedia

La formation de cette lettre témoigne que l'alphabet phénicien, ancêtre de l'hébreu et du syriaque, puis de l'arabe, a été pensé à la fin de l'ère astrologique du Taureau. En effet, la première lettre de ces alphabets représente les cornes d'un boeuf : Aleph.

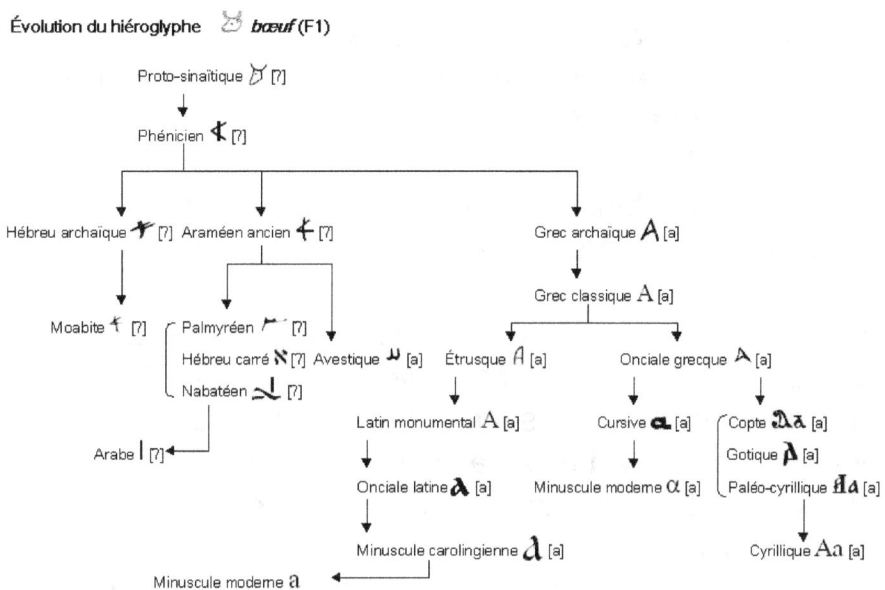

Image Wikipedia

Le commencement (l'Alpha) se trouve donc dans le Taureau (émasculé donc maitrisé), où les éléments de la langue et de la culture des sédentaires ont été déposés sur la table (du Bateleur, Lame I). Le cycle d'expression du logos s'achève en Tav / Oméga, par la crucifixion du Verbe incarné ou le départ du Mat dans le Tarot (Lame XXII). La vie s'exprime dans un sentier qui va de Aleph à Tav en hébreu / de A à T en latin.

La Bible est un récit qui s'articule :

1. d'un côté du rejet des religions du Taureau (Moloch, Mammom, Minotaure, etc) avec le culte sacrificiel dans l'ère astrologique du Bélier (- 2.000 à la naissance du Christ), apparu avec Abraham ;

2. à de l'autre la fonction guérissante du Poisson et l'entrée purificatrice dans l'ère du Verseau.

Ce récit s'achève avec la prophétie des événements collectifs et individuels liés à la venue de l'astrologique suivante : celle du Verseau. Elle est annoncée dans les Evangiles par une image astrologique nette : celle de la salle dressée en hauteur pour la Pâques, par l'homme portant une jarre d'eau :

« Voici, quand vous serez entrés dans la ville, vous rencontrerez un homme portant une cruche d'eau ; suivez-le dans la maison où il entrera, et vous direz au maître de la maison : Le maître te dit : Où est le lieu où je mangerai la Pâque avec mes disciples? Et il vous montrera une grande chambre haute, meublée: c'est là que vous préparerez la Pâque. Ils partirent, et trouvèrent les choses comme il le leur avait dit; et ils préparèrent la Pâque. » (Luc, 22: 10-13).

On retrouve cette indication dans le Tarot où en Lame XXI, le Monde, la position des quatre personnages des points cardinaux (les quatre grands zodiacaux ou Vivants de la vision d'Ezéchiel) est celle perçue vue depuis l'hémisphère sud. Comment les concepteurs du Tarot ont t-ils su que la Terre était ronde? Les Egyptiens le savaient, information qu'ils ont transmis aux gnostiques. Nous avons donc une autre indication du probable lieu géographique de conception du Tarot.

En astrologie, la destinée d'un homme est fixée sur un arbre, celui où les planètes sont positionnées comme une échelle face aux douze constellations du zodiaque. Elle est animée par un serpent ou « dragon », en rapport avec les deux noeuds lunaires : la « tête de dragon » est le siège de la conscience originelle et la « queue de dragon », celle des influences ancestrales et mémorielles.

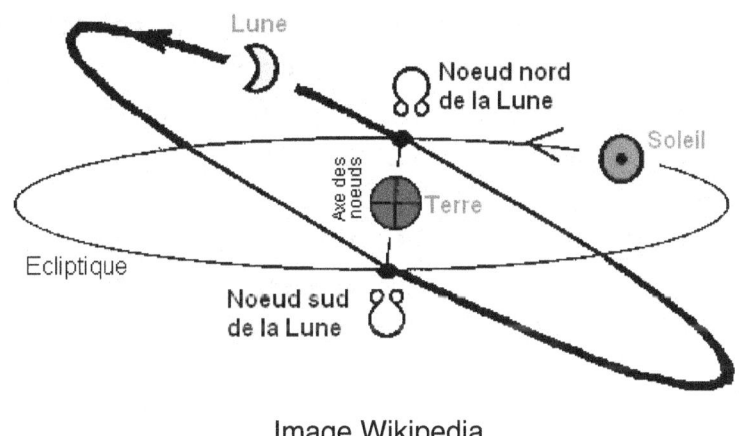

Image Wikipedia

Rapporté aux Lames du Tarot, nous avons donc un point de départ de l'existence humaine lié aux éléments cosmologiques en Lame I (le Bateleur), où ils sont déposés sous la forme des quatre objets tarologiques : denier, bâton, coupe et épées. La fin de la vie est marquée par le Mat (Lame XXII), où le même personnage repart enrichi d'un trésor d'expériences et de sagesses, placé dans un baluchon.

Dans le symbolisme médical, la croix et le serpent sont incarnés par la colonne vertébrale de l'homme et ses intestins. Dans la croyance médiévale, les deux parties du corps dont l'alpha et l'oméga, entre lesquels est suspendue la santé du patient. On investigue les causes de la maladie en considérant la manière dont planètes sont accrochées à la colonne des douze constellations solaires, et la Lune s'exprime entre tête et queue de dragon.

On détermine ainsi la structure de l'être, sa solidité et ses points de faiblesse, et son niveau de vitalité. Astrologie et médecine sont liées, de même que l'alchimie et plus généralement les « médicinements », pour poser le diagnostic et la prescription. On remarque que le caducée d'Asklépios, représentant un serpent sur un arbre, ou celui de d'Hermès avec son double serpent, sont encore de nos jours les emblèmes des professions médicales.

Le christianisme a fait un usage extraordinairement récurrent de ces images. La cathédrale en forme de croix latine reproduit l'arbre. Le rôle de Verbe créateur ou du serpent est joué par l'onde émise par la Terre : son géomagnétisme.

Il se manifeste sous deux aspects :

- le courant électromagnétique ascendant et descendant, généré par la planète depuis ses entrailles par la circulation des métaux, formant dans l'espace « la ceinture de Van Hallen » (elle nous protège du raisonnement cosmique) ;

- « la constante de Schuman », une onde géostationnaire d'altitude formant une sorte de « voix », influant sur le comportement instinctif des êtres.

La cathédrale est ainsi un lieu double : on y capte et utilise les courants géomagnétiques et on s'y met à l'écoute de la « voix céleste ».

En effet, la Terre se conduit, comme le corps humain, à l'image d'une sorte de circuit électromagnétique. Entre la surface du sol et l'altitude de 55 km, il existe une sorte de champ particulier, une cavité, animée de courants électromagnétiques incroyables. Sans cette cavité, la vie sur Terre serait impossible, des décharges électriques violentes nous frapperaient constamment. La résonance ou constante Schumann est ainsi une sorte de vague électrique constante en fréquence parmi les autres vagues au sein de la cavité en question. Ses particularités furent découvertes par Schumann et Koenig en 1954.

Les Pr Paul Davies et John Gribben, dans leur ouvrage « The matter myth », indiquèrent en 1991 que, selon un postulat qu'ils formulèrent alors, toutes les parties de la Terre communiqueraient entre elles comme les éléments d'un même hologramme à partir de cette constante

Schumann. La vie serait donc totalement interdépendante. Il restait à établir comment les formes de vie communiqueraient entre elles, sans matière, ni énergie.

Le Pr Toni Bunnel observa, en 1997, que le champ biomagnétique généré lors des soins par imposition de mains des guérisseurs avait une configuration identique à celle de la résonance de Schumann, et qu'il suivait les mêmes algorithmes mathématiques. De même avec l'onde de forme, reçue par les fidèles au sein des cathédrales.

Le Pr Bunnel a suggéré qu'il pourrait y avoir une transmission d'information entre la vague électromagnétique constante (dite de Schumann) de la cavité au-dessus de la Terre et les pratiquants selon une des particularités des zones électromagnétiques des fractales de transmettre de l'information sans énergie, ni matière. Dès lors que les fidèles se positionnent, le transfert s'opèrerait entre la constante de Schumann autour de la Terre et eux. A vrai dire, on avait observé ce phénomène dans les phases de sommeil profond, où le corps se relâche totalement et la conscience se déconnecte du sentiment de « moi ».

Les Pr Zimmerman, en 1990 aux USA, et Seto, en 1992 au Japon, ont été amenés à étudier les champs biomagnétiques entourant les mains de praticiens traditionnels, pour savoir s'il s'y déroulait un transfert d'information sur le mode des fractales. Ils découvrirent que les pulsations électromagnétiques générées par les mains des praticiens étaient les mêmes que celles de leurs cerveaux, entre 0,3 et 30 hertz, et particulièrement lorsque les cerveaux sont en mode alpha (entre 7 et 8 hertz).

Des études indépendantes avaient déjà mis en évidence que des fréquences types influençaient directement diverses fonctions du corps. Par exemple, la fréquence de 2 hertz produit un effet de régénération sur le système nerveux ; celle de 7 hertz agit sur la croissance osseuse ; celle de 10 hertz sur les ligaments ; celle de 15 hertz sur le système sanguin.

Des appareils ont été mis au point, dont celui de Royal Raymond Rife (interdit puis détruit par l'establishment médical américain, contrôlé par l'industrie pharmaco-chimique), mettant en œuvre ce processus. Par exemple, il permet de réparer les factures osseuses en quelques heures.

Le Pr Becker a démontré que les vagues d'ondes cérébrales ne se limitent pas au cerveau mais voyagent dans tout le corps, en surface du système neurologique, formant un schéma semblable à celui utilisé en acuponcture.

Durant les traitements par imposition des mains ou lors des rites dans les cathédrales, on a observé qu'une vague d'ondes électromagnétiques pouvait être générée par le thalamus du soigneur ou de l'officiant, puis prendre de l'ampleur au fur et à mesure qu'elle s'entend dans le corps jusqu'aux mains et vers autrui. Une fois le corps du patient ou des autres participants à l'office en contact, la vague s'y engouffre, jusqu'à mettre son thalamus en résonance. Dès lors, toutes les fonctions du corps sont stimulées.

Certains humains présentent cette capacité plus que d'autres, à effectuer une liaison entre les phénomènes électromagnétiques de la Terre, leur cerveau, leurs mains et autrui. A t-on découvert le secret du clergé et le pourquoi des rites religieux? Les croyants seraient des êtres capables de maintenir l'harmonie entre les mécanismes électromagnétiques de l'environnement et en faire bénéficier autrui. Les fidèles seraient alors capables de recevoir l'énergie de la vie et la laisser se développer selon un schéma pur, non parasité par les mémoires des lieux ou enfouies dans la conscience des individus. Ils se maintiendraient ainsi en bonne santé et percevraient des informations subtiles, destinées à orienter leur vie et assurer sa survie.

Une autre découverte dans ce sens a été faite, à l'aide de baguette de type Bovis, des instruments qui ont fait l'objet des dernières recherches du professeur Yves Rocard, le père du premier ministre français et longtemps directeur des activités nucléaires de la France. Ses conclusions ont été reprises sommairement dans son ouvrage « La science et les sourciers[5] ».

---

[5] Yves Rocard, « La science et les sourciers », Dunod, Paris, 2012.

Le professeur Rocard a établi que des différences des champs électromagnétiques de la Terre sont ressenties par les cristaux de magnétite présents dans divers points du corps humain : coude, genoux, sourcils, nuque, etc. Ces différences sont captées par le circuit formé par la circulation du sang, contenant du fer, et perceptibles dans les micro-mouvements des membres.

Ces différences obligent le corps à des adaptations biologiques constantes. Ces mécanismes expliqueraient le processus migratoire saisonnier des animaux et dés lors le nomadisme des premiers êtres humains. Par extension, cette mécanique serait la base de l'apparition des quatre castes chez les sédentaires.

Un éclairage complémentaire a été donné au regard des études du Dr. Albert Abrams (1863 - 1924). Le scientifique avait découvert que tout ce qui existe émet une signature vibratoire unique, influencée par l'angle de la Terre avec le Soleil. Or, cet axe varie selon un cycle de 26.000 ans, appelé « la grande année cosmique ». On aurait donc découvert les mécanismes gisant à la base non seulement des édifices de culte mais également de la succession des formes religieuses adaptées par l'humanité au cours de cette grande année. J'y reviendrai plus loin à propos des douze zodiacaux et des lois spirituelles.

Le scientifique Malcolm Rae a sur cette base introduit un système d'analyse géo-magnétique, qui décrit les signatures vibratoires de chaque être en fonction de son angle avec le champ magnétique terrestre. Le scientifique Nick Franks a crée de son côté un système alphanumérique, usant la combinaison de lettres, numéros et formes psycho-actives. Il a remarqué que certaines favorisaient la conscience et la santé, tandis que d'autres nuisaient. De même avec les séries numériques du savant russe Youri Grabovoï.

A l'aide baguettes de Bovis, le professeur Yves Rocard a pu incidemment objectiver que les lettres hébraïques généraient des micro-mouvements dans le corps[6]. Leur dessin se répercute immédiatement dans la conscience, pour produire des états psychiques particuliers. Ce qui est intéressant pour notre propos. Les Lames du Tarot reproduisent t-elles des mouvements subtils face à l'observation de groupes d'étoiles à des périodes de l'année... et les génèrent à volonté lorsque les images tarologiques sont méditées ? On peut le penser.

Le Symposium Séquoia, comme Foster Gambler l'indique dans son documentaire « The Thrive », a identifié le phénicien, ancêtre de l'hébreu, comme un des alphabets les plus actifs du point de vue micro-vibratoire. On peut en dire autant des runes et du sanscrit, ainsi que des symboles astrologiques et alchimiques. Ces signes seraient des notations conventionnelles de micro-mouvements du corps, transmises aux baguettes face à certains champs.

----

[6] Yves Rocard, « La science et les sourciers », Dunod, Paris, 2012.

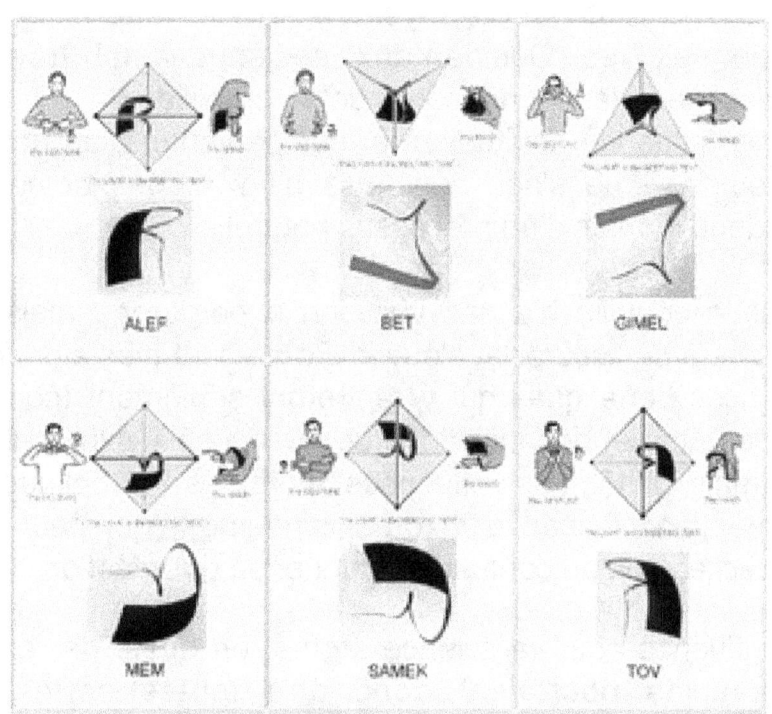

Mise en lumière de l'hébreu comme microvibration
Image www.lespacearcenciel.com

Le matérialisme des siècles précédents, dans lequel l'Occident s'est enfermé, n'aura été en fait qu'une perte progressive de cette science des micro-vibrations et leur effet sur la conscience. L'origine de cet oubli remonte à la négation de la structure naturelle des collectivités indo-européennes, c'est à dire la civilisation « synarchique » (avec son Empereur) telle que la décrivit St Yves d'Alveydre et l'exprime le Tarot par ses Lames II, III, IV et V (Papesse, Impératrice, Pape et Empereur).

Privés de toute métaphysique et de cadre social traditionnel, les Occidentaux se sont ainsi trouvés emprisonnés dans une sorte de « coquille » ; où plus aucune influence spirituelle ne leur parvenait plus depuis longtemps. Il ne s'agit donc pas d'un « complot contre l'occident » ; mais d'un processus naturel.

Or, cette coquille n'a pas vocation à perdurer ; mais au contraire à se fissurer et s'ouvrir. Ce ne sont plus alors des influences bénéfiques qui y rentreront seulement (comme lors des rites et des initiations de la société « synarchique ») ; mais plutôt des influences morbides (diaboliques[7]), comme dans le cas d'un organisme mort, qui peut soit ressusciter, soit au contraire continuer sa putréfaction.

Les influences que la science se met en quête de rendre observables pourraient donc être toutes sortes de charognards et de nécrophages du domaine subtil. Ils peuvent d'ailleurs se présenter faussement comme des extra-terrestres, des maîtres « ascensionnés » dans l'astral, de voix et de « guides ».

Les phénomènes de « conversation avec l'au-delà » au moyen de magnétophones et autres appareils technologiques pourraient ouvrir des brèches dans le réel, ouvrant sur des dimensions subtiles particulièrement

---

[7] « Diabolique » est entendu ici dans le sens étymologique ; c'est à dire ce qui est facteur de dualité, d'oppositions sans fin et de chaos.

malsaines. Et ceci vaut généralement des pratiques psychanalytiques et de réveil des « mémoires karmiques ».

René Guénon en fait la démonstration comme suit :

« L'attitude matérialiste, par sa limitation même, ne présente encore qu'un danger également limité ; son « épaisseur », si l'on peut dire, met celui qui s'y tient à l'abri de toutes les influences subtiles sans distinction, et lui donne à cet égard une sorte d'immunité assez comparable à celle du mollusque qui demeure strictement enfermé dans sa coquille, immunité d'où provient, chez le matérialiste, cette impression de sécurité dont nous avons parlé ; mais, si l'on fait à cette coquille, qui représente ici l'ensemble des conceptions scientifiques conventionnellement admises et des habitudes mentales correspondantes, avec « l'endurcissement » qui en résulte quant à la constitution « psycho-physiologique » de l'individu, une ouverture par le bas, comme nous le disions tout à l'heure, les influences subtiles destructives y pénétreront aussitôt, et d'autant plus facilement que, par suite du travail négatif accompli dans la phase précédente ; aucun élément d'ordre supérieur ne pourra intervenir pour s'opposer à leur action. On pourrait dire encore que la période du matérialisme ne constitue qu'une sorte de préparation surtout théorique, tandis que celle du psychisme inférieur comporte une « pseudo-réalisation », dirigée proprement au rebours d'une véritable Réalisation spirituelle[8] ».

Dès lors, René Guénon dénonce l'aveuglement de nos contemporains à rester attachés aux formes les plus extérieures des religions, quand ce n'est pas qu'aux biens matériels, consacrés en moyens de compensation psychologique :

> « La dérisoire sécurité de la « vie ordinaire », qui était l'inséparable accompagnement du matérialisme, est dès maintenant, fortement menacée, certes, et l'on verra sans doute de plus en plus clairement et aussi de plus en plus généralement, qu'elle n'était qu'une illusion ; mais quel avantage réel y a-t-il à cela si ce n'est que pour tomber aussitôt dans une autre illusion pire que celle-là et plus dangereuse à tous les points de vue, parce qu'elle comporte des conséquences beaucoup plus étendues et plus profondes, illusion qui est celle d'une « spiritualité à rebours » dont les divers mouvements « néo-spiritualistes » que notre époque a vus naître et se développer jusqu'ici, y compris même ceux qui présentent déjà le caractère le plus nettement « subversif », ne sont encore que de bien faibles et médiocres précurseurs[9] ? »

---

[8] René Guénon, « Le règne de la quantité et les signes des temps », Gallimard, Paris, 1945.

[9] René Guénon, « Le règne de la quantité et les signes des temps », Gallimard, Paris, 1945.

Ces spiritualismes sulfureux et leur pseudo-réalisation seraient donc pathogènes et même mortifères, ouvrant le psychisme de l'homme aux forces de dissolution en œuvre dans le cosmos. Ils ne mettent en présence, en effet, avec aucune influence authentiquement spirituelle ; mais au contraire sont les vecteurs de « forces anti-spirituelles » qui, à terme, détruiront l'Occident, ce « corps collectif malade et anormal ».

Les pseudo-spiritualités en question ont été étudiés, dans les années 1920, par René Guénon dans deux ouvrages : le premier avait trait à la société théosophique de H.P. Blavatsky, et proposait de démasquer les « sectes orientalistes » ; le second était consacré au spiritisme d'Allan Kardec, précurseur de la psychanalyse freudo-jungienne. Ces deux groupes sont les ancêtres des mouvements spiritualistes actuels, dont le moins que l'on puisse dire est qu'ils sont anti-traditionnels et anticléricaux.

La cathédrale avait été conçue comme une nef psycho-subtile où le fidèle était protégé de ces spiritualismes, du passé et des mondes infernaux pour être convoyé vers l'au-delà et le jugement dernier. Sa structure géométrique et donc mathématique servait de coque à l'expression des lettres, donc de la parole divine. Véritable « boîte à images », elle servait de télévision aux médiévaux. Le chrétien y naviguait dans une arche, au sein d'une communauté humaine choisie par Dieu, où étaient cultivées des qualités morales particulières (les vertus théologales). Je renvoie à ce que j'ai écrit plus haut à propos du portail occidental de la cathédrale de Strasbourg.

Le Tarot procède également de cette ambition de racheter le pécheur des mains du serpent satanique et de lui faire bénéficier de l'effet d'exorcisme de la croix. Toutefois, il ne le fait pas dans un cadre commentaire comme la cathédrale médiévale, mais pour un individu capable de le lire. Les icônes du Tarot arrachent alors l'être à ses propres images mentales, fruits de ses mémoires et de sa perception distordue des micro-vibrations de son environnement. Le carousel de ses représentations pieuses annoncent la venue de la Jérusalem céleste (en Lame XXI), après les tribulations de l'âme en ce monde.

Ce cheminement est typiquement platonicien. Socrate a distingué deux modes de pensée dans son discours de la République (livres VI et VII) : « eikasia » et « pistis ». La première est le système de conventions mentales et de représentations d'un sujet, par lequel il va déformer ses perceptions pour les mettre en accord avec son ego. La seconde est la croyance religieuse, d'ordre théologique.

Le vrai sage n'adhère pas à son récit personnel et aux résultats de son expérience mais à celui des mythes et des discours des dieux. Tout fait est placé dans la perspective théologique, et non plus individuelle, qui n'a plus aucun intérêt. On passe ainsi d'une vie subjective (comme celle d'un esclave) à une vie objective (comme celle du citoyen), dans l'oeil de la caméra divine.

Le Tarot procède de la sorte. Par exemple, face à un choix (Lame VI, l'Amoureux), le consultant souhaite ne pas se limiter à son vécu (eikasia). Il ambitionne de s'élever à une vision théologique (pistis), puis aux images de la gnose.

Page suivante :
Mécanique du passage de gnose (gnosis) à la culture (eikasia),
via la théologie (pistis),
ou des étoiles à la mémoire, via la foi.

Image Pascal Treffainguy

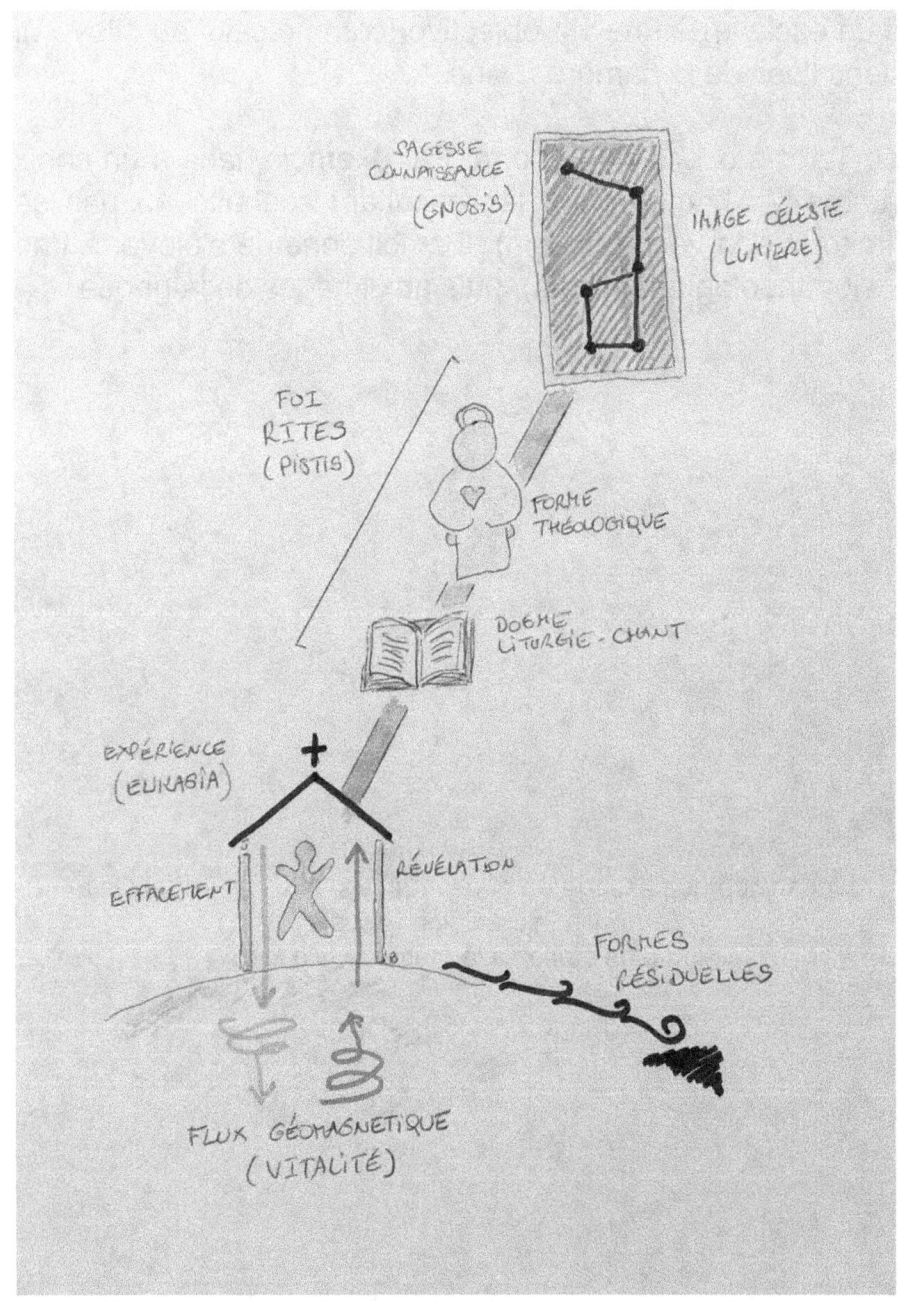

SAGESSE
CONNAISSANCE
(GNOSIS)

IMAGE CÉLESTE
(LUMIÈRE)

FOI
RITES
(PISTIS)

FORME
THÉOLOGIQUE

DOGME
LITURGIE - CHANT

EXPÉRIENCE
(EUNABIA)

EFFACEMENT

RÉVÉLATION

FORMES
RÉSIDUELLES

FLUX GÉOMAGNETIQUE
(VITALITÉ)

C'est là que le char de l'âme du philosophe va trouver l'équilibre (Lame VII, le Chariot) et une source d'inspiration pour agir avec justesse (Lame VIII, la Justice). A la différence de la cathédrale et bien qu'il puise aux mêmes sources, le Tarot n'est pas spécifiquement chrétien. Il relève de la sagesse pérenne, mais dans une expression qui est spécifique à la seconde partie de l'ère des Poissons.

Les traditions spirituelles semblent avoir visé deux objectifs, tant dans leurs constructions religieuses que leurs enseignements :

- permettre à des individus bienveillants de se connecter au géomagnétisme, pour augmenter la charge électromagnétique de leurs corps, ce qui leur donnait des capacités hypnotiques et les mettait à l'abri des suggestions d'autrui et des conditionnements subtils de leur propre terrain ;

- autoriser la réception en instantané d'informations venues de l'environnement, qui les rendaient omniscients, capables de projeter leur conscience dans le temps et l'espace.

C'est particulièrement vrai en Egypte, au temple des Hathors où apparaît le zodiaque de Dendérah, base de la gnose antique égyptienne, mais aussi au temple d'Osiris à Abydos, avec sa fameuse inscription de « la fleur de vie ».

Elle a été mise en exergue dans le documentaire « The Thrive », auquel j'ai fait référence plus haut et j'y renvoie le lecteur.

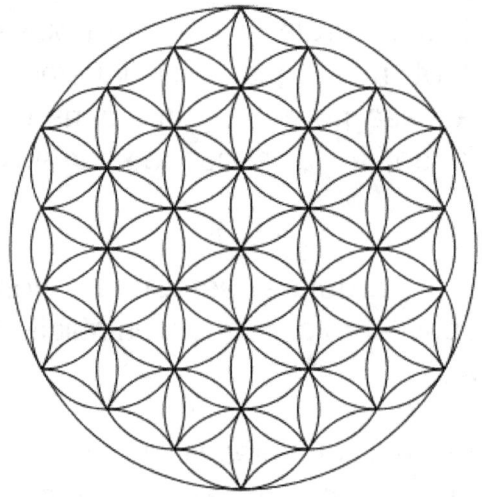

La fleur de vie, image Wikipedia

La « fleur de vie » peut évidement éclairer le sens des Lames du Tarot, notamment dans leur rapport aux quatre Eléments (présents sur la table du Bateleur en Lame I) et aux micro-vibrations saisonnières venues de la constante de Schuman, représentées par des douze divinités dans la plupart des théologies (Lames zodiacales V, VI, VII, VIII, IX, X, XI, XIII, XIV, XV, XVI, XVIII).

Il est intéressant que Foster Gambler ait mis en évidence douze secteurs, en relation avec la structure cubique et son centre pour montrer comment l'harmonie fonctionne dans le cosmos pour générer et entretenir la vie.

Arthur Young et Richard Buckminster Fuller ont représenté la formule mathématique de la vie sous la forme d'une structure géométrique : le Vector Equilibrium. Elle se constitue d'un emboîtement de six carrés et huit triangles, formant un structure complexe à quatorze faces. En rejoignant les sommets au centre, on obtient douze rayons, liés non seulement aux constellations zodiacales mais aussi à tout l'univers et notre conscience en son centre.

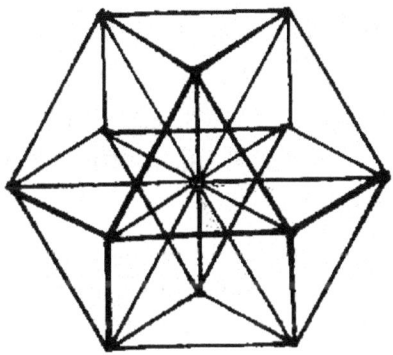

Dodécaèdre, image Wikipedia

Il n'est pas anodin que la France des cathédrales ait été conçue par les Capétiens sur le modèle du cosmos : c'est à dire comme un hexagone, représentation en deux dimensions du Vector Equilibrium (voir ci-dessus). En son coeur apparaît le « sceau de david », qui fait des rois de France les successeurs des princes de Judée. La France est conçue par les Imagiers du moyen-âge comme la « nouvelle Israël ». Ce projet sera transmis dans la mystique capétienne au Québec, comme centre spirituel nordique suprême, et à l'Argentine, comme son homologue austral.

On est ici au coeur d'un projet gnostique à l'échelle de la planète, initié avec saint Louis. Le Roi de France visait à universaliser le modèle français. Il subit un coup d'arrêt avec la montée de l'illuminatisme allemand et ses enfants : la Réforme protestante, la Renaissance des antiquités gréco-latines dans la noblesse puis la Révolution de 1789. Ces trois drames collectifs consacrent la montée de l'individualisme, du rationalisme et du matérialisme, menant à une république universelle. L'imaginaire médiéval est mort. Il est remplacé par trois imaginaires factices : ceux du marxisme, du fascisme et du sionisme (messianisme libéral et trans-humanisme).

Pourtant, le psychisme médiéval comme celui du Tarot joue la continuité. Il s'abreuve encore à l'école antique, cinq siècles après la destruction de Rome. Ses maîtres sont les penseurs grecs (Pythagore et Platon), les Pères de l'Eglise et des initiateurs orientaux, qui semblent avoir joué un rôle secret auprès des princes européens, de Charlemagne à saint Louis. Les maçons du moyen-âge revendiquent une filiation avec les « faber » romains, les organisations de constructeurs, dont le maître était le mathématicien et philosophe grec Pythagore.

Leurs donneurs d'ordre sont trois :

- les évêques, qui dans la suite de saint Pierre imposent les mains, lient sur Terre et dans le Ciel, et reçoivent l'Esprit saint mais aussi commandent chapelles, églises et cathédrales à des architectes civils et des maçons itinérants ;

- les moines, et en particulier l'Ordre du Temple, qui dispose au sein de son réseau de commanderies de ses propres architectes et ses propres corps de métiers ;

- les nobles, qui sont soumis à l'impôt du sang et au devoir de défendre le royaume, notamment par des constructions militaires et administratives, mais souhaitent disposer également de lieux de culte et d'initiation spécifiques.

On a donc trois potentiels héritiers des organisations de constructeurs latins, dont les deux derniers sont certainement ceux qui ont le plus reçu de la gnose juive et musulmane. Ces corporations convergeaient autour de la science sacrée, interdite par l'Eglise officielle. A t-elle été cachée dans une figure et un pseudonyme ?

En utilisant le code Atbash de déchiffrement au mot Baphomet écrit en lettres hébraïques, on obtiendrait « sophia », la sagesse transcendante en grec. Le spécialiste des manuscrits de la mer Morte, Hugh Schonfield en a émis l'hypothèse que le terme « Baphomet », dont on reprocha aux Templiers d'en organiser le culte, était un terme codifié. Selon son interprétation, en vénérant Baphomet, les Templiers désignaient le gnose, c'est à dire la sagesse pérenne. Le judaïsme, le christianisme et l'islam en sont des expressions momentanées, au cours de l'ère d'expression du monothéisme abrahamique, rayonnant autour d'une science sacrée commune : la « sophia perennis ».

Le romancier Pierre Klossowski a donné, dans des explications en annexe à son roman éponyme de 1965, une autre signification. Baphomet serait le « Basileus philosophorum metallicorum » : l'empereur (souverain et pontife) des philosophes métallurgistes, c'est-à-dire le mercure des alchimistes.

Selon l'article de Wikipedia consacré à la question :
        « Plusieurs autres étymologies fantaisistes ont été proposées : Baphe-métous, baptême de sagesse ; Bios-phos-métis, vie-lumière-sagesse ; Bapho ou Bafo, nom d'un port de Chypre dont le Temple fut très peu de temps le propriétaire ; Abufihamat, corruption de l'expression arabe « le Père de la compréhension », Maphomet « L'Incompris », ou encore de l'arabe Ouba el-Phoumet, « Père de la bouche », etc. La signification la plus probable est que Baphomet, qui apparaît pour la première fois en 1195 dans le poème « Senhor, per los nostes peccatz du troubadour Gavaudan » en pleine période des Croisades, est l'occitanisation de Mahomet. Selon Heinrich Finke, on trouve d'ailleurs également la forme Magometus dans les interrogatoires du procès ».

Une autre explication repose sur des indications de René Guénon, le terme Baphomet serait une contraction de Bap(tiste-Ma)omet, c'est dire un baptême d'une des écoles des gnostiques d'Egypte. Les Templiers ont été accusés d'avoir été convertis par une secte juive et chrétienne, dans la succession de saint Jean-Baptiste, dont les sectateurs seraient passés à l'islam, la Charia remplaçant la Torah. Cette piste est d'autant plus intéressante que l'on prête à ce prophète musulman, en arabe « Yahia », l'annonce de la venue de Mohamed dans l'Evangile de saint Jean.

Le texte rapporte :
« 19 Voici le témoignage de Jean, quand les Juifs lui envoyèrent de Jérusalem des prêtres et des lévites pour lui demander : « Qui es-tu ? » 20 Il ne refusa pas de répondre, il déclara ouvertement : « Je ne suis pas le Christ. » 21 Ils lui demandèrent : « Alors qu'en est-il ? Es-tu le prophète Élie ? » Il répondit : « Je ne le suis pas. – Es-tu le Prophète annoncé ? » Il répondit : « Non. » 22 Alors ils lui dirent : « Qui es-tu ? Il faut que nous donnions une réponse à ceux qui nous ont envoyés. Que dis-tu sur toi-même ? » 23 Il répondit : « Je suis la voix de celui qui crie dans le désert : Redressez le chemin du Seigneur, comme a dit le prophète Isaïe. » 24 Or, ils avaient été envoyés de la part des pharisiens. 25 Ils lui posèrent encore cette question : « Pourquoi donc baptises-tu, si tu n'es ni le Christ, ni Élie, ni le Prophète ? » 26 Jean leur répondit : « Moi, je baptise dans l'eau » (Jean, I).

Les juifs s'attendent donc à trois venues :
- celle d'Elie ;
- celle du Messie (Christ) ;
- celle d'un Prophète succédant à Moïse, chargé de réformer la loi.

Ce « prophète » serait donc Mohamed, ce qui trace une ligne initiatique directe de la gnose juive d'Elie à Jésus puis Mohamed, en passant par saint Jean le baptiste.

La mystique française semble l'avoir bien compris. La cathédrale d'Amiens, haut lieu des écoles platoniciennes avec Chartres et Strasbourg, présente un reliquaire contenant la tête du cousin de Jésus. Sa fête le 29 août donnait lieu à des célébrations au moyen-âge, dont la connotation gnostique était assez nette.

La piste d'une gnose juive et égyptienne - passant par Jean Baptiste, Jésus puis Jean l'évangéliste et enfin reçue par l'islam - est renforcée par une figure retrouvée dans plusieurs commanderies de l'Ordre du Temple. Elle reprend le symbole des deux Janus (qui pleure et qui rit), entourant Numa Pompilius, le législateur étrusque.

A ce titre, intrigue particulièrement une clef de voûte du XVIe siècle, dans le Convent de l'Ordre du Christ sis dans la forteresse de Tomar au Portugal, ancienne commanderie templière. Elle est conforme à celles apparaissant dans la crypte de la cathédrale de saint Gilles du Gars, où était pratiquée l'initiation des chevaliers de France, dans un contexte gnostique renforcé par la présence de la première communauté juive séfarade d'Europe.

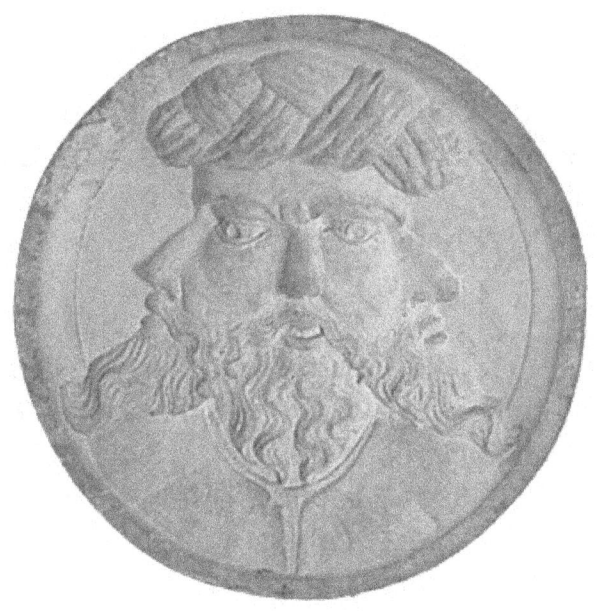

Baphomet de Tomar, image Wikipedia

On retrouve dans les deux Janus les propositions des traditions spirituelles que j'évoquais plus haut :

- permettre à des individus bienveillants de se connecter au géomagnétisme, pour augmenter la charge électromagnétique de leurs corps, ce qui leur donnait des capacités hypnotiques et les mettait à l'abri des suggestions d'autrui et des conditionnements subtils de leur propre terrain (le baptiste) ;

- autoriser la réception en instantané d'informations venues de l'environnement, qui les rendaient omniscients, capables de projeter leur conscience dans le temps et l'espace (l'apocalyste).

La médiation du Christ (agent du salut), au centre de la figure du Baphomet, permet de passer des suggestions ancestrales de l'homme ancien (Adam, le pécheur) à la révélation de l'homme nouveau (saint Jean, apôtre) - promise dans l'Apocalypse et donnée par la gnose.

On a ici les deux saint Jean incarnant le propos de la cathédrale : effacer les mémoires, sauver et conférer la sagesse. On retrouve également le schéma de progression de la conscience morale décrit par Platon : « eukêdia », la nescience née de l'expérience effacée par le baptême, « pistis », la foi théologique révélée par le Christ et « gnosis », la sagesse transcendante avec sa dimension prophétique, incarnée par l'Apocalypse de saint Jean.

Or, par définition, l'Eglise se limite aux aspects extérieurs et sociaux de la foi dans sa fonction d'institution exotérique. La réalisation de la gnose ne peut être obtenue que dans la voie mystique ou la voie initiatique, qui n'est pas de son ressort séculier mais des ordres réguliers et des castes.

Les moines, les nobles et les gens de métiers disposaient au moyen-âge de voies secrètes, où la connaissance et la progression morale étaient balisées en fonction de leurs tendances psychiques. Celui qui écoute Dieu (oratores), celui qui combat et administre (bellatores), celui qui construit et produit (laboratores), celui qui sert (serviles) proposent des moyens spécifiquement adaptés à sa fonction sociale. L'initiation n'est pas universelle, seulement la gnose.

A ce titre, le Tarot est un support de connaissance assez unique. Il peut être utilisé par chaque ordre social. Chacun y trouvera une référence à son domaine, sur fond de salut et de révélation. Il apparaît en Europe du XIVe au XVIe siècle alors que l'aristocratie véritable est en train de disparaître. L'Eglise s'affirme définitivement comme théocratie.

La noblesse s'adonne au commerce et ne veut plus entendre parler de morale et d'eschatologie. La création vise le confort et le bien-être en ce monde. Elle est devenue utilitaire, sans dimension métaphysique, ni canon. Le saint Empire a bientôt disparu. La France triomphe comme puissance intellectuelle. Elle deviendra le modèle du nationalisme, de cet « l'esprit protestant » porté par la Révolution, puis le siège du socialisme et de la psychanalyse, loin des promesses du baptême de Clovis. Un désastre !

C'est d'ailleurs dans le contexte de l'anarchie italienne du Quattrocento, générée par la finance, que le Tarot apparaît, à une époque où le Roi de France, l'Empereur et le Pape se livrent à une guerre d'influence destructrice. Le jeu est la dernière expression gnostique intégrale de l'Occident, qui ne produira plus rien d'authentiquement traditionnel. Tout est accompli. Perdu. Souillé. Inversé. Empereur, roi et Pape vont perdre la tête, au figuré et parfois au propre, de l'Occident et laisser la place aux foules modernes, menées par les marchands.

Les causes, les étapes et l'échéance de cette chute dans les égouts de la subjectivité et du matérialisme ont été analysées par René Guénon dans une série d'ouvrages de 1920 à 1950 : « Orient - Occident », « Le règne de la quantité » et « La crise du monde moderne ». Le philosophe, maçon et soufi, prophétise à l'Occident, devenu fou, une crise sans précédent, sur fond de forte dénatalité et d'athéisme généralisée, avec des vagues migratoires incontrôlables et des catastrophes naturelles déclenchées par l'usage anarchique de la technologie. On y est.

Le Tarot apparaît à notre époque comme une arche, dans laquelle on aurait déposé des embryons pour une renaissance future de la spiritualité. L'artifice est assez courant dans le panorama des mythes de confier le dépôt de la science à des mains innocentes. Usant les supports de conservation en toute ignorance, les transmetteurs ne sont pas tentés de les modifier en fonction de leur niveau de compréhension. Certes des distorsions se produisent inévitablement mais elles n'affectent pas la structure essentielle du message.

Il est assez caractéristique que Gitans et Manouches, venus d'Egypte, et Tziganes et Roms, venus de Bohème, aient utilisé le Tarot à des fins divinatoires, sans aucune connaissance astrologique puisque ces peuples étaient traditionnellement illettrés.

Les déformations astrologiques et hébraïsantes sont apparues dans le milieux occultistes au XVIIIe et XIXe siècles, lorsque le jeu a été redécouvert. Ce regain d'intérêt est d'ailleurs synchrone avec la passion des élites pour l'Egypte antique, comme si on avait perçu intuitivement que les deux avaient un lien potentiel. Et pourtant ces peuples sont originaires du nord de l'Inde, et donc des indo-européens non-aryens (c'est à dire ne manipulant pas l'araire, par conséquent des nomades). Ils ne peuvent être les auteurs du Tarot, trop étranger à leurs cultures.

La question se pose toute entière d'une révélation du Tarot, et non d'une adaptation d'éléments antérieurs de la gnose. Sans doute les deux éléments ont convergé. A l'époque où le Tarot apparaît, les Khazars, un groupe d'asiatiques du groupe ethnique des Huns, des Mongoles et des Turcs, ont pénétré et dévié le judaïsme puis s'engouffrent dans l'Occident chrétien après la ruine de leur empire criminel.

Plus que toute autre nation, les Khazars ou juifs ashkénazes, ont eu un effet prépondérant dans la crise du monde moderne, usant de l'usure et d'une gnose falsifiée (l'illuminatisme, d'abord du hassidisme puis allemand à forme maçonnique) pour imposer leur rêve délirant d'hégémonie mondiale. Le Tarot est t-il la réponse d'un groupe gnostique au sein de l'islam, du judaïsme séfarade ou du christianisme oriental, inquiets de l'involution sociale en Europe ?

La relation entre les Lames tarologiques et les lettres sémites a été mise en évidence par plusieurs auteurs. J'ai fait référence dans cette section aux expériences avec des antennes de Bovis, reprises dans le contexte du Symposium Séquoia. Au XIXe siècle, certains maçons ont imaginé que les Lames aient pu servir de gabarit aux constructeurs, dans la mesure où la statuaire médiévale reprend plusieurs éléments iconographiques du Tarot. J'ai évoqué plus haut le cas de Michel Colombe et du tombeau de marbre dit de François II. Ceci a été vrai en particulier dans les milieux maçonniques.

La relation du Tarot à la pensée grecque a été également mise en évidence au XIXe siècle. Il est difficile alors de ne pas mentionner le rôle du pôle initiatique de Delphes, en Grèce. Les Sibylles y étaient considérées comme les gardiennes de la tradition primordiale, révélée après le déluge. On les retrouve parfois dans nos cathédrales autour de Jésus, remplaçant les douze apôtres.

Les maçons et iconographes médiévaux ne semblent rien ignorer de l'antiquité la plus ancienne. La référence qu'ils font à Pythagore comme leur maître renvoie aux cinq solides parfaits, formant et s'inscrivant dans la fleur de vie. Platon a également décrit ces formes géométriques tridimensionnelles, d'où leur nom courant de « solides platoniciens ». Elles traduisent les forces en mouvement dans le cosmos, appelées « énergies » (« énergeia »).

Le dodécaèdre, associé à la planète civilisatrice Vénus, était pour les Gréco-Latins une représentation de l'univers. L'objet en bronze était d'ailleurs le signe de reconnaissance entre pythagoriciens. La raison en est que Vénus forme au coeur de sa révolution géocentrique une étoile à cinq branches dans le ciel. Douze pentagones élevés en spirales permettent de former un dodécaèdre. Le solide symbolise donc l'activité de la civilisation au cours des douze mois et des douze ères zodiacales de la grande année de 26.000 ans. De là, le dodécaèdre incarne l'humanité menée à sa perfection.

La relation du Tarot à la tradition islamique est plus difficile à mettre en évidence dans les Lames majeures dans la mesure où cette religion interdit l'image théologique, comme simplement représentative. Toutefois, les ornementations de Lames mineures ne laissent pas de doute. Les thèmes floraux et les sabres en arabesques ne sont pas des éléments iconographiques typiquement occidentaux. Certes, on y trouve des fleurs de lys, suggérant un lien avec la royauté française. Toutefois, ces enluminures posent question, même au XVe siècle en Italie.

Ces preuves ont tendance à conforter dans l'idée que le Tarot a été conçu en Afrique du nord et à destination de la royauté française, possiblement transmis à saint Louis lors de sa captivité à Tunis. Une faisceau d'indices vient constamment nourrir cette intuition première. Pour les gnostiques, la France a toujours représenté un centre initiatique, tel qu'il était sous le gouvernement des rois et des druides celtes. Leur écriture, les runes, s'est transmise à travers le temps et était connue des Grecs. On retrouve sur les sites gallo-romains comme gaulois des dodécaèdres de bronze. Une même culture unissait l'Occident et même l'Afrique et le monde[10], comme le rappelait l'excellent Lisapo Ya Kama.

Enfin, on peut imaginer qu'avec le déplacement du centre intellectuel de la Grèce vers l'Egypte avec Alexandre de Macédoine, la ville égyptienne d'Alexandrie ait pu assurer la conservation d'éléments gnostiques antérieurs au christianisme, malgré la destruction de sa bibliothèque, y subir l'influence du judaïsme puis de l'islam. N'affirmait t-on pas au XVIIIe siècle que le Tarot était le seul livre échappé de l'incendie de la grand bibliothèque d'Alexandrie par des obscurantismes chrétiens ?

Dans la mesure où les gnostiques se réfèrent à la sagesse pérenne, ils n'ont aucune peine à changer de forme religieuse extérieure ou de civilisation. Ils participent d'un substrat identique à toutes les religions, qui ne sont pour eux que des langages divers décrivant les mêmes réalités.

---

[10] African History Histoire Africaine, Lisapo Ya Kama, « Qu'est-ce que l'initiation ? », à http://www.lisapoyakama.org/quest-ce-que-linitiation/

**Chapitre 1. Le Tarot et le cosmos :
les cinq éléments, les sept astres et les douze
constellations.**

Le Tarot obéit à la vision traditionnelle : l'homme est au centre du cosmos, dont il est le reflet selon la règle d'identité du macrocosme et du microcosme. L'univers est vu comme un grand homme, dont chacune des parties se retrouve en l'être humain.

Au-dessous de lui, les quatre ou cinq Eléments se combinent pour donner la substance du monde. Ces énergies primaires sont des forces en mouvement, dont l'espace, l'air, le feu, l'eau et le terre sont les matérialisations extrêmes. Les éléments sont donc plus des mouvements de la substance que les éléments solides tels que nous les connaissons, qui ne sont que leur expression transitoire à un degré de manifestation.

En l'homme, sept astres brillent à l'image des cinq planètes et des deux luminaires célestes. Ils forment une sorte d'échelle permettant d'aller des Eléments au cieux, dont les sept groupes de glandes endocrines sont l'expression la plus grossière. Ils correspondent également à sept centres psycho-subtils, qui assurent la médiation entre le monde solide des Eléments et le monde lumineux des constellations zodiacales.

Au-dessus de l'homme, les douze constellations sont les expressions des qualités divines. Face à ces douze images, qui apparaissent tour à tour au cours de l'année, les sept astres dansent dans un mouvement circulaire, formant un dessin semblable à des coroles de fleurs.

Telle est la vision de l'univers pour un homme du moyen-âge, pour qui son existence est au centre du processus cosmique. La bible lui indique que Dieu l'a créé et placé au centre du monde, comme lieutenant de sa majesté. Il le croit et il ne fait l'expérience.

L'homme médiéval, celui du Tarot, se sent connecté (omniprésent), confiant, compatissant, clair et vit dans l'équanimité. Il ignore la vie dualiste, craintive, égocentrique confuse et stressée de l'homme moderne, perdu dans son système de représentation excentrique.

L'homme médiéval connaît les cinq Eléments, leurs pouvoirs. Il sait l'effet des astres et leur rythme d'apparition influençant ses humeurs et la magie de la germination. Il salue l'apparition des constellations, rythmant l'année due son labeur agricole de sédentaire.

L'homme médiéval est connecté à un champ d'informations venu de la nature, de la terre comme du ciel. Il n'a pas besoin de cloud informatique connecté à une data-base. Il sait sans apprendre, selon le mode heuristique.

Qu'est-ce la donc ? Qu'est-ce qu'une vision heuristique ? Il faut savoir que le cerveau humain connaît un mode de fonctionnement assez singulier, qui consiste essentiellement à analyser l'information au travers d'un filtre. La propension de l'homme à l'action, contrairement aux primates, semble liée, selon des neurologues qui se sont associés à des ethnologues pour étudier ce sujet complexe, à une spécificité de l'Homo sapiens et qui, depuis 50.000 ans, lui a permis d'éliminer toutes les autres espèces humaines antérieures.

Le professeur Alain Berthoz, directeur du Laboratoire de physiologie de la perception et de l'action au Collège de France, écrivait :

« Pour nos ancêtres, il fallait avant tout être rapides. La faculté de décider en quelques cent millisecondes d'un comportement face à un problème posé est ce qui a permis à notre espèce de survivre. Et notre cerveau a d'abord été programmé pour cela[11]. »

Le mode de raisonnement de l'Homo sapiens est nommé symbolique ou encore « heuristique ». Eric Raufaste, maître de conférences en psychologie cognitive à l'Université de Toulouse le Mirail, le définit ainsi :

---

[11] Science et Vie, septembre 2004, n°1044.

« Son principe est de réduire la complexité d'un problème en ne raisonnant que sur un sous-ensemble de celui-ci[12] ».

L'opération mentale consiste principalement à :

1 - à ne se focaliser que sur un point qui nous semble le plus caractéristique de la situation ;

2 - à le comparer à nos préjugés et à notre mémoire (problème complexe puisque notre mémoire n'est pas fixe comme celle d'un disque dur de P.C. mais paradoxale, comme le confirme le syndrome des mémoires inventées connu des criminologues) ;

3 - à en conclure de l'action adéquate.

Une démonstration de notre mode heuristique ? Comptez le nombre de lettres D dans la phrase suivante :
« L'addition des erreurs de déductions dans les dédales du cerveau conduit à de formidables capacités de discernement ».

Votre réponse sera probablement de 9 ou 10 lettres D ... mais, en vérité, il y en avait 15. La plupart des cerveaux se concentrent d'instinct sur les mots importants pour prendre en compte les D et oublient ceux des propositions et des

---

[12] Science et Vie, septembre 2004, n°1044.

articles. Homo-sapiens a ainsi réduit sa perception du réel à un ensemble d'indices ou d'archétypes.

Que ce soit pour l'analyse du cosmos extérieur, le ciel étoilé, que celle de son intériorité, avec ses souffles internes, ou encore l'analyse de la nature, l'homme a ainsi répertorié des formes, utiles à son raisonnement et donc à sa survie. Se basant sur la présence de telle ou telle forme, l'homme sait, presqu'inconsciemment, ce dont il s'agit et comment y répondre. Une telle disposition mentale est un atout pour la survie ; même si elle ne manque pas d'avoir des aspects pervers, comme toute tentative de réduction du réel.

Montrant comment ce mode de pensée prévalant par le passé et influençait fortement la religion, une scientifique française, la préhistorienne Chantal Jègues-Wolkiewiez, a démontré que les représentations de la grotte de Lascau, ainsi que 320 de ses homologues dans le Sud-Ouest de la France, étaient orientées sur les astres majeurs et que les dessins des animaux représentés formaient eux-mêmes un zodiaque[13]. Les mêmes formes étaient distinguées dans la voûte céleste et dans la nature, ainsi que dans l'homme. La religion visait ainsi à la connaissance.

Connaître les formes les plus essentielles, pour mieux repérer leur temps d'apparition, permettait aux hommes de la préhistoire d'agir en conséquence. On doit ajouter à cette fonction de calendrier de la grotte, l'utilisation de

---

[13] Voir à ce titre le documentaire :

« Lascaux, le ciel des premiers hommes » de Stéphane Bégoin, Vincent Tardieu et Pedro Lima. Présentation : « Il y a 35 000 ans, en Europe, des tribus de chasseurs cueilleurs inventent un art fascinant. Un art peuplé d'animaux surgis des profondeurs de la terre. Quelques 18 000 ans plus tard, au cœur du Périgord, ils réalisent leurs plus fabuleux chefs-d'œuvre : Lascaux, la chapelle Sixtine de la préhistoire. Les préhistoriens ont tout imaginé au sujet de cet art pariétal, de nombreuses théories ont été avancées : magie de la chasse, totémisme, chamanisme... Aucune n'a révélé le sens profond des œuvres laissées par nos ancêtres. Aujourd'hui, Chantal Jègues-Wolkiewiez, une chercheuse française indépendante, défend une nouvelle hypothèse. Pour elle, les fresques de Lascaux représentent une carte du ciel. Le ciel qu'observaient il y a 10.000 ans les premiers peintres de l'humanité. 25 000 ans avant les débuts avérés de l'astronomie, nos ancêtres Cro-Magnon observaient déjà les mouvements complexes du soleil, de la lune et des principales constellations. Et consignaient ce savoir astronomique sous la forme d'animaux peints dans l'obscurité des cavernes. Cette hypothèse révolutionnaire est de nature à bouleverser nos conceptions sur les origines de l'art, les savoirs et des croyances des hommes préhistoriques. En faisant revivre les gestes et les rites de nos ancêtres, en dévoilant des sites majeurs de l'art rupestre, le film propose une plongée captivante au cœur de la préhistoire. Donnant la parole aux meilleurs spécialistes pour débattre de cette nouvelle théorie, il convie le spectateur à une enquête passionnante, entre grottes, abris ornés, musées de préhistoire, laboratoires de recherche et planétariums astronomiques ».
Source : http://www.lexpress.fr/actualite/sciences/lascaux-le-ciel-des-premiers- hommes_475041.html

méditations spécifiques et de transes chamaniques, visant à assurer une reliance entre l'homme et le monde, et plus spécifiquement le gibier.

Le lieu était le cadre d'initiations, de rites de passages, et de diverses techniques d'extension de la conscience, que nous avons oubliés. On en retrouve les vestiges en Amazonie et dans les parties reculées du monde, où les civilisations n'ont pas réduit le champ de perception du réel. Le temple antique, l'église chrétienne ou la mosquée musulmane ne font que reproduire le procédé de la grotte, en bâtissant un édifice de pierre sur un point intéressant du géomagnétisme. On déplace la grotte sur le point cosmo-tellurique, car on est sorti du nomadisme et on a le moyens techniques et humains de le faire.

Ce point de vue peut paraître étrange à nos contemporains. Il est pourtant au coeur du Tarot. Dans le Tarot, nous avons en effet les Lames mineures dédiées aux quatre Eléments de l'anneau de Platon, le cinquième élément étant leur synthèse et leur source. Leur gradation s'opère en quatorze Lames, qui sont un redoublement du chiffre sept. Quatre / cinq éléments et sept énergies astrales sont déjà présentes dans les Lames mineures.

Les Lames majeures sont consacrées au voyage de l'âme au travers des sept astres, ainsi qu'aux douze images célestes et aux noeuds nord et sud de la Lune. Nous avons donc vingt-deux thématiques ou images célestes, qui se combinent aux cinquante-six Lames mineures, exprimant les mutations des Eléments dans le zodiaque céleste.

Ces soixante-dix-huit cartes au total sont ainsi une représentation complète du cosmos, servant d'appui à l'analyse. Selon le point de vue tarologique, tout être, tout objet, tout lieu et tout événement se trouvent placés sous une charge symbolique, que le tarologue va analyser par le biais des cartes.

L'homme traditionnel vit dans la certitude que ces images commandent aux hommes, l'univers étant vu comme un immense hologramme répétant ces vingt-deux images à tous les niveaux. En déterminant la ou les images dominantes dans une situation, on a la révélation de la charge symbolique qui la gouverne. On sait ainsi ce que l'on fait.

Cet alignement entre les vicissitudes de l'existence et leur essence, imagée dans les Lames, on n'obtient pas seulement leur compréhension et la solution du problème envisagé. On reçoit une décharge de vitalité, qui va associer à la lumière intellectuelle la vitalité cosmique.

Le gnostique en est convaincu : en nommant un fait grâce à l'analyse tarologique, on libère son pouvoir créateur et on permet à la volonté divine de s'exprimer en plein, sans être limitée par l'ambition, le péché et les défauts humains.

Si l'Eglise a tenté de tenir secrète la vision héliocentrique, ce n'est pas parce qu'elle était fausse ou relative. Elle était connue dans les cercles scientifiques et initiatiques, qui d'ailleurs se confondaient. L'ambition des clercs était de protéger la vision naturelle du cosmos, de nature géocentrique, sur laquelle reposaient toutes les sciences humaines.

En plaçant le Soleil au centre du cosmos, ce qui ailleurs est erroné puisqu'il n'est que le coeur du système solaire, les modernes ont détruit tout l'édifice intellectuel à partir duquel l'homme du commun dirigeait son existence au moyen-âge. Ce n'est pas un hasard. Ce fait a été voulu et la science utilisée comme machine de guerre par les milieux usuriers, en particuliers ceux venus de Khazarie et dont le culte était héliocentrique, comme généralement chez les nomades.

La vision héliocentrique, quelle que soit sa valeur, ne pouvait fonder un système psychologique intégral pour des sédentaires. Elle n'aboutissait qu'à relativiser l'importance de l'homme, pour n'accorder de valeur qu'aux faits positifs, c'est à dire vus en tant que tels et non pour leur charge symbolique.

Ce relativisme et ce positivisme menèrent au matérialisme, qui domine de nos jours, et qui ne prête aux événements qu'une valeur rationnelle. Un fait n'est plus qu'une quantité de forces physiques et un amas de substances chimiques, donnant vie à un processus biologique. Le fait ne signifie plus rien et n'a plus aucune dimension métaphysique.

Le caractère uniquement psychologique d'un fait est lié à chaque individu, subjectivement, de sorte que plus aucune universalité n'est offerte aux âmes. Chacun vit dans sa bulle et sa vision matérialiste du monde, ne partageant que les mathématiques comme langage de communication.

Dans ce système comptable, il n'y a plus d'autre symbole, plus de devenir, plus d'états multiples de l'être dans sa relation à son Créateur. Le monde est devenu plat et physique, sans dimension subtile, ni transcendante. Il est athée, marqué par l'ignorance du religieux et du spirituel, renvoyés au domaine des émotions et des sentiments, c'est à dire des pensées irrationnelles. Parce que ce domaine échappe à une analyse quantitative été expérimentale, le moderne considère qu'il n'existe pas.

La religion est ainsi vue par le moderne comme un « fait sociologique » et non révélé, que la psychanalyse explique comme l'aboutissement d'une série de traumatismes sociaux ayant marqué l'histoire d'une nation.

Selon Karl Gustav Jung, « l'inconscient collectif » a bâti les mythes pour surmonter ses traumatismes et l'emprise névrotique de leur mémoire. En les dévoilant, on abolit la religion, devenue inutile car irrationnelle. Le juif apostat n'a fait que continuer les idées de son maître Sigmund Freud, qui a réinterprété la kabbale juive pour en faire un instrument de destruction du Judaïsme puis du monothéisme.

L'homme est un animal pensant, dont les traumatismes enregistrés dans « l'inconscient » dirigent l'existence sous forme de pulsions. Souvenir des traumatismes, pulsions qu'ils génèrent et souffrances qu'ils entretiennent forment les « complexes ». Ces complexes sont la source du récit de l'ego, dont l'accumulation en société fini par former la religion.

Cette analyse est certes séduisante pour un comptable mais elle entend échapper à la critique. On remarque en effet que la psychanalyse n'a aucun résultat clinique et qu'elle doit recourir à l'usage de drogues pour endormir les consciences pathologiques. Freud était d'ailleurs lui-même un cocaïnomane.

Son obsession pour la « pulsion sexuelle » apparaît comme une généralisation par Freud de son propre état pathologique. Le médecin aura largement abusé de ses patientes en milieu clinique, à une époque où tout dérèglement psychique de la femme était vu comme une manifestation « hystérique », c'est à dire d'un dysfonctionnement organique de l'utérus.

Par l'abus sexuel répété, y compris mécanique avec des matraques de bois, les médecins entendaient rétablir l'équilibre nerveux des femmes. Si au passage on s'assure son emprise psychologique sur ses patientes et on se fait du bien, pourquoi pas?

Chez l'homme, c'est la taille du pénis à laquelle Freud a attribué un rôle moteur dans la maladie mentale masculine. L'homosexualité est évidement analysée comme une confusion du vagin et de l'anus, chez le garçon porté à l'admiration de son père au point de se croire une partie de sa mère. La mère doit être acquise sexuellement en transférant sa charge sur une femme. Le père doit d'ailleurs être tué pour que l'individu parvienne à maturité.

Tuer le père, c'est tuer Dieu. Et l'ambition de Freud est de tuer le Judaïsme, dont il voit la cause de tous les maux de l'Occident chrétien. Et dire que ce tissu d'inepties libidineuses, formulé par un juif kabbaliste apostat, a fini par s'imposer comme seule pratique clinique légale dans le monde occidental ! Au fou !

En réalité, certains « milieux » de la modernité ont utilisé la psychanalyse comme machine de guerre contre le catholicisme romain, n'accordant en vérité aucune valeur ni à sa pratique, ni à sa théorie. Pendant qu'on occupait les imbéciles avec le freudisme, on célébrait des symboles et des rites « irrationnels » en secret, pour faire de la république universelle et de son culte de la lumière le moteur du monde.

La noblesse a accompli au XVIIIe siècle une dangereuse subversion, qui bien qu'initiée des siècles auparavant aura produit le monde d'ignorance dans lequel nous vivons. Jamais la connaissance des détails n'a été aussi étendue et jamais l'ignorance de l'universel n'a été aussi grande ; l'une compensant l'autre.

Je vais donc rappeler à la suite ce qu'est la vision traditionnelle du cosmos. Elle ignore certes les détails mais procure une vision d'ensemble et confère une cause et un but à l'existence humaine. Ce n'est pas déjà pas si mal, à notre époque où le hasard et l'ignorance sont avancés comme explications in fine, dans un « monde de cinglés ».

Au passage, je serai amené à considérer des aspects de la politique et de l'histoire des idées. Cette démarche pourra choquer certains lecteurs, qui n'ont pas réalisé les implications du Tarot dans l'organisation politico-religieuse de la société.

Ce n'est pas un hasard si le jeu comprend un Empereur et sa femme, un Pape et une Papesse. C'est vouloir rester ignorant que de ne pas noter la similitude entre la Lame XXI du Tarot et la description de la Jérusalem céleste par saint Jean dans son Apocalypse, elle-même nourrie des visions du prophète Ezéchiel.

Ces images sont éminemment politiques et religieuses. Dans le monde moderne, elles n'ont laissé qu'un vague souvenir. Cependant, on ne peut analyser le Tarot sans faire le point sur ces aspects de la vie collective. Ils sont indissociables de la vie psychique et subtile des croyants.

Pas de société traditionnelle de sédentaires, pas de Tarot. Je renvoie à l'oeuvre de René Guénon sur ce point, et en particulier « Autorité spirituelle et pouvoir temporel » et « Le roi du monde ».

Section 1. Les cinq Eléments.

Les anciens ont bâti leurs conceptions théologiques sur une observation minutieuse des événements célestes et des mécanismes terrestres. Leur maîtrise a permis de passer de la cueillette aléatoire, quasi instinctuelle comme celle des animaux, à l'agriculture. Il leur suffisait d'anticiper les cycles des éléments, entre ciel et terre, et les rythmes saisonniers, dont l'apparition et l'occultation des étoiles servaient d'index céleste.

D'un point de vue ethnologique, le premier outil intellectuel de l'humanité fut donc l'observation et l'imitation, après une série d'essais et d'expérimentations. D'un point de vue théologique, les connaissances permettant de passer du nomadisme à la sédentarité sont plutôt vues comme une révélation divine… ou diabolique. C'est en tout cas ce que suggère le récit biblique d'Abel et Caïn.

Abel est un pasteur nomade, qui soumet à Dieu son offrande sous la forme d'un agneau sacrificiel. Caïn a cultivé les plantes de la terre, mais son travail n'est pas agréé par Dieu. Il s'assombrit et tue en représailles son frère Abel. Le premier agriculteur est aussi un meurtrier.

L'histoire des USA le démontre abondamment : les paysans anglo-saxons émigrés en Amérique se sont livrés à un génocide, tandis qu'ils détruisaient la culture des nomades indiens. Ceux des autochtones qu'ils sont arrivés à subvertir et mettre à leur service sont devenus les pires ennemis de leur nation et des autres races asiatiques, comme on a pu le voir lors de la guerre contre le Japon.

Abel et Caïn sont ainsi d'un point de vue psychologique deux tendances : celle du nomade demeuré connecté entre ciel et terre, et celle du sédentaire déconnecté des rythmes géomagnétiques et saisonniers. Caïn n'est pas toujours maudit, s'il l'a été c'est que son offrande ne remplissait pas certaines conditions divines. Or, la suite du récit biblique avec le roi David montre que la sédentarisation est possible sans essuyer les ires du Créateur et des Eléments. Mais il aura fallu passer avant par diverses expériences malheureuses de Babel à Sodome, et revenir d'Egypte.

Pour comprendre ce changement, il nous faut retourner à la vision des nomades, pour qui la nature est support de contemplation et la source de leur intellectualité. Comment cela s'opère t-il? Nous pouvons toujours en faire l'expérience.

§1. Les cinq éléments et la théorie de l'être.

La première impression face à un lieu est l'espace. Une fois fixé, on remarque les régimes des vents. Pour s'y installer, deux éléments sont indispensables : le feu, qui doit être abrité, et l'eau, qui doit être disponible et contrôlée. Sans feu et sans eau, la vie de la collectivité humaine est impossible. Il lui manque encore ce qui va faire d'elle une cité, une terre arable délimitée, arrachée à la forêt par le feu et nourrie par l'irrigation.

Elément	Processus de sédentarisation des nomades
Espace	Le site d'installation
Air	Le régime des vents
Feu	Le foyer protégé
Eau	L'eau potable
Terre	La terre arable cultivée

Eléments et passage du nomadisme à la sédentarité.

On a ainsi les cinq éléments de base des doctrines traditionnelles : l'espace, l'air, le feu, l'eau et la terre. Et ce processus vaut dans tous les domaines d'observation, lorsque l'on passe du nomadisme à la sédentarité.

La grille est posée et tout phénomène rentre dans le schéma. Les relations symboliques vont alors de soi et décrivent bien la vision traditionnelle du cosmos : ordre et correspondances précises

Elément	Doigt	Organe	Planète	Vertu
Espace	Pouce	Cerveau	Mars	Créativité
Air	Index	Poumons	Jupiter	Connaissance
Feu	Majeur	Intestins	Saturne	Intelligence
Eau	Annulaire	Reins	Vénus	Adaptabilité
Terre	Auriculaire	Cœur	Mercure	Stabilité

Eléments et analogies, un exemple de la nature comme support de la connaissance

L'ésotérisme - la science intérieure ou de ce qui est caché - est né. Il s'appuie sur la contemplation de la nature, dont il a su observer les lois. Les religions sans distinction sont bâties sur cet « occultisme », au point que leur vision est qualifié d'exotérique, c'est à dire d'extérieur.

Il y a la science de l'initié (la « gnosis »), tenue secrète car possiblement utilisée à des fins égoïstes de domination, et la croyance profane (la « pistis »), qui se contente de croire les mythes et exécuter les rites sans en comprendre ni la valeur, ni la portée. Il y a le sacré et la profane. Le clergé et la laïcité. Avec la modernité, il y a pire : la « eikasia », l'expérience subjective érigée en loi et mesure de toute chose. Un comble !

Il est tout de même caractéristique que pour désigner une solution alambiquée et inaccessible, les modernes la qualifient « d'ésotérique », avouant par là que le domaine leur est fermé et incompréhensible. Je passe sur les « problèmes métaphysiques », expression désignant des soucis n'ayant pas lieu d'être. La modernité signifie en permanence son mépris pour les sciences traditionnelles, et avoue de la sorte son incapacité à les pénétrer.

Le symbolisme naturel a été perdu par les modernes. Il a été pourtant largement exploité par les nomades pour élaborer leur théorie de l'être et du devenir. Les exemples abondent d'utilisation traditionnelle des observations des éléments pour construire une doctrine et une hygiène de vie.

Les exemples abondent d'utilisation traditionnelle des observations des éléments pour construire une doctrine et une hygiène de vie. Le Bouddhisme est à ce titre d'une mécanique d'une limpidité extrême.

Le bouddha Sakyamouni s'est appuyé sur la science des cinq éléments lorsqu'il a présenté sa doctrine du « non-moi », composé de cinq agrégats. Il a rejeté dos à dos le spiritualisme, affirmant l'existence d'une « âme éternelle » migrant de vie en vie pour progresser spirituellement, et certaines traditions de l'Inde, posant l'existence d'un moi divin (« atma ») permanent et individuel.

Selon lui, tout comme les éléments surgissent de l'un à l'autre depuis l'espace, le sens du moi est fabriqué abusivement par l'attitude dualiste et discriminante (le premier agrégat exprimant en mode égotique l'élément espace) et ses conséquences (les quatre autre agrégats). Il décrit ainsi comment la sensation abusive d'un « moi », distinct de son environnement, s'est construite par une perversion de l'énergie des cinq éléments, polluée puis agrégée sous l'influence de la mémoire.

Le Bienheureux n'a rien inventé, les védas et la bible affirment la même chose. Au gré de nos expériences, nous inventons l'idée d'un « moi » et d'autrui comme des entités sans interactions, alors que nous surgissons tous du même champ d'énergie. Nous sommes des vagues à la surface de la mer, se croyant autonomes et coupées du monde. Il n'en est rien: nous contribuons du même océan de conscience.

Elément	Vertu de l'Elément Manifestation vertueuse	Perturbation de l'Elément
Espace	Omniprésence Créativité	Intelligence dualiste (moi / autrui)

Cette attitude est préjudiciable car nous tombons alors sous le pouvoir de la mémoire (la connaissance du passé ou du bien / du mal) en particulier des moteurs existentiels qu'elle produit, appelés « samskara ». Ils se manifestent comme des perturbations subtiles et des informations latentes, qui envahissent notre conscience et la conditionnent. Au lieu de vivre dans la présent, nous vivons dans le passé.

Elément	Vertu de l'Elément Manifestation vertueuse	Perturbation de l'Elément
Air	Confiance Connaissance	Emprise de la mémoire (peur)

Les moteurs existentiels sont des informations latentes, inscrites sur divers supports de notre être, qui perturbent son fonctionnement et génèrent des actions conditionnées par la mentalité dualiste. L'état mental qui en résulte consiste principalement à adopter une attitude formaliste. Chaque chose est ainsi définie subjectivement par l'individu, d'où le nom de « samja » de ce processus.

Elément	Vertu de l'Elément Manifestation vertueuse	Perturbation de l'Elément
Feu	Compassion Intelligence	Perception dualiste et passéiste

Abruptement, celui qui en souffre va donner aux événements et aux êtres une forme conventionnelle, convention dont il est l'auteur et n'engage que lui.

Elément	Vertu de l'Elément Manifestation vertueuse	Perturbation de l'Elément
Eau	Clarté Adaptabilité	Formalisme (conventions mentales)

Cette illusion formaliste va à son tour gérer chez lui des sensations. Ces sensations ne sont pas des émotions : ce sont des émotions « fake », polluées par l'ego.

Elément	Vertu de l'Elément Manifestation vertueuse	Perturbation de l'Elément
Terre	Equanimité Stabilité	Sensations (émotions subjectives)

Ces sensations et l'arrogance de se croire capable de faire entrer le monde sans son propre petit schéma personnel génèrent une enferment durable dans le cycle ces existences.

On a là les cinq agrégats, qui ne sont qu'une expression parasite des cinq éléments:
- la conscience duelle (espace),
- les moteurs mémoriels (air),
- les perceptions conditionnées (feu),
- le formalisme (eau)
- et les sensations (terre) qu'il génère.

Au lieu de se manifester comme des vertus d'intelligence omniprésente (espace), de confiance (air), de compassion (feu), de clarté (eau) et d'équanimité (terre), les éléments distordus vont former l'illusion d'un « moi ». Ce moi qui pense et s'agite : le « cogito ergo sum » de René Descartes.

Il n'est ainsi de pire attitude que celle qui consiste à se sentir coupé d'autrui et du monde, de coller sur les êtres et les événements des étiquettes qui sont le fruit de se propres conventions mentales, puis de n'éprouver que des sensations en rapport. C'est préjudiciable en cette vie et après.

La conscience captive de la dualité et des autres agrégats ne va pas pouvoir se libérer après la mort du corps. Elle va se maintenir, comme un phénomène électromagnétique et formel parasite, un enregistrement dans le grand ordinateur du cosmos.

Cette conscience résiduelle finit, d'existence en existence qui lui sert de support et qu'elle parasite, par former une sorte de flux continu. Le bouddhisme le nomme « flux de conscience ».

Le nouveau-né qui le reçoit est ainsi conditionné à la souffrance, ne pouvant exprimer son potentiel vital unique propre. Ce mécanisme crée non seulement un sentiment abusif de « moi » en cette vie mais l'idée que quelque chose de permanent en l'être se « réincarnait ». Cette impression est erronée. Il n'y pas de « moi » permanent, donc pas de réincarnation, dans le bouddhisme.

Les Occidentaux se trompent sur le concept de réincarnation, et même celui de karma. Ce qu'ils en pensent n'est pas bouddhiste mais le fruit de la pensée progressiste et socialiste, dans les milieux du niou-edge aux Etats-Unis ou du spiritisme en France.

La doctrine du Bouddha relève du nomadisme et de sa conception écologique de l'homme : nous sommes une partie du grand tout et nous retournons à lui, à condition d'exprimer notre potentiel existentiel pleinement. L'individu est une illusion trompeuse, juste utile à la survie en cas de danger.

Le mécanisme étant compris, je propose au lecteur soit de passer au point suivant, soit d'approfondir l'explication du Bouddha, ci-dessous.

Monde, constitué de cinq éléments	Ego, constitué des cinq agrégats
Espace	vijnana (conscience duelle et non-éveillée)
Air	samskara (empreinte et renaissance conditionnée)
Feu	samjna (perception dualiste et passéiste)
Eau	rupa (forme et convention)
Terre	vedana (sensation conditionnée, émotion fake)

Eléments du monde et agrégats bouddhistes du moi.

§2. Les cinq éléments dans la pensée hellénique et bouddhiste.

Les pensées hellénique et bouddhiste contribuent d'une même ambition : comprendre les Eléments (« l'anneau de Platon » ou « la stupa » de Bouddha) et en tirer un pouvoir de libération.

Le bouddhisme nous a laissé un enseignement plus technique, en matière de psychologie. Les Grecs nous ont légué de grands discours philosophiques et des spectacles, traitant des problématiques sociales et des conflits intérieurs de l'âme.

Les deux se rejoignent pourtant, s'appuyant sur le même système à cinq Eléments. Le bouddhisme apporte donc un éclairage intéressant aux Lames mineures du Tarot et leur mécanique d'éveil et de libération spirituels.

A. Les descriptions.

Les cinq agrégats basés sur les cinq Eléments sont plus précisément décrits de la manière suivante dans le bouddhisme.

1 - La « vijnana », la conscience ou connaissance discriminante, invite le sujet à se voir et à voir les objets du monde comme distincts les uns des autres, voire doués d'une entité autonome.

Cette conscience discriminante ne peut surgir que d'accumulation en accumulation d'expériences tendant à valider l'idée d'autonomie totale de tous les êtres.

Bouddha réagira contre cette illusion, à la base de tous les égoïsmes, en affirmant l'idée d'interdépendance (cycle duodénaire) et indiquera comment les êtres et les sociétés sont liés entre eux et dépendants les uns des autres (l'optique est ici spirituelle et non limitée au matérialisme comme dans l'écologisme moderne).

Elément	Vertu de l'Elément Manifestation vertueuse	Perturbation de l'Elément Manifestation erronée
Espace	Omniprésence Créativité	Intelligence dualiste (moi / autrui) Conscience discriminante

2 - Les « samskara » sont les facteurs d'existence nés de l'impact subtil des événements et des actions commises par un sujet ou une collectivité et à partir desquels se détermine l'intellect de chaque être.

Selon le Bouddha, les mémoires enregistrées subtilement par notre corps et notre conscience agissent sur notre santé et notre comportement dans un mécanisme appelé samsara.

Ce deuxième amoncellement dépend du premier, une fois que l'être s'imagine doté d'une entité distincte et non reliée à autrui, il discrimine les objets du monde et cette discrimination s'opère sur la base des vents karmiques inscrites dans son anatomie subtile.

Elément	Vertu de l'Elément Manifestation vertueuse	Perturbation de l'Elément Manifestation erronée
Air	Confiance Connaissance	Emprise de la mémoire (peur) Pensée dualiste infectée du passé

3 - La « samjna » est traduit généralement par perception.

Une fois que l'être se croit individué, qu'il s'inscrit dans son environnement sous l'influence inconscience des actes du passé, il va développer une pseudo-science, empirique, à partir de ses expériences et va créer un corpus de notions ou de perceptions conceptuelles personnelles.

Ce corpus lui est propre, il s'agit d'une théorisation de sa propre expérience et de la façon de son moi de s'inscrire dans le monde. Cette théorisation s'appelle en science : le « postulat » de Descartes. Il n'est démontré comme vrai dés lors qu'il peut donner lieu à des expériences reproductibles en laboratoire (la « méthode scientifique » de Descartes)

Mais ce qui vaut dans le cadre fermé (in vitro) du laboratoire n'est pas forcément valable dans la vie (in vivo). Le Bouddha a donc parlé de non-science ou « nescience », c'est à dire d'imposture sapientielle. La science moderne est de ce point de vue une nescience : un point de vue relatif, postulé et démontré dans le cadre artificiel du laboratoire, excluant l'écologie naturelle du tout. Cette nescience a généré les catastrophes que l'on sait.

Elément	Vertu de l'Elément Manifestation vertueuse	Perturbation de l'Elément Manifestation erronée
Feu	Compassion Intelligence	Perception dualiste et passéiste Imposture sapientielle (expérience empirique)

4 - La « rupa » est la forme grossière, subtile ou très subtile que prend la manifestation.

Une fois que l'être se croit individu, que sa conscience polluée par les traces subtiles du passé théorise sur le monde, il voit les formes extérieures comme distincte de lui (non reliées), de telle ou telle nature en fonction de son expérience et de la façon dont il l'a théorisée.

Dès lors, les objets observés ne sont pas vus mais perçus subjectivement. Enfermé dans cette subjectivité, l'être croit le monde tel qu'il le perçoit et non tel qu'il est.

Par exemple, un morceau de corde laissé dans un chemin peut faire croire en la présence d'un serpent et susciter toutes sortes de réactions émotionnelles chez celui qui croit le serpent et lui-même totalement distincts, qui a fait l'expérience de la morsure (on en a entendu le récit) et qui en a conclu que le serpent était un mal absolu, à éliminer de son champ d'expérience. Dans ce cas, l'agrégat de forme conditionne totalement la conscience et l'action (réaction) du sujet. Il n'est pas ici et voit une corde: il vit dans le passé et une hallucination.

Elément	Vertu de l'Elément Manifestation vertueuse	Perturbation de l'Elément
Eau	Clarté Adaptabilité	Formalisme (conventions mentales) Réactions et pensées subjectives

5 - La « vedana » est le sentiment ou la sensation suscitée par la forme ; c'est à dire à proprement parler l'effet subtil produit sur le système nerveux et endocrinien du sujet par tout affect dans son champ de conscience.

Elément	Vertu de l'Elément Manifestation vertueuse	Perturbation de l'Elément
Terre	Equanimité Stabilité	Sensations (émotions subjectives) Emotions perturbatrices (fake)

Une fois ce processus démasqué, une question s'impose : comment se sortir de l'emprise des agrégats?

Le Bouddha nous a laissé une méthode de libération.

B. La méthode de libération.

La méthode d'éveil du bouddhisme consiste à démasquer notre conception d'autrui et de nous même, lorsque nous ignorons que le moi est un simple agrégat d'éléments et de vents karmiques.

Ignorant les éléments Espace, Air, Feu, Eau et Terre, nous nous croyons alors :

1 - un espace défini (moi, je, ego, entité);

2 - un souffle continu (ma vie, mes vies);

3 - séparé d'autrui et non pénétré par toutes sortes d'influences, comme la chaleur du feu, émanant de l'univers;

4 - permanent, alors que comme l'eau passant du liquide, à la glace ou à la vapeur, nous nous modifions constamment du moment de notre naissance à celui de notre mort; et

5 - solide, alors que notre être est une collection d'Eléments.

Sur les premières impressions d'espace défini (moi, je, ego, entité), de souffle continu (ma vie, mes vies), séparé d'autrui, permanent et solide, notre conscience va se désaxer et réagir aux distorsions qu'elle a produites. Nous pouvons donc soit suivre les distorsions et exprimer des émotions perturbatrices (fake), soit nous ressaisir en les considérant pour ce qu'elles sont.

a) Le premier pas : reconnaître les Eléments.

Le premier pas de la méthodologie bouddhiste consiste à observer combien les agrégats nourrissent des émotions perturbatrices (fake). En les reconnaissant comme perturbatrices ou fake, nous sommes moins enclins à les suivre aveuglément comme des amies infaillibles. Nous redevenons critiques sur leur utilité et leur finalité.

Par exemple, la colère reconnue comme perturbation ou émotion fake n'est plus du tout désirable. Nous reconnaissons en elle une perturbation de l'élément Espace, avec son omniprésence. Nous savons que cette vertu a été perdue pour la pensée dualiste et égoïste. La colère n'est que la manifestation de notre ego, pas de notre nature-Bouddha.

Nous pouvons soit dissoudre notre colère, soit la libérer ou la singer lorsqu'une personne égoïste entend nous faire perdre notre intelligence omniprésente. Nous allons alors laisser cours à notre colère ou même imiter la colère, sans nous laisser posséder par elle. La colère devient une émotion que nous pouvons dissoudre ou encore utiliser.

La colère ne nous emporte plus, c'est nous qui la contrôlons, comme le fermier le fait de son champ. Elle s'évanouit ou est mis au boulot. Nous n'en sommes plus esclaves. Voyons cela émotion par émotion perturbatrice (fake).

1 - Un espace défini (moi, je, ego, entité).

Le fait de nous sentir **défini** d'un point de vue spatial engendre un sentiment de perte d'espace.

En s'aggravant, cette impression conduira à nous sentir écrasé et accablé dans un monde menaçant, avec au final une réaction dépressive.

Enfermés sur nous-même, nous ne pouvons plus donner d'amour, nous ne pouvons plus nous préoccuper d'autrui, nous avons perdu toute intelligence à nous projeter dans une autre situation.

Ce blocage se manifestera par une forte colère, contre nous même en premier puis contre le monde entier.

Elément	Bouddha vainqueur et sa vertu	Agrégat de l'ego Type de réaction	Distorsion karmique	Emotion fake
Espace	Vairochana Omniprésence	Vijnana Dépression	Ecrasement, accablement	Colère

2. Un souffle continu (ma vie, mes vies).

Le fait de nous sentir **continu**, comme un souffle sans fin, engendre une certaine sécurité abusive, source de paresse. S'en suit un ralentissement dans le rythme de nos décisions.

Comme la Terre continue à tourner sans nous, cet immobilisme produira à un moment ou un autre une prise de conscience. Cet événement donne une base à un sentiment de vulnérabilité, à des pensées anxieuses pouvant aller jusqu'à la paranoïa.

Dès lors, notre mental s'embarque dans une analyse excessive de l'environnement dans le but de nous sécuriser.

Mais cette stratégie est vouée à l'échec. Nous devenons de moins en moins confiant, empli de craintes de toutes sortes. C'est la peur et l'effroi.

Elément	Bouddha vainqueur et sa vertu	Agrégat de l'ego Type de réaction	Distorsion karmique	Emotion fake
Air	Amogasiddhi Confiance	Samskara Analyse excessive	Anxiété, vulnérabilité, paranoïa	Peur

3. Séparé d'autrui.

Le fait de nous sentir **séparé** d'autrui justifie un certain manque de chaleur envers ceux qui ne nous conviennent pas. Ils sont ainsi à nos yeux lorsque nous ne parvenons pas à nous mettre à leur place ; ce qui ne manque pas de les rendre parfois menaçants.

L'échange naturel entre individus s'en trouve déséquilibré et nous nous enfermons dans une impression que personne ne nous comprend, que nous sommes seul.

Pour nous sécuriser, nous nous attachons à nos biens, à nos créations psychiques et nous perdons toute compassion.

Difficile alors d'éprouver la gratitude d'être en vie que nous devrions ressentir en considérant le sacrifice des plantes et des animaux qui nous nourrissent.

Elément	Bouddha vainqueur et sa vertu	Agrégat de l'ego Type de réaction	Distorsion karmique	Emotion fake
Feu	Amitabha Compassion	Samja Attachement	Isolement, solitude	Ingratitude

4. Permanent.

Le fait de nous croire **permanent**, alors que toutes les cellules de notre corps actuel auront été remplacées en moins de sept ans, engendre une certaine opacité entre la réalité, en re-formulation constante, et nous.

Nous sommes tiraillé entre passé et futur ; plus très présent à la situation actuelle. Il peut en résulter un certain sentiment d'impuissance à gérer le quotidien : nous errons ressassant nos souvenirs, perdu dans nos rêves.

Puis ensuite viennent diverses frayeurs, une fois le retour au réel opéré. Nous tentons de compenser le temps perdu par plus de la témérité, voire de l'agressivité envers autrui.

Perdant à notre tour toute clarté de ce qu'il convient de faire, résultat de notre propre opacité à nous-même, nous en venons à concevoir des plans pas très honnêtes de gagner notre vie ou tout du moins relevant de la facilité (jeux de hasard, perte de tout scrupule). On s'en branle de la vie et des moyens de la gagner honnêtement ou non. On verra bien. C'est la fuite en avant, sans éthique, ni repère, ni morale. Tout est devenu « cool » : c'est la paix fake.

Elément	Bouddha vainqueur et sa vertu	Agrégat de l'ego Type de réaction	Distorsion karmique	Emotion fake
Eau	Akshobbhya Clarté	Rupa Agressivité et témérité	Impuissance	Laisser-aller

5. Solide.

Le fait de nous sentir **solide** engendre une certaine dureté envers autrui. Nous nous affirmons en tant qu'ego et exigeons des rapports adultes, sans place pour la compassion, la tendresse et la joie.

Autrui devient insignifiant, ou alors, c'est à nous-même que nous n'accordons plus rien. Toute notre activité est orientée vers la recherche de pouvoir et de solidité ... mais le seul pouvoir est celui que l'on peut exercer sur soi.

Le monde est sans permanence, se redéfinissant et se recomposant à chaque seconde. Il nous échappe sans cesse. Les empires s'écroulent tous un jour et ne laissent qu'un océan de souffrances derrière eux.

En nous croyant solide, nous devenons indifférent aux changements du monde, absent à nous-même et à ceux qui nous entourent.

L'équanimité aurait pu nous apporter une certaine flexibilité, facteur de joie, et une compassion sans faille pour autrui. Au contraire, nous sommes devenu triste et dur, la vie est un lieu de bataille où la pitié n'a pas lieu d'être. Struggle for life, Darwin - encore un juif apostat à la base de la modernité - a imposé sa vision égocentrique de l'existence.

Elément	Bouddha vainqueur et sa vertu	Agrégat de l'ego Type de réaction	Distorsion karmique	Emotion fake
Terre	Ratnasambhava Equanimité	Vedana Recherche de solidité et de pouvoir	Insignifiance	Matérialisme

b) Orienter l'énergie des Eléments.

Lorsque les éléments sont ramenés dans leur expression originelle, le mécanisme de fabrication du « moi » cesse. La conscience habituelle via les cinq agrégats laisse place à l'intelligence omniprésente, la confiance, la compassion, la clarté et l'équanimité.

Tout le processus d'éveil du bouddhisme consiste à ramener les cinq agrégats constitutifs de l'être dans la pureté originelle des cinq éléments et leur expression comme vertus (voir le tableau 3).

Pour se faire, la doctrine bouddhiste a associé les cinq agrégats, issus des cinq éléments contaminées par l'égoïsme, à cinq bouddhas métaphysiques, de l'ordre psychique.

Ils constituent des modèles d'âmes pures, sur lesquels les fidèles sont invités à méditer et donc les vertus doivent les inspirer.

Les qualités des Bouddhas compensent les réactions pathologiques liées à l'expression égoïste des éléments.

Les agrégats tendant à nous amener ainsi dans deux directions :

1°- vers la répétition karmique, où l'élément espace n'est plus la source que d'une sensation d'écrasement, l'air d'anxiété, le feu de solitude, l'eau de peur et la terre d'un sentiment d'impuissance ;

2° vers la libération, où l'élément espace génère de l'intelligence omniprésente, l'air de la confiance, le feu de la compassion, l'eau de la clarté et la terre, de l'équanimité.

A nous de savoir si notre attachement à l'ego va nous enchainer dans une expérience de la vie faite d'écrasement et de déprime, d'analyses sans fin et d'anxiété, d'attachement et de solitude, d'agressivité et de peur, et au final de paralysie dans l'impuissance existentielle ou de témérité agressive au sein d'un monde devenu éternel, triste et figé.

Ou au contraire, le dévoilement de la supercherie de l'ego et l'éveil spirituel vont nous amener à réaliser notre potentiel d'intelligence à la situation, au temps et au lieu, dans la confiance, la compassion et l'équanimité, au sein d'un monde resté fluide et lumineux.

La psychologie élémentale résume assez efficacement ce choix dans le tableau ci-dessous, où l'Elément agissait comme une base à partir de laquelle nous allons nous exprimer. Soit nous nous manifestions comme le bouddha que nous sommes au plus profond de notre être. Soit nous nous identifions à notre ego, prisonnier de son cortège de mémoires, ses réactions types et ses distorsions sous l'effet du karma / du péché. A nous de voir, sachant que nous ne sommes jamais dans une seule direction mais dansons la samba entre ces deux pôles.

Elément	Bouddha vainqueur et sa vertu	Agrégat de l'ego Type de réaction	Distorsion karmique
Espace	Vairochana Intelligence omni-présente	Vijnana - conscience coordonnante Dépression	Ecrasement, accablement
Air	Amogasiddhi Confiance	Samskara - moteurs mémoriels Analyse excessive	Anxiété, vulnérabilité, paranoïa
Feu	Amitabha Compassion	Samja - perception Attachement	Isolement, solitude
Eau	Akshobbhya Clarté	Rupa - forme Agressivité et témérité	Impuissance
Terre	Ratnasambhava Équanimité	Vedana - sentiment Recherche de solidité et de pouvoir	Insignifiance

Tableau 3. Eléments et métaphysique bouddhique.

Légende:
Colonne 1 - l'Elément tantrique (ne pas confondre avec celui des Chinois).
Colonne 2 - la divinité bouddhique et sa sa vertu transcendante.
Colonne 3 - l'aspect (agrégat) du moi (selon la doctrine de la vacuité) en sanscrit, traduction en français, type d'ego généré avec son attitude dominante.
Colonne 4 - distorsion karmique, c'est à dire impressions subjectives permanentes, à partir desquels l'individu va agir pour compenser cette souffrance enracinée en lui.

Je renvoie le lecteur à mon ouvrage « La psychologie élémentale tibétaine », qui fait le point et détaille la science de l'âme utilisée en Orient, avec ses concepts de karma et de renaissance orignaux.

Les points de convergence avec la tradition médiévale occidentale sont si importants que le bouddhisme éclaire merveilleusement la pensée de l'homme du moyen-âge et de là, celle du Tarot.

Il est d'autant important de connaître la pensée bouddhiste, qui a beaucoup échangé avec la Grèce après Alexandre-le-grand, qu'elle s'est incorporée à l'islam, comme les autres traditions orientales, mais a été aussi défigurée par le spiritualisme occidental.

Les concepts modernes de karma et de réincarnation connus comme tels de nos jours en Occident ne sont pas ceux du bouddhisme. Ils sont une falsification imaginée par le spiritisme et la société théosophique, deux entreprises commerciales nées dans les milieux socialistes.

Cette mentalité spirite et théosophe a beaucoup nuit au christianisme mais aussi à la compréhension du Tarot. De là sorte, il est difficile d'étudier le Tarot sans passer par le bouddhisme et tordre le coup aux inepties spiritualistes occidentales. Ceci est vrai pour le karma et la réincarnation, mais aussi tout ce qui touche à la mort et aux communications avec les entités subtiles.

En effet, le bouddhisme a également repris la descriptions en cinq éléments pour exposer sa vision des états post-mortem et des mondes paradisiaques.

La tradition bouddhiste décrit l'existence de Bouddhas, maitres des Eléments, capables de projeter autour d'eux une « terre pure », où le défunt profitera après sa mort de conditions plus favorables à l'éveil spirituel et à la libération du cycle des existences conditionnées.

Le terme « bouddha » désigne en général le bouddha Siddhartha Gautama Sakyamouni, un prince du védisme, qui a vécu au VIe siècle avant Jésus-Christ. L'identité réelle d'un être, que l'on oppose à son ego ou moi mondain, est appelée également « nature-Bouddha » ou « Bouddha en moi ».

Elle se manifeste classiquement sous trois formes : brillance, radiante et imminence. Elle est issue du champ universel d'énergie cosmique, dont l'homme est une particularisation sous la forme d'un individu, comme une vague produite par l'océan.

Qui penserait que la vague est autonome? Image t-on une vague souhaitant se couper de l'océan et mener sa vie de manière autonome? Grotesque, non? Et bien pourtant nous le faisons, ou pensons le faire.

Le Bouddha a dénoncé le moi mondain comme une imposture ou « identité erronée ». Il l'a décrit comme formé de cinq éléments (brillance, air, feu, eau et terre), agrégeant les mémoires circulant en marge du champ universel d'énergie cosmique. On parle d'agrégats, lorsqu'au lieu de s'exprimer comme Eléments, les mémoires les transforment en mécanismes existentiels (conscience dualiste, moteur karmique, perception, forme et sensation conditionnées).

Dans les énumérations cosmogoniques, cosmologiques et psychologiques du bouddhisme, il est fait été de cinq grands Bouddhas (transcendantaux et vertueux) appelés « vainqueurs » (« jina »). Ils sont la source suprême des cinq Eléments et leur personnification sous forme anthropomorphique. La description de ces aspects de la tradition bouddhique varie d'une école à l'autre et fait l'objet d'âpres débats.

Ces descriptions sont les mêmes dans le monothéisme abrahamique :

- les prophètes sont des consciences éveillées (à Dieu), donc des « bouddhas » ;

- les cinq grands « bouddhas vainqueurs » sont représentés sous la forme d'un être suprême sur un trône, entouré de quatre « vivants » (un lion, un taureau, un aigle, un ange) ;

- l'homme comporte une nature divine (pure et éveillée, participant de la condition de Dieu) et une nature mondaine ou humaine (caractérisée par l'emprise du péché et des souillures).

Les traditions spirituelles ne sont que des langues, exprimant les mêmes réalités dans leur propre vocabulaire et leurs signes. Elles sont l'expression dans un contexte géographique et spatial de la même connaissance. Il n'y a donc aucune « guerre des religions » et aucun « choc des civilisations » pour celui qui se place du point de vue de la gnose… mais un oecuménisme paisible.

Cet oecuménisme ne soit pas être confondu avec le syncrétisme, qui est une confusion des formes et des doctrines, comme dans le niou-edge et la pseudo-religion du nouvel ordre mondial en cours de fabrication. Ce syncrétisme résulte lui au contraire du conflit des cultures et du chaos religieux qui en résulte, lorsqu'une civilisation entend dominer le monde.

§3. Les modifications du schéma originel des cinq éléments.

Lorsque la civilisation s'est ancrée plus profondément pour devenir sédentarité, ce système vertical à cinq éléments et les conceptions spirituelles en découlant ont été modifiées. C'est le cas en Chine.

L'eau est restée l'élément commun avec les nomades mais les progrès de la technicité ont amené les sédentaires à concevoir le cycle des éléments de manière horizontale et même à changer leur carte du ciel pour l'adapter à leur nouvelle condition. De même de leurs croyances, avec l'apparition des « sages immortels » du taoïsme.

Jean Fabre a bien vu ce décalage lorsqu'il écrivait :
   « Le nomade ne possède pas d'espace en propre. Perpétuellement à la recherche de points d'eau, il est constamment contrait de se déplacer. Il ne connaît plus que le temps. Inquiets, perdus dans des étendues immenses où leur statut les condamne à errer, soucieux du lendemain, les nomades sont les promoteurs de l'astrologie » (Jean Fabre, Les repères de l'empereur Jaune, Ed. Pardés, 1993, p.110)
et :
   « Titus Burkhard décrivait ainsi les différences géométriques des sédentaires et des nomades :
   « Les nomades reconnaissent leur idéal dans la nature dynamique et indéfinie du cercle, alors que les sédentaires le voient dans le caractère statique et la

régularité du carré. Ce dualisme primordial qui, depuis l'aube de l'humanité, marque de son empreinte peuples et races, se retrouve en écho dans l'individu lui-même. Les plus anciennes conceptions traditionnelles chinoises signalent, en effet, chez l'homme, deux composantes énergétiques de base (opposées mais complémentaires). La première, de caractère nomade, décrit comment l'énergie psycho-subtile circule sans arrêt dans les « péridromies » (les méridiens). La seconde, sédentaire, centrale, siège dans le Tsang et répond au système dénaire (les dix troncs) et aux cinq Eléments (Feu, Métal, Terre, Eau, Bois) » (op.cit., p.118).

Ces auteurs répondaient ainsi favorablement au commentaire de René Guénon sur la mentalité des sédentaires :

    « Les sédentaires sont, de tout temps, adonnés à la culture de la terre ; les nomades à l'élevage des troupeaux. Chacune de ces deux catégories avait naturellement sa loi traditionnelle propre, différente de celle de l'autre et adaptée à son genre de vie et à la nature de ses occupations ... Fixés dans l'espace à un domaine strictement limité, ils (les sédentaires) développent leur activité dans une continuité tranquille qui leur apparaît comme infinie » (René Guénon, Le règne de la quantité, Gallimard, Paris, 2013).

Les Chinois représentaient en effet l'univers non pas comme un cercle mais comme un carré à neuf cases, sur le modèle duquel était construit le palais (« Ming-Tang », le temple de la lumière) de l'empereur (« Da Guang Ming », la grande lumière scintillante).

Nous rendons cette « lumière » dans nos langues indo-européennes par « dei-wo », racine qui a donné « dieux » (« diwus », « deva » en sanscrit), puis « Dieu » (« theos » en grec, « deus » en latin). Il a donné « Daï Ko Myô », dans la langue japonaise, terme qui désigne à Kyoto l'Empereur du Japon, le kami de Vénus Bishamon-ten et le bouddha Amida. L'idéogramme était présent sur la tombe de Confucius, avant que le tyran Mao n'ordonne sa destruction. Il est également utilisé dans le Reiki pour conférer l'initiation. Le symbole de la lumière est central en Orient, comme expression de la divinité.

Au centre du carré sacré à neuf cases des Chinois, une croix marquait les directions cardinales. A chaque direction était assigné un Elément sacré : Feu, Métal, Terre, Eau et Bois.

Chaque côté du carré était marqué par trois portes, renvoyant aux douze constellations zodiacales. Chaque case entourant le centre était une projection d'une phase de la Lune. Ainsi, combinaison des influences solaires et lunaires, le palais impérial marquait un point d'équilibre, dont l'empereur incarnait l'aspect visible et social. En relation avec la planète Vénus, entre la lune (masculine et fertilisante) et le soleil (féminin et vitalisant), le souverain organisait cet équilibre selon cinq constantes naturelles, appelées « Eléments » (Feu, Terre Métal, Eau et Bois).

Représentation chinoise de l'espace et des cinq Eléments.

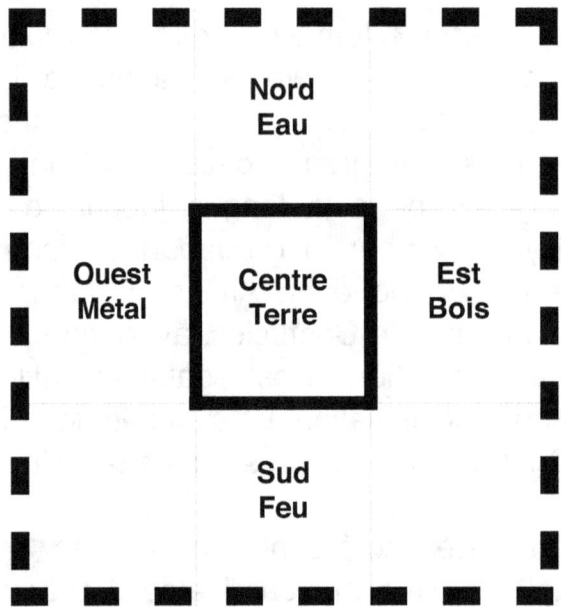

Ces constantes naturelles étaient disposés selon deux figures : un cercle ou une étoile à cinq branches.

Ces deux formes incarnaient les cycles de création et de contrôle des Éléments, présents dans la nature, et qui marquent les cinq saisons. La mise en œuvre de cette connaissance des cycles donnaient ainsi les clés pour maintenir l'harmonie naturelle, propice à la vie, et agir avec succès.

Représentation en cercle (création des énergies élémentales)
et étoile du cycle (contrôle des énergies élémentales)
des cinq Eléments chinois.

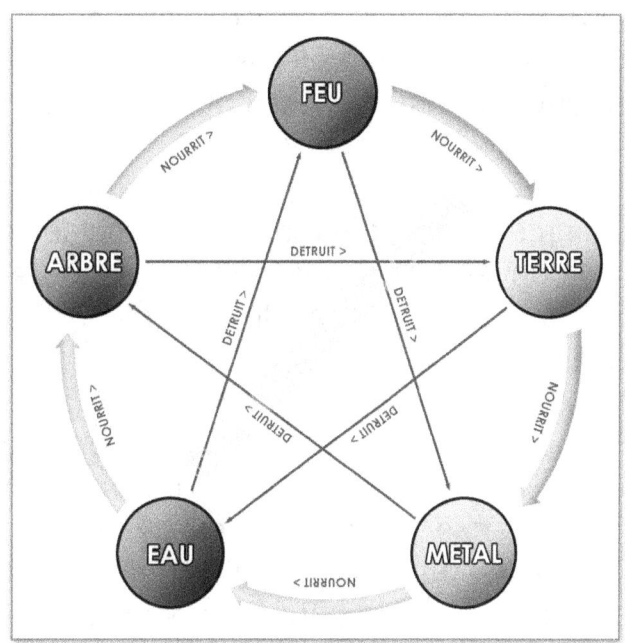

En renforçant un Elément trop faible par celui qui le nourrit ;
en compensant un excès d'un élément par celui qui le
contrôle, l'empereur par ses édits, le médecin dans ses
pratiques et donc de là tous les Chinois, étaient aptes à
restaurer cette harmonie dans un système pathologique
quelconque.

Les sédentaires étaient capables non seulement de
soigner, mais aussi de favoriser le processus vital, au

bénéfice de leurs productions agricoles, comme de leur propre santé.

Le cycle de création (en cercle) souligne les rapports entretenus par les différents éléments entre eux, comment ils harmonisent et comment ils se nourrissent pour produire la vie.

Le pentagramme de contrôle (en étoile) décrit les obstacles freinant la conversation des éléments entre eux et comment il en résulte du contrôle ; mais aussi de la maladie et la mort.

Chaque Elément est également associé à une période de la journée et à une saison, ainsi qu'à une infinité de concepts liés. Par le symbole qu'est l'Elément, on peut ainsi saisir le genre de force ou de mouvement, auquel on est confronté et agir en compensation pour rétablir la vie ou au contraire provoquer la mort.

Les règles sont les suivantes :

1- Le Feu produit de la Terre (il réduit tout en cendres) et contrôle le Métal (il peut le faire fondre et le déformer). Il est associé au milieu du jour et à l'été, cette période où la nature s'épanouit et reçoit toute la force du soleil. L'énergie du Feu est un principe très actif, qui va courir dans toutes les directions.

2- La Terre produit du Métal (les métaux sont extraits de ses entrailles) et contrôle l'eau (en la conduisant dans des digues). Associée à l'après-midi ou à l'été indien, elle incarne le moment des récoltes. L'énergie de la Terre est en cercle protecteur, elle rassemble et couve.

3- Le Métal produit de l'Eau (il s'en échappe de la vapeur, et ces « vapeurs » de métaux donnent à l'eau toutes ses propriétés curatives: minéraux, oligo-éléments, …) et contrôle le Bois (en le tranchant). Associée au coucher du soleil et à l'automne, cette force du Métal se trouve dans les plantes qui se sont concentrées en graines et qui redonnent à la Terre leurs fruits, une fois l'arbre mâture. L'énergie du Métal condense, elle est donc tournée vers l'intérieur.

4- L'Eau produit la végétation, donc le Bois (la plante s'alimente d'eau pour grandir) et contrôle le Feu (l'eau éteint le Feu). Associée à la nuit et à l'hiver, elle s'incarne dans les phases de repos de la nature, où elle se gorge d'énergie pour renaître au printemps. L'énergie de l'Eau est ainsi fluide et calme.

5- Le Bois produit le Feu et il contrôle la Terre (où l'enracinement de la plante s'opère). Associée au lever du soleil et au printemps, on retrouve sa force au moment où la plante sort du sol attirée par la lumière. L'énergie du Bois est donc ascendante, celle de l'expansion, de l'ouverture vers l'extérieur.

En conclusion : on retrouve dans ce système les préoccupations typiques de sédentaires. Le lieu de culture est un espace de forêt brûlé, la terre y est tranchée par le métal de la charrue, puis inondée afin que les plantes s'épanouissent sans contrainte et donnent de la semence. L'année suivante, le cycle recommence et ainsi de suite en mettant en oeuvre la connaissance des cinq éléments, en rapport avec les cycles du soleil et de la lune.

Cette vision a été portée au paroxysme de ses conséquences en Chine dans les arts du Feng-Shui et de la science divinatoire du Yi-King. Elle est résumée dans la figure dite du « Bagua », illustrée à la suite, mais ne se limite pas à la médecine et à l'agriculture.

Les Chinois ont calqué leur organisation politico-religieuse sur cet ordonnancement, afin de garantir la paix sociale et la justice au sein de leur empire.

Chacun des huit secteurs du Feng-Shui est associé à un trigramme de base (trois lignes représentant l'activité ou la repos d'un des secteurs du Ciel, de l'espace intermédiaire et de la Terre), avec un ensemble de relations avec les couleurs, les saisons, la famille, les activités humaines, etc.

Dans la Chine impériale, quiconque contredisait sciemment ces règles - et pire perturbait par ses violations volontaires et assumées l'équilibre comique - était exécuté. De désordre en désordre en apparence anodins, la société pouvait être menacée par les atteintes aux règles naturelles.

Inutile de mentionner que le monde moderne s'est fait une spécialité de tout dénaturer et rendre désordonné, sous l'emprise de l'individualisme, de la liberté et des droits de l'homme. L'architecture chaotique de l'occident donne une impression d'excitation de l'ego et de malaise, assez caractéristique des ambitions égocentriques des architectes et de la passivité des occupants. On est loin de la paix et de l'harmonie des paysages chinois traditionnels.

Du point de vue politique et religieux, les sédentaires chinois et ceux japonais qui les ont imité ont eu l'intelligence de placer au centre et au sommet de tout leur édifice social un médiateur : l'Empereur. Ce nomade sacralisé, exempt des charges de la sédentarité, était chargé d'assurer l'harmonie des hommes entre eux et les bons rapports avec la nature.

L'empereur assurait ainsi la communication de la collectivité avec l'environnement (le carré de terre formant l'empire du milieu) : à ce titre, il était titulaire de « **l'autorité spirituelle** ». Lui seul était l'annonciateur des crues, des labours, des semailles et des moissons, lors de rites religieux en public en rapport avec la fertilité lunaire.

L'empereur permettait également le rapport harmonieux des hommes entre eux, sous le ciel et le soleil (représenté comme un cercle) : il incarnait alors « **le pouvoir temporel** ».

C'est ainsi qu'entre terre et ciel, ou carré et cercle, **l'octogone** en est venu à symboliser l'Empereur. Il apparaît en ce monde comme le centre de l'empire, au coeur de la croix spatiale.

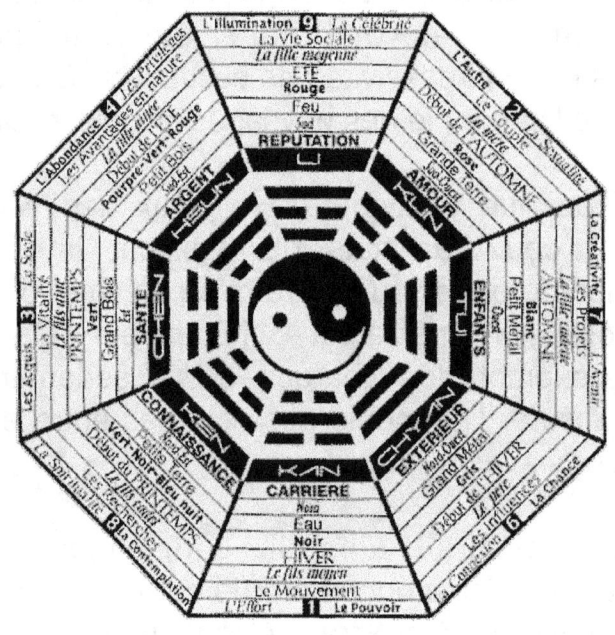

Représentation chinoise de l'octogone impérial ou « Bagua ».
Image Wikipedia

Du point de vue céleste, l'empereur est un point d'éternité, suspendu entre les douze animaux du bestiaire zodiacal, à l'image de l'Etoile polaire, centre fixe d'un cosmos dansant en spirale.

Ciel (12 constellations)

Empereur (centre et synthèse)

Terre (5 Éléments)

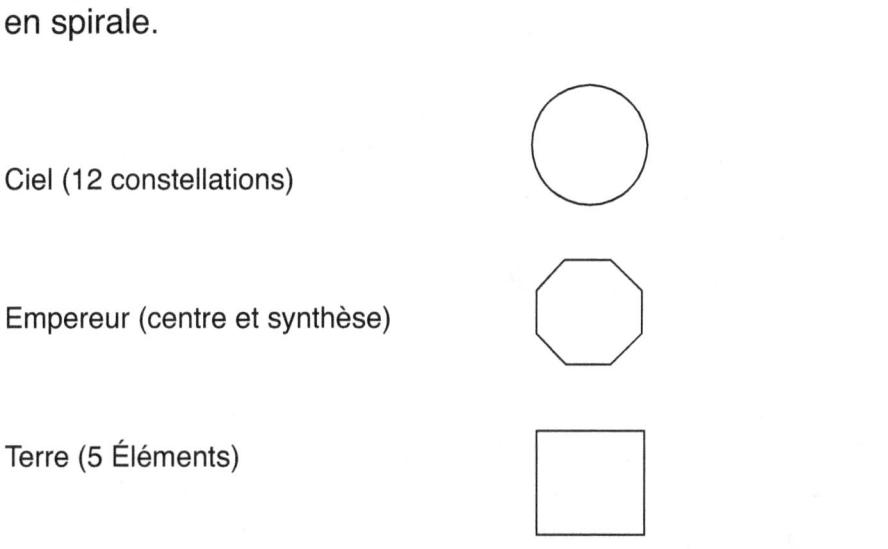

Représentation ternaire du cosmos par les Chinois.

On est loin de nos présidents républicains, sorte de marionnettes dont la plus grande part du labeur est de séduire les masses en vue de la prochaine élection. Leur agitation puérile et leurs changements de direction, à l'image des girouettes, montrent bien que le monde moderne n'a en réalité aucun point fixe et navigue à vue en se laissant entraîner par le fleuve du déterminisme historique pour aller se fracasser sur quelque écueil du rivage.

Leur incompétence, parfaitement assumée par leurs électeurs, n'est t-elle pas la preuve que la démocratie des peuples - où il se rencontre plus d'incompétents que

d'individus compétents et capables d'appartenir à une élite
- est une machine à gouverner.

Ce n'est au final que parce que les élus sont des
incompétents qu'ils sont reconnus comme le reflet de ceux
qui les élisent, et acceptés par eux comme gouvernants.
Ceci n'a rien d'un gouvernement mais d'un consensus en
vue d'aller ensemble au désastre.

Le christianisme a incarné pleinement cette connaissance
propre aux sédentaires. Jésus, empereur des juifs - mais
privé de sa terre par l'association des romains aux prêtres
du temple de Jérusalem - s'entoure de cinq femmes
(symboles des éléments) et de douze apôtres (symboles
de la circulation du soleil dans le ciel), entourés de
soixante-douze envoyés (symbole tiré des jours de rotation
de la planète Mercure, astre des échanges et de la
communication). La relation au cosmos est claire, j'y
reviendrai plus loin.

Sur la croix cosmique, le messie manifeste alors sa
dimension universelle de centre et d'agent rotatif : il est la
vie divine et infinie, comme source de la lumière solaire et
lunaire. « Je suis le chemin, la vérité et la vie » affirme t-il :
la course des étoiles dans le ciel agraire, le soleil et la lune.

La chute du grain en terre pour germer et produire sert
d'allégorie à sa mort sacrificielle et la renaissance de
l'humanité dans son corps et dans son esprit uniques.

Au centre de la croix, où il subit la haine et le fruit du péché, le prophète nazaréen exprime pleinement son aspect humain et sacrificiel. De sa mort nait la fertilité, en rapport avec les vingt huit mansions lunaires : dans ce contexte la résurrection. Il est le germe, le « nouvel Adam » dit-il, à partir duquel l'humanité va renaître.

On est en plein symbolisme agraire, propre aux grandes civilisations de sédentaires. Le symbole du grain est appliqué à la vie psychique de l'homme (âme), jusqu'à annoncer la résurrection des corps levés de terre au jour du jugement dernier. Le christianisme incarne la promesse impériale à son extrême et le mythe agraire dans toute sa force. La mort du Christ, c'est celle du grain tombant en terre pour se relever par une postérité de successeurs.

Une fois intégrés ces éléments de la vie naturelle et de son rapport au cosmos, on peut passer à l'analyse de l'âme, de ses problématiques d'obscurcissement par la mémoire et de libération par l'éveil spirituel. Au passage, on note l'impossibilité pour une collectivité de déroger aux règles du nomadisme ou de la sédentarité.

Les nomades s'installent en effet tous et en tout lieu en cercle, en définissant douze clans et leur relation à l'espace-temps. Les cercles de médecine des Amérindiens et des peuplades d'Asie ou d'Afrique témoignent que tout ceci était compris et appliqué avant l'arrivée des Européens et de leur programme de sédentarisation aberrant et illégitime.

Les sédentaires s'organisent en carré, en divisant la société en quatre castes avec leur espace et leur calendrier propres. Toutefois, pour subsister et ne pas dégénérer sous l'effet de conditions de vie artificielles, ils doivent maintenir au sommet de la société un médiateur entre ciel et terre, comme l'empereur. A défaut, se met en place le mécanisme décrit par Platon dans « La république », une succession de régimes imparfaits menant à la destruction finale de la civilisation : timocratie des clercs, oligarchie des nobles, démocratie des fabricants et tyrannie des serviteurs.

De ce point de vue, la modernité est une aberration politique et ne peut conduire qu'à un délire messianiste du type du nouvel ordre mondial imaginé par les sionistes du secteur bancaire anglo-saxon.

La constitution d'un empire irrégulier comme la « pax judaica » du grand Israël succédant à la « pax americana » des USA depuis 1919 ne pourra conduire qu'à la manifestation d'une contrefaçon de l'empereur, ici en la personne de l'antéchrist, et dans les lieux les plus blasphématoires possibles pour le monothéisme : Jérusalem et Damas.

Le prophétisme abrahamique a donné assez de détails pour avoir une idée claire de qui il s'agira et comment il parviendra à illusionner l'humanité de la sorte pour la perdre. Descendant de la famille de Dan, le « fils de la perdition » manifestera toute l'ampleur du nomadisme dévié, ici du judaïsme, avec son caractère satanique et sa relation avec les infra-mondes, infra-mondes que l'on tentera de faire passer pour des extraterrestres.

Ronald Reagan et George Bush ont déjà annoncé la couleur : un nouvel ordre mondial mené par Wall Street et la City depuis Jérusalem sera imposé face à une menace d'invasion extraterrestre fantasque pour unifier l'humanité apeurée sous une dictature mondialiste. Un programme délirant et infantile…

On n'en serait pas venu là si les règles de la sédentarité avaient été respectées, et nomades ou sédentaires consignés dans leurs espaces respectifs avec leurs règles. En mélangeant tous et tout, on en est arrivé au chaos actuel, menaçant la survie de l'humanité toute entière.

Section 2. Les 7 énergies et les modes de réaction de l'âme.

La science moderne nous a accoutumé à une vision héliocentrique de notre système solaire, qui ne correspond pas à l'observation humaine première.

Cette abstraction a été suffisamment jugée dangereuse par plusieurs traditions spirituelles pour être occultée, voire interdite.

§1. Tout faux!

Connaître sa propre tradition spirituelle et s'en tenir à sa vision naturelle du cosmos permet de ne pas se laisser illusionner par les parodies mondaines. Certes la foule est priée d'adhérer avec enthousiasme et l'élite rare, capable de comprendre encore ce qu'est une tradition spirituelle et pourquoi la vision géocentrique est la meilleure.

« (désormais) Toute la vie de l'écrasante majorité des hommes prend le sens d'une fuite du centre, d'une volonté de s'étourdir et d'ignorer le feu qui brûle en eux et qu'ils ne savent pas supporter »
écrivait désabusé sur ces contemporains le baron Julius Evola dans « Explorations » (Ed. Pardès). On y est!

Sur le caractère fallacieux et trompeur de la science technicienne, qui assiste la modernité, René Guénon était lui aussi clair. Elle est dangereuse, et non seulement pour sa participation enthousiaste à l'industrie de la guerre. Elle est un obstacle à franchir et même un handicap.

Le Sheik indiquait alarmiste, avant que les doctrines occidentales ne détruisent l'Inde, la Chine puis le monde islamique au nom du marxisme puis du libéralisme économique:
« Nous avons déjà parlé à diverses reprises, dans ce qui précède, de ce que nous appelons l'élite intellectuelle ; on aura probablement compris sans peine que ce que nous entendons par là n'a rien de commun avec ce qui, dans

l'Occident actuel, est parfois désigné sous le même nom. Les savants et les philosophes les plus éminents dans leurs spécialités peuvent n'être aucunement qualifiés pour faire partie de cette élite ; il y a même beaucoup de chances pour qu'ils ne le soient pas, en raison des habitudes mentales qu'ils ont acquises, des multiples préjugés qui en sont inséparables, et surtout de cette « myopie intellectuelle » qui en est la plus ordinaire conséquence ; il peut toujours y avoir d'honorables exceptions, assurément, mais il n'y faudrait pas trop compter. D'une façon générale, il y a plus de ressources avec un ignorant qu'avec celui qui s'est spécialisé dans un ordre d'études essentiellement limité, et qui a subi la déformation inhérente à une certaine éducation ; l'ignorant peut avoir en lui des possibilités de compréhension auxquelles il n'a manqué qu'une occasion pour se développer, et ce cas peut être d'autant plus fréquent que la manière dont est distribué l'enseignement occidental est plus défectueuse. Les aptitudes que nous avons en vue quand nous parlons de l'élite, étant de l'ordre de l'intellectualité pure, ne peuvent être déterminées par aucun critérium extérieur, et ce sont là des choses qui n'ont rien à voir avec l'instruction « profane » ; il y a dans certains pays d'Orient des gens qui, ne sachant ni lire ni écrire, n'en parviennent pas moins à un degré fort élevé dans l'élite intellectuelle. » (René Guénon, Orient et Occident, chapitre 3).

Il est donc utile de décrire ce qu'est un système géocentrique, comme celui en usage au moyen âge en

Europe depuis l'antiquité. La plus intéressante pour notre propos est la théorie des épicycles, car elle décrit ce qui est vu dans l'espace et le temps par un observateur statique.

§2. Le système géocentrique, base de la science de l'âme.

La théorie des épicycles apparaît officiellement au IIe siècle av. J.-C. en Occident. Sa vision géocentrique par épicycles aurait pour auteur historique Hipparque (190-120 av. J-C), qui s'est probablement fondé lui-même sur l'oeuvre d'Apollonius de Perga. Elle sera reprise par Ptolémée (90-168), un mathématicien et astrologue grec d'Egypte, dont l'oeuvre est le fondement de la vision géocentrique chrétienne.

Le schéma en est le suivant : chaque planète circule dans le ciel sur un axe en forme de roue, appelé « épicycle ». Ceux-ci spirent eux-mêmes sur une autre roue déférente, dont le centre est notre planète. La mécanique de rotation simultanée des roues dessine un mouvement complexe sous forme de spirographie, intégrant le mouvement rétrograde des planètes et de la lune.

Cette théorie est la base de tables astronomiques détaillées et exactes, permettant de prédire les éclipses solaires ou lunaires et l'occultation momentanée de certaines planètes.

Cette vision est toujours utilisée de nos jours en agriculture biodynamique, pour servir d'index aux temps des semailles, des récoltes et des traitements des végétaux. Son efficacité et sa portée intellectuelle ne sont plus à établir. De plus, le dessin opéré par chaque planète dans le ciel forme une image fractale, que l'on va retrouver à divers niveaux de la nature, y compris le psychisme humain.

Par exemple, on ne peut comprendre les bases scientifiques des modes d'action des quintessences florales du Dr Edward Bach sans se fonder sur les considérations de la cosmologie géocentrique. Le système est cohérent, du début à la fin, quelle que soi l'échelle d'observation. Qui dit mieux ?

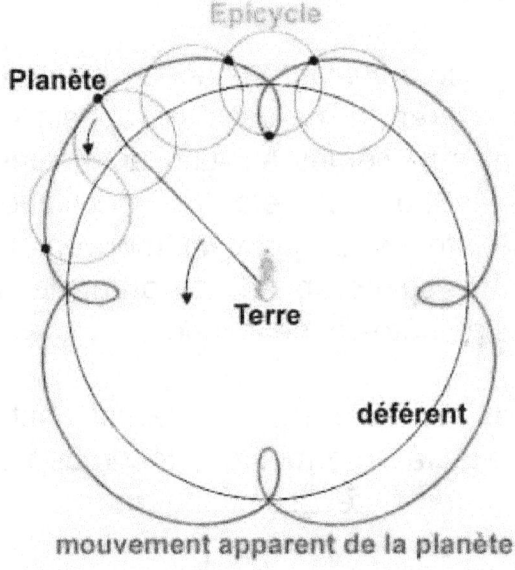

Système d'épicycle mis en place par Ptolémée

Les épicycles d'Hipparque,
Images Wikipedia

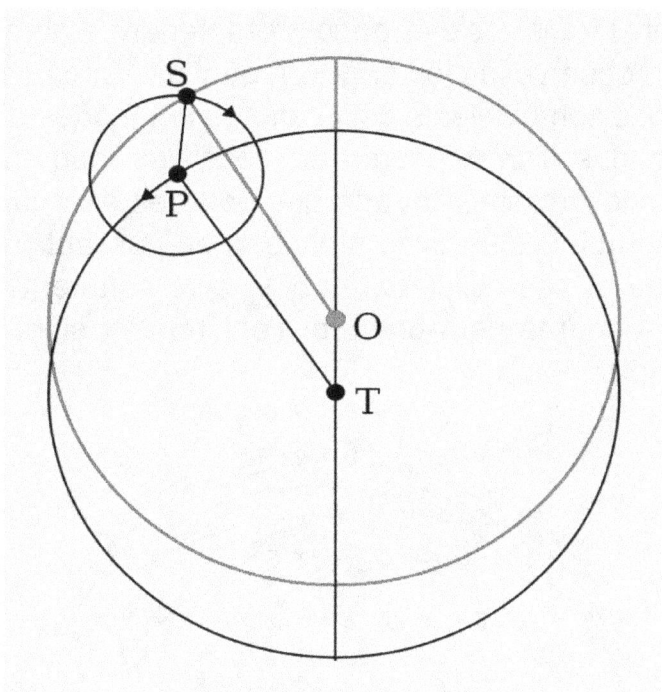

Les épicycles d'Hipparque,
Images Wikipedia

Il est un autre domaine où la rotation géocentrique des planètes et des deux luminaires trouve un écho et sert d'index: la science des sept énergies de l'âme. Fondée sur les cinq éléments, elle décrit l'influence de mouvements primaires d'énergie, dont les planètes sont l'aspect le plus visible, mais qui animent tout le cosmos, dont l'homme.

L'homme est traditionnellement un microcosme, fait à l'image du macrocosme céleste. L'un et l'autre fonctionnent à l'identique et interagissent dans l'environnement.

Observer le ciel, c'est donc comprendre l'homme. Et lorsqu'on observe le ciel, on y voit que les astres dessinent des formes semblables à celles des fleurs, sortes d'images fractales que l'on rencontre à tous les degrés de la création, de l'infiniment grand des galaxies à la danse des particules autour du noyau atomique en passant par la vie biologique et ses cellules. Qu dina plus cohérent? Quelle science moderne peut procurer l'enivrement spirituelle de cette vision?

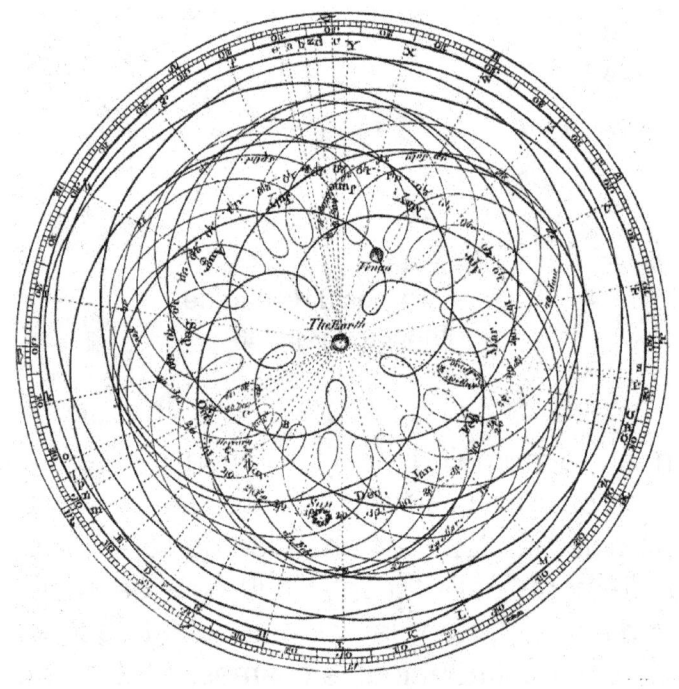

Balai des astres dans le ciel
tel qu'il est vu d'un point d'observation géocentrique fixe
Image Wikipedia

§3. La science des sept énergies primaires.

La science des sept énergies primaires postule les sept astres du système solaire comme l'expression des mêmes forces cosmogoniques agissant dans le système endocrinien humain et de là, l'ensemble psychologique humain.

Image Wikipedia

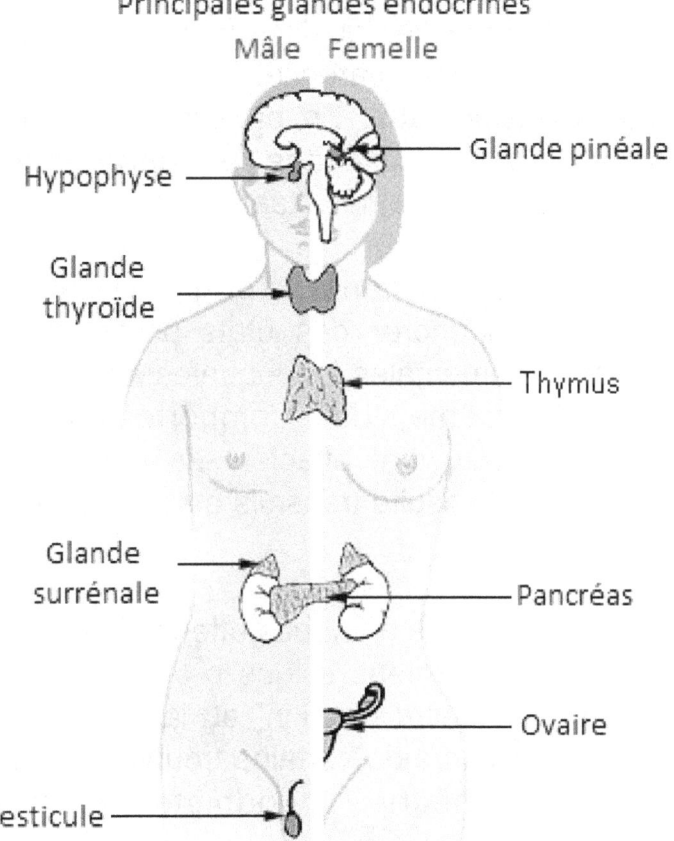

Elle utilise alors planètes et luminaires comme des index des modifications subtiles affectant l'âme humaine. Si les énergies primaires portent les noms des astres, cela ne signifie nullement que ces derniers soient leurs créateurs ou dispensateurs. Il n'y a aucune influence tangible, qui est de l'ordre de l'infime, des planètes et des luminaires du système solaire sur l'homme, si ce n'est l'activité électromagnétique et lumineuse du soleil.

Lorsque l'énergie se manifeste de manière stable, l'homme réagit en équilibre par des qualités morales. Lorsque cette énergie est excès ou en carence, le sujet développe des troubles comportementaux. En parallèle, les fonctions et les productions des glandes endocriniennes sont impactées, les deux domaines étant liés.

Ainsi un trouble hormonal d'origine génétique ou traumatique va engendrer des états psychiques et des réactions comportementales inadéquates, qui vont affecter le patient. De même, des comportements erronés récurrents d'un sujet vont affecter ses organes et leurs fonctions, pour être ensuite transmis à ses descendants via la reproduction.

Les traditions spirituelles n'ont pas attendu les déclarations tonitruantes des diététiciens et des psychiatres modernes pour faire le lien entre l'action et la réaction ou les fondements héréditaires de certains troubles physiques ou psychiques. La théorie bouddhiste du karma ou abrahamique du péché reposent sur ces données médicales.

Par exemple, l'énergie primaire de l'élément espace domine les cycles de Jupiter. La planète peut ainsi servir d'index aux moments et aux lieux où cette énergie sera stable, en excès ou en carence dans la nature et en nous-mêmes. Cette énergie influe sur le fonctionnement de la glande hypophyse, le chef d'orchestre de notre système hormonal.

En équilibre, le sujet va être influencé à s'exprimer par une attitude raisonnable, circonspecte, ordonnée, digne et assidue dans l'effort.

En excès, l'énergie va le conditionner à des erreurs comportementales comme l'ambition délirante ou la folie des grandeurs et le pousser à l'hyper-organisation.

En carence, l'individu va manquer de bon sens, d'aspiration et d'organisation.

Ainsi de suite selon le tableau ci-dessous.

Energie primaire	Equilibre	Excès de vitalité	Manque de vitalité
1. Soleil	Idéaux élevés, courage, assurance, pensée positive	Confiance aveugle, aplomb	Morosité, absence d'idéal, pusillanimité, découragement
2. Jupiter	Raison, circonspection, ordre, dignité, assiduité	Ambition, folie des grandeurs, hyper-organisation	Manque de bon sens, d'aspiration et d'organisation
3. Vénus	Sens artistique, sentiment, gaité, dévouement, amour	Enthousiasme exagéré, recherche du plaisir, rêveries	Insensibilité artistique, crispation, pauvreté de sentiment
4. Saturne	Capacité de jugement, fidélité aux principes, intériorisation	Mental trop critique, orgueil, rigidité sur des principes	Manque de sens critique, dépendance, laisser-aller
5. Mercure	Intelligence, intérêt, mobilité, médiation	Instabilité, tromperie, curiosité malsaine, âpreté au gain	Manque d'intérêt pour le présent, contacts pauvres, maladresse
6. Mars	Mental pratique, fougue, force de décision, activité	Agitation, témérité, irascibilité, agressivité, querelles	Ignorance, angoisse, couardise, passivité, manque de décision

7. Lune	Sens de la nature, sollicitude, aptitude à soigner	Débauche, ivrognerie, tout pour le bien-être	Insensibilité, manque d'instincts sains, paresse

Les 7 énergies primaires et leur expression.

Une fois ces comportements bien ancrés, on observe l'apparition de neuf masques, qui vont limiter l'expression naturelle de l'âme et la limiter dans des rôles convenus. Ce sont les neuf « ego-types », bien connus en astrologie tibétaine ou dans l'ennéagramme que les musulmans ont hérité des Mésopotamiens. Je renvoie à mon ouvrage « Le grand retour des sciences de l'âme » pour plus de détails.

La cause de l'ancrage dans les comportements excessifs ou carencés (relevant d'une distorsion des énergies astrales) relève - selon le bouddhisme - de la fabrication erronée de l'ego. On inventant un « moi » autonome, coupé de la nature et sa souche métaphysique, on introduit un vice initial, qui va induire une série de déséquilibres en cascade.

Le Bouddha insiste en particulier sur l'effet de l'ignorance et le pouvoir des « samskara », des moteurs existentiels provoqués par la mémoire. Il reprend à ce titre la vision indienne du « karma », assez similaire à la notion de péché dans le monothéisme. Ici encore, je renvoie à mon ouvrage « La psychologie élémentale tibétaine » et « Le grand retour des sciences de l'âme » pour plus de détails.

Je me dois de limiter mes remarques au Tarot. Toutefois, dans la mesure où mon public est occidental, les tarologues ont tendance à polluer leur pratique de confusions typiquement orientalistes. Je suis donc obligé de remettre les pendules à l'heure.

Section 3. Nomades et sédentaires.

Les visions distinctes des éléments des nomades et des sédentaires anticipent déjà leur mode d'organisation. Le nomade vit en cercle, orienté vers le carré de la Terre. Il suit le champ géomagnétique, comme un oiseau migrateur, qui lui donnera l'impulsion pour ses déplacements saisonniers. Le sédentaire vit dans des cubes (maison, voiture, bureau, boite de nuit, cercueil, etc) en observant les changements dans le ciel: ils lui indiquent les temps des semailles, des récoltes et des fêtes.

Le nomade jouit d'un mode de vie naturel et spontané. Le sédentaire vit dans l'artifice constant: plantes et animaux génétiquement manipulés. Les civilisations ont eu un immense succès: elles ont permis à la population d'augmenter, de se spécialiser et de produire des chefs d'oeuvres d'érudition, d'administration et de technicité, servis par l'art. Cela ne s'est pas fait sans ratés.

J'ai cité le cas de Caïn, dont l'offrande ne fut pas bénie par Dieu. La société antédiluvienne de même subit un terrible châtiment. Ibn Arabi, le grand saint andalou du XIIe siècle, en donne une explication assez intéressante pour mon propos.

Le théologien explique que les habitants d'avant le Déluge avaient pour la plupart la foi. Ils honoraient Dieu à travers les forces naturelles, qu'ils avaient symbolisées dans des statues. Leur connaissance technique de la nature leur permettait certes de jouir d'une vie confortable, de jouir de l'existence et de construire de belles et larges cités. On en aperçoit quelques ruines à Baalbek au Liban, à Machu Picchu au Pérou, sous la mer du Japon et divers endroits de la planète comme le plateau de Gizeh où des monolithes de plusieurs centaines de tonnes ont été déplacées parfois sur des distances de plus de 1.000 km.

Comme dans le cas de Sodome, les antédiluviens avaient perdu de vue la transcendance, qui peut surgir à tout moment comme une quatrième dimension au sein de notre monde en trois dimensions. Leur existence était purement contingente, de sorte que les arguments de Noé ne pouvaient avoir pour eux aucune signification. Ils relevaient d'une dimension avec laquelle ils n'avaient pas l'habitude d'interagir. L'onde les surprit et ils périrent, tandis que Noé et sa famille s'échappèrent. Leçon apprise?

Toutefois, la tendance à demeurer enfermés dans la coquille de la sédentarité ne fut pas purgée par le déluge. Cham, le fils de Noé, descendant de Caïn et des Néphilims (les géants), reproduisit ce comportement. Il se moqua de l'ivresse et de la nudité de son père, états qui peuvent être entendus métaphoriquement comme un état mystique de dépouillement de l'homme face à dieu, indique Ibn Arabi.

Cham fut maudit et avec lui ses descendants, que l'on retrouve dans l'épisode de la tour de Babel et dans tous les essais de fabriquer un monde coupé de Dieu, uniquement voué à l'homme et à ses créations.

Les habitants de la cité édifièrent une tour, afin de célébrer leur domination des éléments et des forces naturelles et marquer leur supériorité sur les autres peuples, voire rivaliser avec Dieu dans la création. Cette arrogance fut châtié par un simple fait: ils ne maîtrisaient pas l'électricité atmosphérique et leur oeuvre fut foudroyée.

La leçon fut apprise par les descendants de Cham. Les Khazars, fils de Cham, sont un peuple des pleines d'Asie centrale de la race des Huns, des Hittites, des Siths, des Ouighours et des Mongoles. Leurs ancêtres furent dispersés après la chute de Babel sur une zone allant de la Sibérie au Soudan, appelée « terre de Cham ». C'est sur cette zone qu'ont été édifiées les sept tours du diable dont parle René Guénon à la suite du récit de voyage de William Seabrook « Adventures in Arabia: among the Bedouins, Druses, Whirling Dervishes and Yezidee Devil Worshipers » publié en 1927

La Bible (Gen, 18 et s.) raconte que certains descendants de Cham avaient atteint un haut de gré de maitrise technique mais aussi de perversité dans la zone d'Edom, au sud du pays de Canaan (fils de Cham). Abraham et Loth son neveu s'unirent à Sodome et Gomorrhe pour les vaincre mais ne partagèrent aucun tribu avec ces dernières. Loth, qui habite Sodome, est averti d'un danger de destruction par Dieu et prié de quitter la ville avec sa famille et les justes. Il n'en trouve aucun et la ville est rayée de la carte par le soufre, le feu et les pluies de pierre.

On retrouve sur les rives de la Mer morte plusieurs sites de ville détruites, dont certaines avaient semble t-il été prévenues et abandonnées préventivement, puisque l'on n'y retrouve aucun squelette. Les archéologues W. Rast et R. T. Schaub, ainsi que d'autres chercheurs, ont pensé identifier Bab ed-Dhra avec Sodome et Numeira avec Gomorrhe.

Leurs destructions peuvent avoir diverses causes comme une explosion nucléaire naturelle, le sol contenant des substances radioactives, ou un tremblement de terre avec une éjection de matière magmatique. La croûte terrestre n'est pas très épaisse à ce point de rencontre entre les plaques tectoniques africaine et asiatique. Il faut se souvenir que comme à Babel, les descendants de Cham utilisaient des briques cuites scellées avec du bitume pour leur édifications. Le moindre incendie avait donc des conséquences désastreuses.

La faute des sédentaires de Sodome est vue diversement dans le monothéisme. Ils sont comme les descendants de Cham en général refusé de considérer les avertissements divins, enfermés qu'ils étaient dans leur jouissance de la maîtrise des lois de la nature.

Dans le Judaïsme, Sodome est coupable d'avoir violée au moins deux lois divines :

- la loi de l'hospitalité des voyageurs, qui voulait que les nomades offrent leurs filles aux hommes racés de passage pour enrichir le sang du clan ;
- la loi des castes, la ville s'étant établie sur un mode égalitaire et communautaire de type marxiste, avec un contrôle strict de la natalité. Le Livre d'Ézéchiel indique qu'elle était « orgueilleuse, repue, tranquillement insouciante ».

Dans le Christianisme, une exégèse a été continuée depuis IVe siècle chez plusieurs penseurs chrétiens comme Augustin d'Hippone, l'un des Pères de l'Église, limitant le péché de Sodome à l'homosexualité. Toutefois, elle n'est pas fidèle au texte pour diverses raisons linguistiques et factuelles.

Dans l'empire romain, sous l'influence d'exégèses marginales du Judaïsme et du Christianisme, les homosexuels ont été persécutés en période d'épidémie et de tremblements de terre. Ces vues ont encore un effet à notre époque où la communauté homosexuelle américaine s'est établie en priorité à San Francisco, une ville détruite par un séisme au début du XXe siècle. C'est là aussi que la FEMA a inoculé via la vaccination contre l'hépatite le virus du SIDA dans le milieu carcéral, conduisant à la contamination des homosexuels puis des hétérosexuels partout dans le monde.

Dans l'Islam, Loth est associé à la destruction de villes « renversées », accusées de s'être entièrement livrées à la copulation anale dans le rejet total des femmes. Sodome n'est mentionnée que pour avoir prohibé l'accueil de nuit des étrangers, cette loi de la sédentarité étant contraire aux règles du nomadisme, notamment des caravaniers, et donc de l'Islam. Les exégèses sur les homosexuels viennent des milieux en contact avec les chrétiens et juifs, par effet de contamination.

Dans tous les cas ci-dessus mentionnés, auxquels on peut ajouter le cas de pharaon d'Egypte, descendant noir de Cham par son aïeul Kush, c'est essentiellement l'absence aux influences transcendantes qui justifie la mort des sédentaires. Ils n'écoutent pas les prophètes et les envoyés, enfermés dans la coquille de la ville et enorgueillis par leur richesse et leur maîtrise des sciences. Cette absence à Dieu les expose de plein fouet au déterminisme historique.

L'exemple de Babel est le plus intéressant à notre époque où les descendants des Khazars, des nomades d'Asie centrale déguisés en juifs et revenus richissimes grâce à la monnaie fiduciaire, aux médias et aux guerres, tentent de nous convaincre de l'utilité d'un gouvernement mondial. Leur ambition est servie par un vaste programme de maîtrise de l'électricité atmosphérique connu sous le nom de HAARP.

§1. Les structures claniques dans le nomadisme.

Lorsque l'on s'intéresse au comportement humain, il est intéressant d'étudier celui des animaux lorsqu'il présente de fortes similarités. L'étude des nomades est grandement éclairée par celles sur les animaux migrateurs, ovipares et mammifères.

1. La migration saisonnière et le champ magnétique terrestre.

Tous les ans, des milliards d'oiseaux et de mammifères se livrent à un migration saisonnière. Comment savent t-ils et comment s'orientent t-ils?

Les études scientifiques relient plusieurs facteurs déterminants:
- l'odorat, sensible aux mutations de l'environnement minéral, végétal et hormonal ;
- la positon des astres (soleil, lune, étoiles) ;
- les grands repères visuels (océans, mers, fleuves, déserts, montagnes, voies terrestres) ;
- l'horloge biologique interne liée à l'angle de la lumière ;
- l'électro-magnéto-sensibilité, qui crée une impulsion innée à migrer lorsque la Terre est dans une certaine position et le long des lignes de force.

Des expériences en cages de Emlen ont montré que les oiseaux prenant la direction du champ électro-magnétique terrestre directeur dans leur environnement. De même les vaches. La raison en est que ce champ stimule certains récepteurs sensoriels tapissés de millions de cristaux de magnétite. Ils sont localisés principalement dans le bec et la cire des plumes. Chez les hommes, ils sont présents dans les coudes, les sourcils et les oreilles mais aussi le cerveau.

Le professeur américain J. Kirshvink a mis en évidence la présence de 5 millions de cristaux de magnétite et de maghémite (Fe_3O_4) au gramme de tissu cérébral et 100 millions dans les enveloppes méningées. Autour de ces cristaux, il se forme une membrane protectrice constituée de lipides et protéines, agissant comme un « magnétosome ». Elles sont réparties par groupe de plusieurs dizaines le long du système nerveux. Du fait de la conductivité de la magnétite et du fer, il se forme ainsi un réseau complet, sensible aux variations du champ électromagnétique interne et externe du corps.

Ce réseau est très sensible aux micro-ondes, allant jusqu'à absorber et retenir 30% de celles diffusées dans l'environnement. Le système n'est pas fermé et s'ouvre est se ferme selon les interactions avec l'extérieur et la vie psycho-subtile du sujet. Par effet de magnéto-acoustique, ce mouvement diffuse dans l'organisme et autour de lui une onde sonore modulée (un phonon), que perçoivent certains animaux et qui stimule leurs réactions instinctives. On retrouve ici tout ce que les sages de l'Inde ont découvert à propos du corps subtil, des chakras (roues internes) et des mantras (sons structurants) dans la vie hormonale et leur effet sur la conscience.

La maghémite, du fait qu'elle contient des atomes de fer, est encore impliquée dans la production des radicaux libres. Celles-ci sont connues pour agir dans le processus de vieillissement et la génération de modifications parasites de l'ADN. On pourrait ainsi agir via des micro-ondes et des sons non seulement sur la conscience et la santé, mais aussi la reproduction d'un individu ou d'un groupe ciblé.

Ces magnétites et leurs propriétés ont été découvertes en 1963 par un groupe d'étudiants observant la réaction de bouillons de culture de bactéries aux champs électromagnétiques. On a fini par comprendre d'étude en étude que ce minéral et le fer qu'il contient présent dans le bec et les plumes des oiseaux expliquait la manière dont ils se localisent haut / bas. Chez l'homme, cette localisation se fait droite / gauche chez la majorité des sujets observés. Toutefois, chez certains, elle se ferait également haut / bas. Cette particularité explique t-elle la différence entre nomades et sédentaires?

Dans les magnétosomes, on trouve encore une protéine spécifique, appelée « cryptochrome ». Elle est également présente dans les cellules ganglionnaires de la rétine, dont elle est un pigment. Or, on sait que le processus de réception de l'électromagnétisme ambiant est affecté par la lumière et la manière dont elle est modulée. Des expériences menées sur des rouges-gorges a mis en évidence que leur direction varie selon que l'on pulse une lumière sur diverses longueurs d'ondes (donc gérant des couleurs). Les longueurs d'ondes longues sont celles qui ont le plus d'effet dans la désorientation: rouge et jaune. Les courtes non: verte, bleue ou blanche. Elles permettent au contraire à l'oiseau de s'orienter. On a prouvé ainsi que les longueurs d'ondes courtes agissent sur le cryptochrome.

Des expériences menées directement sur le cryptochrome ont réservé d'autres surprises, montrant leur implication dans le processus migratoire. Sous l'effet de certaines lumières (bleues ou vertes), les molécules de cryptochrome perdent un électron. Elles s'alignent alors le long des lignes de forces du champ magnétique terrestre, permettant l'orientation d'instinct de l'oiseau. De plus, il semblerait que les oiseaux parviennent à visualiser ces lignes de force, le secteur du cerveau impliqué dans la vision (le Cluster N) comportant une grande quantité de cryptochromes.

L'effet de la lumière sur les cryptochromes de la rétine se répercute sur celles du Cluster N. Ce lien a été mis en évidence par des chercheurs allemands ayant injecté un traceur spécial de couleur dans des yeux et dans le Cluster N de fauvettes en migration. Le trajet de l'impulsion électromagnétique à travers les nerfs optiques et le cerveau a pu être observé jusque dans le thalamus. Sous l'action des molécules de cryptochrome, les oiseaux voient donc les lignes du champ magnétique comme une superposition "d'ombres et de lumières », dans un spectre lumineux supérieur à celui habituellement visible.

Yves Rocard (le père du premier ministre français Michel Rocard), cheville ouvrière du sinistre programme nucléaire des présidents Pompidou et Giscard, consacré sa retraite aux lignes de force de la Terre et au biomagnétisme humain. Ses conclusions consternèrent les rationalistes butes et butés de l'Académie des sciences.

Il déclarait:

« On croyait que les baguettisants et les pendulisants ressentaient la présence d'eau à l'aide de leurs instruments. En réalité, j'ai démontré qu'ils détectent non pas l'eau mais la présence d'une anomalie dans le champ magnétique local, anomalie qui va agir sur le sourcier lui-même. »

Le Professeur Rocard put établir que ces différentiels électromagnétiques étaient rendus sensibles par les cristaux d'aimant (magnétite) présents à l'état naturel dans les différentes articulations du corps humains : coudes, genoux, nuque, etc. L'homme est donc connecté avec son environnement, ressentant les subtiles variations locales et temporelles du courant électromagnétique terrestre. Le pendule et la baguette ne jouent ainsi qu'un rôle d'amplificateur des micros mouvements nerveux et musculaires du sourcier, lui permettant de passer de perceptions instinctives à des conclusions logiques à l'aide d'instruments comme des cadrans.

224

2. Les douze clans.

Jean de Lafoye a pu mettre en évidence grâce à un cadran, que les ondes électromagnétiques se comportaient en vingt-quatre familles, qu'il a classifié en deux colonnes: les négatives affectant négativement la santé et l'orientation ; les positives positivement. On a donc douze spectres de ce qu'il a appelé « émission due aux formes ».

En effet, les réseaux de magnétite dans les objets et les corps, dont celui de l'homme, forment des structures émettant des micro-vibrations spécifiques. Par exemple, le réseau de cryptochromes du coeur humain émet la forme du chiffre huit. Toute déformation va générer des réponses au niveau biologique, fonctionnel comme organique, avec des répercussions sur l'ADN.

On observe chez les nomades que douze groupes finissent par se former, lorsque la nomadisation est parfaitement exécutée. C'est le cas chez les Hébreux à leur sortie d'Egypte, alors qu'ils ont passé quarante ans (deux générations) à se purifier dans le désert du Sinaï : les douze tribus d'Israel sont fixées. Le même phénomène existe chez les sédentaires mais voit l'apparition de quatre tendances psychiques, j'y reviendrai plus loin.

Cette partition en douze clans ou tribus est observée partout dans l'hémisphère nord et fait l'objet de rites valorisations dans l'ésotérisme partout dans le monde. Faut t-il en conclure que la sensibilité à une certaine inclinaison de la lumière et aux champs magnétiques terrestres génère une sensation de bien être psychologique, qui ne peut être maintenue qu'en se soumettant à certaines contraintes? Je le pense.

Les Indiens du Canada s'organisent selon douze totems en fonction de leur date de naissance :
- 22 mai au 19 juin : oie blanche ;
- 20 juin (dernier jour de l'année) ;
- 21 juin au 18 juillet : chevreuil ;
- 19 juillet au 15 août : faucon ;
- 16 août au 15 octobre (été des indiens) : aigle ;
- 16 octobre au 6 novembre : tortue ;
- 7 novembre au 4 décembre: bernache ;
- 5 décembre au 1 janvier : castor ;
- 2 janvier au 29 janvier : renard ;
- 30 janvier au 26 février : loutre ;
- 27 février au 26 mars : ours ;
- 27 mars au 23 avril : orignal ;
- 27 mars au 23 avril : marmotte ;
- 24 avril au 21 mai : lièvre.

Chaque clan au sein de la tribu se voit imposer des tabous: des animaux à ne point consommer, des lieux à ne point fréquenter, des jours où on doit rester sans activité ou au contraire exécuter certains rites, danses et chants.

§2. Les institutions politico-religieuses des sédentaires.

Les institutions des sédentaires sont le reflet de leur vision du cosmos. Elles sont extrêmement logiques, cohérentes et motivées, fonctionnant comme un système de fractales. Plusieurs éléments caractéristiques sont indiqués à la suite de manière non-limitative.

1. Vénus.

Chez les sédentaires, le schéma du nomadisme est abandonné: la population se fixe sur un point d'intérêt du géomagnétisme. Une première constante apparait déjà. Les grandes civilisations ont fondé leur centre névralgique sur un point de rencontre de la projection du passage de Vénus et une résurgence singulière du géomagnétisme.

De tes lieux sont connus pour stimuler l'activité nerveuse. Le champ en microtesla y est plus élevé qu'ailleurs. Le rôle de Vénus ou « l'étoile du berger » est plus dur à objectiver scientifiquement. Les effets du Soleil avec sa lumière et de la Lune sur la végétation et les marées sont assez évidents. Pour Vénus, on rentre dans le domaine de l'ésotérisme pour le moment.

Dans la tradition médiévale occidentale, les imagiers l'ont associée avec la Lame XI du Tarot, la force, où elle apparait maîtrisant la gueule d'un lion, et plus complètement dans la célèbre tapisserie flamande « La dame à la licorne et au lion » du XVIe siècle. Elle rappelle beaucoup dans les deux images la représentation de Vénus en Ishtar chez les Akkadiens, les Babyloniens et les Assyriens.

Chez ses peuples, la planète à son domicile sur l'axe astrologique et saisonnier Taureau - Balance, qui est celui de la matérialisation des influences spirituelles et de la difficile sublimation des forces terrestres. Le rite antique de la corrida mettait en scène chez les anciens peules de la Méditerranée le combat de l'homme sédentaire, habillé de lumière, contre la force aveugle, obscure et puissante de l'animal. L'aspersion de son sang, comme dans le rite de l'hécatombe, avait pour vertu de laver des fautes commises. Rappelons que lors de cette ère, le Soleil du printemps se lève en Taureau ; la position en Balance constitue donc sa mort.

A la fin de l'ère astrologique du Taureau (de 4.000 à 2.000 av. J-C), on constate un renversement des rites du Taurobole, un sacrifice propitiatoire au cours duquel on égorgeait l'animal en l'honneur de la déesse-mère (la magna mater). Elle devint plus tard Mithra, Cibèle ou la Vierge noire… les gardiennes de la fertilité. Le mythe grec du Minotaure témoigne de ce renversement, lors de la charnière avec l'ère du Bélier: ce sont des jeunes gens qui sont désormais horriblement offerts à la bête dans le labyrinthe de Crêtes. De même avec les cultes du Moloch chez les descendants de Cham, où l'aîné est jeté au feu en souvenir de la malédiction de leur ancêtre Caïn. On ne sert plus Dieu mais son adversaire: satan, en la personne du porteur du feu (Lucifer).

Les sociétés sédentaires traditionnelles ont généralement consacré le mis d'octobre comme celui où la cité s'arrêtait. L'empereur rentrait en ses quartiers et s'y intériorisait. Lorsque ce renouvellement ne pouvait être accompli, l'année suivante était annoncée comme désastreuse.

Le point géomagnétique, Vénus et octobre jouent donc un rôle considérable dans la symbolique des cités. Avec le glissement provoqué par le mécanisme de précession des équinoxes, cette date correspond de nos jours à la fin septembre, qui est marquée par la saint Michel archange (le 29 septembre).

Au moyen-âge, on y avait fixé la date de paiement des fermages par les métayers, juste après la récolte et avant qu'elle ne soit montée au grenier. Elle devint en droit la date traditionnelle d'expiration des baux ruraux et l'est demeurée de nos jours. On retrouve ici évidement la symbolique de sublimation ou remontée des influences terrestres. Cette ascension ne peut être réalisée que par le « bon grain », l'ivraie devant être brûlée sur l'aire de battage et dans les champs. Ce bon grain remonté au grenier est évidement celui qui mourra en terre au printemps pour ressusciter sous la forme de la récolte. Chez le sédentaire, le symbolisme agraire joue à plein.

Cette opération de transformation par la mort s'effectuait sous l'auspice du Taureau et de l'élément terre (le Veau de Pentecôte), puis du Bélier sacrificiel et de l'émeut feu (l'Agneau de Dieu) et enfin du Poisson et de l'élément eau (le Christ rédempteur). Avec l'ère proche du Verseau, cette mort résurrection s'accomplira sous le signe de l'air, d'où le symbolisme de « l'enlèvement de l'église » lors de l'apocalypse marquant le changement de période astrologique.

Jésus l'annonce derrière lors de sa dernière Pâques en demandant aux apôtres de suivre un porteur d'eau vers une chambre haute où la fête du passage aura été préparée. Rapporté au symbolisme terrestre, il s'agirait donc d'une localisation dans l'hémisphère sud, idée suggérée dans la Lame XXI du Tarot (Vénus entourée des autre constellations majeures) et la vision biblique des Quatre Vivants.

Nous risquons donc de voir dans les prochaines décennies (ou avant) la destruction de l'hémisphère nord et le déplacement des grands pôles de civilisation en position australe. La prophétie de Fatima au Portugal irait dans ce sens, selon les indications du pape Jean-Paul II, qui a fixé la destruction du Vatican à 2027[14] (soit dit au passage).

Quoiqu'il en soit cette quadripartition (celles du Tarot ou des Vivants de la Bible reprenant les traits des quatre grandes constellations où siègent les étoiles observables de plus grande magnitude) a une grande importance dans la sédentarité: elle détermine la répartition sociale, spatiale et psychologique de la population citadine.

---

[14] https://la-nouvelle-france.fr/pape-francois-dernier-pape/

2. Les castes et l'effet de la sédentarité en milieu carcéral.

La plupart de mes lecteurs savent que j'ai passé quatre ans en maison d'arrêt au Luxembourg, avant d'être innocenté. Lors de cette expérience, j'ai complété les cycles de méditation bouddhiste et de yoga de la Kundalini auxquels je m'étais prêté plusieurs fois au cours des deux décennies précédentes. Dans un contexte de pollution par microondes pulsées à des niveaux cancérogènes, j'ai pu expérimenter quelques vérités sur la sédentarité.

Le haut niveau d'émissions électromagnétiques, l'orientation de la cellule 214 où j'ai passé ces années et mon bagage intellectuel antérieur m'ont permis de tester certaines de mes idées de manière plus approfondie que lors des pratiques normales de méditation.

J'ai pu observer quatre réactions des détenus, obligés de se sédentariser.

La première est une crise mystique ou religieuse, qui conduit un certain nombre d'entre eux à prier et étudier la Bible. J'ai moi-même animé un cercle d'études bibliques et coraniques informel chaque semaine avec un autre prévenu.

La deuxième est une tentative à la territorialité qui pousse certains détenus à se battre ou se laisser battre, et également administrer leur cellule de manière maniaque ou au contraire de s'y laisser aller de manière chaotique.

La troisième est l'expression d'une inventivité rare pour fabriquer des objets du quotidien: téléphones, bouilloires, alambics de distillation, pipes pour fumer des stupéfiants, etc.

La quatrième est l'attitude servile de certains, prêts à se prostituer, se mettre au service de causes étrangères à leur être ou se laisser diriger avec aveuglément, y compris par leurs instincts et les intoxicants neurologiques (alcool, sexe, drogue médicaments, musique, etc).

J'ai réalisé que l'on avait là le comportement psychologique des quatre castes sociales traditionnelles des sédentaires:
- les oratores, les clercs qui prient, soignent et enseignent ;
- les bellatores, les nobles qui combattent et administrent ;
- les laboratores, les constructeurs et artisans ;
- les serviles, les salariés et les esclaves.

Tous les autres modes d'organisation - sans aucune exception - sont aberrants et pathogènes s'ils nient cette réalité. La société sédentaire se constitue en castes et son bon fonctionnement est induit par un équilibre entre ces dernières. En foi de quoi l'égalitarisme moderne ne peut que mener à une situation d'une inégalité insupportable. Les êtres sont inégaux et leur imposer les mêmes charges et droits, leur imposer à tous le même enseignement et les diriger de la même manière est d'une rare bêtise. Cela ne peut pas fonctionner et Platon l'a bien montré dans son essai sur « La république ». Ce système mène à la tyrannie, et on l'a bien vu au pays des Soviets.

La devise du Grand Orient de France - Liberté, Egalité et Fraternité - reprise par la République française ne vaut même pas entre frères puisqu'au sein de l'obédience, il y a grades et degrés. Si tout le monde était égal, frère et libre, pourquoi alors imposer cordons et titres pompeux des hauts grades? Pourquoi loges bleues sont t-elles constituées sur la base d'une hiérarchie dans la maitrise de la maçonnerie opérative?

Cette imbécilité a été inventée par Adam Weishaupt dans son programme de chaos et d'avénement du culte luciférien. La reproduire en dit long sur la vacance intellectuelle au sein des loges latines.

Que les maîtres maçons soient libres, c'est faux. Ils oeuvrent en fonction de canons stricts et dans le respect des règles de construction reproduisant celles par lesquelles Dieu a opéré la création, comme grand architecte du cosmos. Ils ne sont pas égaux, car leurs chefs d'oeuvres sont toujours le reflet de leur singularité face à Dieu et dans la matière. Il y a une hiérarchie dans la maîtrise, comme dans les ceintures noires de Karaté. Les maîtres-maçons ne sont pas frères, ni concurrents, mais pairs, ce qui est bien différent. Je passe sur les compagnons et les ouvriers.

En foi de quoi la franc-maçonnerie française est à côté de la plaque. Elle a servi de tréteaux à une Révolution sordide, qui n'a d'égal que les atrocités des républicains espagnols qu'elle a soutenus et dont le général Franco a eu le plus grand mal à débarrasser l'Espagne. Des exemples? Voyons qui tirait les ficelles, ce qui fut volé et ce qu'il serait advenu des Espagnols, de leur noblesse et de leur clergé sans son action providentielle.

William Guy Car décrit dans son « Des pions sur l'échiquier » les dessous financiers de l'affaire:

  « Les Russes donnaient les ordres et les communistes espagnols obéissaient» (...) Le Dr Juan Negrin certifiait qu'il n'était pas communiste, mais ce fut lui qui donna l'ordre de livrer les 7.000 caisses d'or espagnol à Staline. Les caisses furent chargées sur les bateaux «Kine», «Neve» et «Vôlgiles» ; tous les trois arborant le pavillon soviétique[15] ».

L'agent secret appelle l'idéologie illuminatiste derrière cette guerre civile:

  « Un des actes de violence les plus abjects jamais commis au nom de « La Liberté... de l'Egalité... de la Fraternité... » fut l'assassinat de seize frères convers qui travaillaient comme infirmiers volontaires dans le plus grand hôpital de Barcelone. Leur seul crime était qu'ils

---

[15] William Guy Car, Pawns in the Game, traduit en français par Des pions sur l'échiquier, LENCULUS, Paris, 2010.

236

appartenaient à un ordre religieux. Le fait qu'ils soignaient tous ceux qui étaient malades sans considération de classe, de couleur ou de croyance ne fit aucune différence pour ceux qui ordonnèrent leur «liquidation». E.M. Godden, qui fit éditer son livre «Conflit en Espagne», mentionne à la page 72 :

« Le massacre des vivants s'accompagna de la dérision envers les morts. Au cours de la dernière semaine de Juillet 1936, des cadavres de religieuses furent exhumés de leurs fosses et étayés à l'extérieur des murs de leur couvent. On fixa des panneaux obscènes et offensants sur leurs corps[16] »

William Guy Car conclue :

« Un comité qui enquêta officiellement sur les atrocités communistes en Espagne, en 1939, reconnut qu'une estimation raisonnable du nombre de citoyens «liquidés» à Barcelone parce que «réactionnaires», entre Juillet 1936 et Décembre 1937, tournait autour de 50.000. A Valence, leur nombre fut de 30.000. A Madrid, ce comité estima qu'un bon dixième de la population totale fut systématiquement éliminé pour faire de l'Espagne un nouvel État totalitaire[17] ».

---

[16] William Guy Car, Pawns in the Game, traduit en français par Des pions sur l'échiquier, LENCULUS, Paris, 2010.

[17] William Guy Car, Pawns in the Game, traduit en français par Des pions sur l'échiquier, LENCULUS, Paris, 2010.

Le Grand Orient de France a soutenu Napoléon, qui s'est sacré empereur de ses propres mains et a séquestré deux papes à Fontainebleau. Le Grand Orient de France a salué la Révolution bolchévique contre le pauvre tsar Nicolas de Russie et sa famille. Le Grand Orient de France, c'est l'acharnement criminel à Verdun où on tirait sur les soldats français refusant d'être les bouchers de la république. Le Grand Orient de France a soutenu les républicains espagnols dans leur folie criminelle. Le Grand Orient de France a été l'arrière salle du Parti Socialiste, dans ses délires marxistes sous Mitterand ou comme instrument de la banque Rothschild sous Macron. Le Grand Orient de France est le plus grand soutien inconditionnel à Israël et à DAESH, sa création, en la personne du frère Laurent Fabius qui a pu dire que le groupe terroriste « faisait du bon boulot ».

Le Grand Orient de France est tout le contraire de l'idéal de la franc-maçonnerie comme société de bienfaisance entre pairs maçons et lieu d'initiation à un des plus beaux arts, celui de la construction des édifices religieux et profanes. Le Grand Orient de France, c'est l'invitation à construire n'importe quoi, n'importe où et jusqu'à en faire crever les occupants de cancers.

Si le Grand Orient n'a jamais soutenu un empereur, c'est un contre-empereur que Nostradamus annonce comme un des précurseurs de l'antéchrist. Le Grand Orient de France ne s'est pas non plus beaucoup illustré ni dans la résistance, ni dans le soutien au général de Gaulle, ni dans la dénonciation des crimes du bolchévisme et du soviétisme. Le Grand Orient de France est une honte pour la France et ses membres sont d'une incurie totale en matière d'art royal. Le Grand Orient de France, c'est la république démocratique de France. La trahison de tout et de tous, tout le temps.

William Guy Car écrit encore:

« Le terme de «démocratie» est une expression aujourd'hui très trompeuse : c'est regrettable, mais c'est ainsi. On l'utilise pour désigner des pays qui ne sont rien moins que des « paradis pour financiers ». De nos jours, les pays qui sont qualifiés de « démocratiques » ont adopté un système monétaire conçu par les Banquiers Internationaux et sous lequel la monnaie crée des dettes. Mais un tel système permet à ces esclavagistes de manipuler les niveaux de prix dans différents pays et d'utiliser le dollar comme valeur stable facilitant les échanges de véritable richesse. La Grande-Bretagne, la France et les États-Unis sont considérés comme des pays « démocratiques » parce qu'ils sont liés ensemble par des dettes envers les prêteurs d'argent internationaux. Les pays communistes s'appellent également républiques «démocratiques» et le resteront aussi longtemps que les mêmes groupes financiers internationaux les contrôleront[18] ».

---

[18] William Guy Car, Pawns in the Game, traduit en français par Des pions sur l'échiquier, LENCULUS, Paris, 2010.

Il n'est que de regarder les volumes et les flux des emprunts internationaux depuis 1949. L'URSS a vécu à crédit et avec de l'argent occidental, via ses sociétés offshore comme l'a révélé Alexandre Volkov[19], un ancien raider russe. Le diplômé de l'Institut d'ingénierie des transports et de l'Université Lomonosov enseigne désormais sa théorie « des flics et des opérateurs » à la Haute école d'économie comme analyste de l'histoire russe récente.

Cet argent a assuré aux marxistes de l'URSS de soutenir leur effort paranoïaque d'armement, tandis qu'elle servait d'épouvantail à l'ouest et permettait aux banques de nous imposer leurs conditions. Staline et Rothschild ont été complices de la révolution bolchévique à la chute du mur et l'histoire a continué ensuite avec un membre éminent de la City de Londres et (juif) khazar par sa mère : Vladimir Poutine[20].

L'ancien agent secret canadien William Guy Car le rappelle cruellement dans son « Des pions sur l'échiquier » avec les déclarations publiques de Sir Anthony Eden:

---

[19] https://sansapriori.net/2016/04/12/616-reprise-histoire-du-pillage-de-lurss-jusqua-2011/

[20] Voir les déclarations du professeur Pierre Hillard à ce sujet: http://www.bvoltaire.fr/la-city-de-londres-capitale-de-la-mafia-planetaire/ et https://www.moustique.be/6945/la-city-la-finance-en-eaux-troubles#.VpqQczly5ko.twitter

« La Deuxième Guerre Mondiale fut déclenchée pour donner aux Illuminati l'occasion de « se débarrasser des barrières de castes, de croyances et de préjugés. Leurs idées sur la nouvelle civilisation devaient être mises en place par un monde en guerre ». La preuve de notre affirmation, nous l'avons obtenue au cours d'une radiodiffusion d'un discours de Sir Anthony Eden, en date du 11 Septembre 1939, à l'adresse de l'Amérique.

A. Eden déclarait :

« Pouvons-nous finalement débarrasser l'Europe des barrières de castes, de croyances et de préjugés ? Notre nouvelle civilisation doit être mise en place par un monde en guerre. Malgré la guerre notre nouvelle civilisation sera tout de même construite. »

Quelle infamie ! Les guerres n'engendrent que destructions ; elles ne construisent jamais![21] »

---

[21] William Guy Car, Pawns in the Game, traduit en français par Des pions sur l'échiquier, LENCULUS, Paris, 2010.

3. L'empereur, un nomade sacralisé pour garder le contact avec le nomadisme.

Détruire les castes, les croyances et les préjugés n'est en vérité qu'un préambule, car ce qui est visé dans le projet des Illuminés, c'est l'avènement d'un empereur du monde ou plutôt de son antithèse dans la personne de l'antéchrist. Encore faut t-il savoir ce qu'est un véritable empereur pour l'en distinguer. Il faut le rappeler: il existe une vraie franc-maçonnerie, non infectée par les Lumières, et elle a encore la nostalgie de l'empire, le vrai.

Humilier à tout bout de champ la franc-maçonnerie et les maçons sur internet et dénoncer l'utilisation par l'Illuminatisme de ses symboles dans des projets architecturaux pathétiques comme celui d'Astana au Kazakhstan (mère-patrie des Khazars) et comme si les maçons en étaient coupables témoignent d'une parfaite incompréhension des doctrines traditionnelles et de leur symbolisme. La franc-maçonnerie reste la dernière forme d'initiation occidentale et ses symboles sont universels, renvoyant à Dieu, Ses qualités et à Sa création. Tout ceci a été défiguré par l'idéologie des Lumières certes, mais demeure valide en son fondement.

L'empereur est un nomade, placé au-dessus des quatre castes dont il est chargé d'équilibrer les rapports. Il représente la société dans son ensemble et veille à ce qu'aucune caste et aucune famille ne prennent le dessus et ne dirigent en fonction de ses intérêts particuliers aux dépens d'autrui.

L'empereur est également le représentant du ciel. Il incarne pour ses sujets Dieu, face auquel il rend des comptes au nom de la collectivité et en sa personne. Cette position engendra de grands risques spirituels, elle se trouve compensée par une sécurité matérielle dont aucun être ne jouit dans l'empire. In fine, l'empereur est propriétaire de tout et rend ce tout à Dieu.

Lorsque l'empereur disparait, Platon qui le nomme « roi-philosophe » décrit un processus de décadence qui va amener chacune des castes à prendre le dessus puis la direction de la société et enfin l'amener à la ruine totale. Le soi-disant « progrès » des modernes, qui après avoir contribué à la démocratie salueront l'avènement de la tyrannie mondiale, n'est en réalité q'une progression vers la mort de la cité.

La sophistication croissante des outils n'est que l'aveu puérile que le principes métaphysiques ne mobilisent plus les masses. On en est au confort, et surtout au plus grand confort psychologique: celui de ne plus penser et de s'étourdir dans le divertissement. Le réveil sera brutal.

Il fut un temps où ce n'était pas le cas. L'exemple de la Chine est à ce titre assez exceptionnel car plus proche de nous. L'empire a fonctionné des siècles sur cette base: l'Empereur, nomade sacralisé, incarne en son être la société toute entière. Ce nomade sert donc d'antenne à l'écoute des vibrations de la nature, mais aussi d'interlocuteur avec le domaine de la transcendance.

L'action providentielle de cette institution a permis à l'empire chinois d'atteindre des sommets dans la religion et la philosophie, les arts de la guerre défensive et l'administration, les arts et les sciences et enfin la gestion des passions des masses serviles par la musique, les divertissements et les jeux.

Cette société synarchie a connu deux coups de massue:
- les invasions mongoles;
- la colonisation occidentale, militaire puis idéologique.

Le premier est l'invasion par les cousins de nos Khazars, les Mongoles, qui sont parvenus à se hisser au sommet de la société. En s'appuyant sur les sectes manichéennes qu'ils ont ensuite éliminées, les Ming ont repris le contrôle et permis à la Chine de retrouver son cap plusieurs siècles.

Le travail de sape suivant a été mené par les Khazars, via la Grande Bretagne dont ils avaient pris le contrôle. Tout comme de nos jours ils sont parvenus à imposer leur monnaie de singe (le dollar) dans les échanges internationaux, les banquiers ont exigé le paiement de la Chine avec l'opium qu'ils produisaient massivement en Inde. Les opiumeries chinoises ont ravagé l'élite chinoise et précipité la ruine morale de l'empire. Les Rothschild, qui contrôlaient le Japon, ont utilisé leur pion asiatique pour détruire l'unité de la Chine et tenter d'imposer un empereur sous contrôle, qui fut d'ailleurs « le dernier des empereurs ». De son côté, Staline a poussé en avant Ma Zedong (Mao), le communisme étant le châtiment imposé par les banquiers à ceux qui ne leur cèdent pas directement.

Charybde ou Scilla, au choix: démocratie sous le contrôle direct de la banque (Luxembourg) ou cauchemar marxiste (dixit Vénézuela). Et si les nationalistes l'emportent, on se charge de donner à leur gouvernement une coloration fasciste et les pousser à la guerre comme en Italie et en Allemagne. Le général Franco l'avait compris. Cette leçon est à méditer par les adeptes du Front National en France, tentés de passer du côté russe pour échapper au monde anglo-saxon. On se souvient que les Rothschild avaient placé au pouvoir en France le président Pierre Mendés-France dans le but de laisser les nationalistes allemands se réarmer, créant ainsi les conditions de la seconde guerre mondiale. Marxisme, fascisme ou sionisme, le triangle infernal est en place et nul ne saurait y échapper.

William Guy de Car le dit clairement de la manipulation opérée en Chine par ces trois démons:
    « Les internationalistes occidentaux (les Illuminés du NOM) avaient des amis en Chine, comme ils en avaient en Russie, mais Mao-Tsé-Toung n'était pas de leurs amis. Mao et Staline avaient des conceptions très semblables sur les internationalistes occidentaux. Or, les groupes à visées totalitaires occidentaux et orientaux avaient une chose en

commun... Ils souhaitaient se débarrasser de Tchang-Kai-Tchek. Les capitalistes occidentaux lancèrent une campagne de propagande contre Tchang-Kai-Tchek dès que la guerre japonaise prit fin. Cette action visait deux choses. Ils voulaient prouver à Mao-Tsé-Toung que la coexistence avec eux était possible et, parallèlement, souhaitaient éliminer le dirigeant nationaliste. La « presse » accusa le gouvernement nationaliste d'être corrompu, les généraux nationalistes d'être relâchés et de ne pas maintenir la discipline dans leur armée, les troupes nationalistes de commettre des pillages et des viols[22] ».

Les personnalités corrompues du gouvernement nationaliste, qui justifièrent que la Grande Bretagne et les USA abandonnent leur soutien officiel à leur l'Empereur marionnette et aux nationalistes de Tchang-Kai-Tchek, furent toutes réintégrées dans le premier gouvernement communiste de Mao, d'ailleurs immédiatement reconnu par tous les pays occidentaux. Ces personnalités se sont avérées faire partie de cellules communistes infiltrées dans le but de ruiner les efforts des nationalistes chinois.

Ce schéma est universel. Il a été la cause de l'effondrement de tous les empires. Une forme de nomadisme dévié s'introduit, sape les institutions et engendre une réaction nationaliste. Le nationalisme ouvre alors un cycle de perdition dont le terme est le socialisme,

---

[22] William Guy Car, Pawns in the Game, traduit en français par Des pions sur l'échiquier, LENCULUS, Paris, 2010.

une forme de tyrannie où l'individu est un animal social et la pensée réduite au matérialisme intégral.

4. Les impostures politico-religieuses modernes.

On ne peut définir comme relevant du satanisme les trois idéologie des Lumières - marxisme, fascisme et sionisme - sans dresser un portrait général du contexte dans lequel ce jugement est formulé. Pour un communiste, le marxisme est la réponse à l'exploration par la bourgeoisie capitaliste des ouvriers et des paysans. Pourquoi l'en blâmer? La question est bonne, seule la réponse est mauvaise.

De même, un individu aimant sa patrie sera tenté par le nationalisme pour protéger son identité et le fascisme pour la défendre en agressant autrui. Un Juif en but au rejet peut légitimement croire qu'un gouvernement mondial au service d'Israël et d'un messie juif pourra rendre le monde plus sûr pour lui. Les peurs sont sincères mais les solutions sont d'une naïveté effrayante.

Alors, il est bon de faire maintenant quelques mises au point, le lecteur qui sera parvenu à ce stade de mon essai étant déjà sensible à la musique divine.

Mises au point nécessaires.

Dans le monothéisme abrahamique, la présence divine est ce monde source de vie. Le monde concret tel que nous le vivons résulte d'un accident provoqué par une faute d'Adam et Eve, les premiers êtres humains. Antérieurement, l'homme vivait dans une dimension subtile, baignée par l'énergie préternaturelle. Cette dimension existe toujours, abritant des paradis et des enfers, ainsi que des créatures bonnes et mauvaises de tous ordres: anges, démons, défunts gardés dans le sommeil, en décomposition psychique ou amenés dans un paradis selon leur proximité avec Dieu.

Tant qu'il est resté dans cette dimension, l'homme était immortel et goutait des fruits de la vie. Lorsqu'il eut accès à la connaissance du passé, c'est à dire du bien et du mal antérieurement manifestés dans l'univers, les premiers humains furent précipités dans le monde concret et durent affronter les conditions d'une existence quasi-animale, avec un corps et des instincts.

Les diverses traditions spirituelles se rejoignent sans exception sur cette description, qu'elles recourent à l'idée d'un Dieu créateur unique ou d'un principe commun hypostasié en plusieurs divinités.

Dans le camp des êtres mauvais, rendus tels par leur éloignement d'avec Dieu, les plus pervers assurent la direction tournante de leur sphère. Dans le camp des êtres bons, les traditions décrivent des leaders spirituels comme saint Michel-archange et deux archanges (Raphaël et Gabriel) chez les Chrétiens ayant hérité une partie du schéma juif, ou Ganesha chez les Hindous.

Les traditions décrivent également des espaces où l'activité de décomposition des univers (catabolique) est plus prononcée, comme des trous noirs ou le soleils noirs où les êtres et la matière dont absorbés et dissous, pour parvenir au néant Dans d'autres sphères comme les soleils, ils sont au contraire créés et émis. dans les sphères intermédiaires, les êtres et les peuvent prendre au choix l'une ou l'autre des directions, la création (anabolisme) et la destruction étant un processus permanent et non-daté dans le temps.

Dans les traditions du monothéisme abrahamique, les sphères de dissolution et d'anéantissement sont dominées par satan ou shaytan en arabe. Dans le Bouddhisme, c'est un « mâra » qui joue ce rôle. A ce titre, il est bien un adversaire de l'homme, c'est à dire une entité visant à sa destruction et son anéantissement, en particulier par son éloignement d'avec Dieu.

A. Le satanisme.

Le terme vient de l'hébreu et désigne son adversaire dans un procès, celui qui témoigne contre soi. Le satanisme désigne donc toute pratique de quelque nature, visant détourner l'homme de Dieu et de sa dimension spirituelle, pour l'amener dans le monde concret d'abord puis les sphères de destruction et d'anéantissement.

Dans le récit, satan s'est manifesté sous la forme d'un serpent, d'une forme ondoyante, et est parvenu à provoquer une faute d'Adam et Eve. Cette faute entraîna leur exil dans le monde concret. Satan a donc gagné une première manche et attend amené son projet de destruction et d'anéantissement à terme, en accord avec sa nature propre.

Le satanisme peu relever des trois dimensions de l'être: corporel, psychologique et spirituel. Le satanisme corporel est classiquement désigné comme toute pratique pouvant mener à un état d'aliénation: consommation d'intoxicants neurologiques, pratiques sexuelles addictives et destruction systématique de la vie. Dans l'Islam cette attitude est appelée « fasad » et on en compte sept. J'y reviendrai à propos des Khazars, comme acteurs du satanisme.

Le satanisme psychologique est une attitude visant à aliéner, voire détruire et anéantir autrui par des moyens agissant sur sa pensée et ses émotions. La psychanalyse et maintenant le psychotronisme tombent sous le coup du satanisme. La première parce qu'elle tend à orienter l'homme vers la mémoire et les formes en dissolution. L'astrologue Hadés parle de la psychanalyse freudienne comme d'un authentique sacrement du diable, construit sur l'inversion du judaïsme. Le second prive autrui de sa liberté de penser et de ressentir, voire de son libre arbitre. Cette pratique de police et de contrôle de la société, quelle que soit ses prétendues vertus, relève donc bien du satanisme. C'est d'ailleurs à ce titre que la communauté du renseignement qui utilise le psychotronisme massivement, est considérée comme l'élément moteur de la sphère de l'antéchrist et ses membres, comme des « saints de satan ».

Le satanisme spirituel est plus subtil. Il consiste à inverser les rites religieux, les sacrements et les initiations dans le but de diriger l'homme loin de Dieu, de lui permettre de matérialiser ses désirs et fantasmes pour l'aliéner, puis de le détruire. Par exemple, l'étoile à cinq branches de Vénus, désignant la Mater-prima dans les traditions spirituelles, est utilisée pour évoquer les penchants féminins les plus aliénants pour l'homme. Dans le Kabbale juive, ils sont incarnés par Lilith, une démonte avec laquelle Adam aurait conçu Caïn et de là certaines tendances infernales auraient été transmises à la lignée de Cham puis aux Ashkénazes. Leur rôle dans la modernité aurait donc une cause bien antérieure au problématiques posées par les adeptes du nomadisme dévié d'Asie centrale.

L'initiation peut également être inversée en contre-initiation. Au lieu de mettre en contact acec la nature spirituelle des êtres, voire un ange servant ou une communauté de saints comme l'initiation, la contre-initiation vise à l'aliéner l'homme à son corps, avec l'aide d'un démon ou une communauté de malfaisants. On comprend ici la motivation d'Adam Weishaupt, qui trouva dans les vestiges de l'initiation de métier des maçons et leurs oeuvres louables de bienfaisance, un moyen habile de constituer une secte sous influence satanique au service de ses oeuvres malfaisantes. La création des Grand Orient obéit à cette ambition et on sait le rôle qu'ils ont joué.

William Guy Car donne cette indication tout à fait exact:
« Il est peu probable qu'un franc-maçon sur un millier sache la véritable histoire de la façon dont les chefs des Illuminati du Grand Orient ont infiltré leurs agents dans la franc-maçonnerie continentale[23] ».

Les maîtres de la franc-maçonnerie anglaise ont maintes fois prévenu leurs pairs latins et germains d'éviter toute relation avec les faux francs-maçons des Grand Orient. Les Illuminati révolutionnaires s'étaient établis dans la franc-maçonnerie continentale et en avaient pris le contrôle. Elle était déjà dénaturée et falsifiée, ce processus lent en s'aggravant. Le Pape Pie IX le savait et dénonça publiquement le communisme puis renouvela aux

---

[23] William Guy Car, Pawns in the Game, traduit en français par Des pions sur l'échiquier, LENCULUS, Paris, 2010.

catholiques l'interdiction de se laisser séduire par la franc-maçonnerie continentale.

William Guy Car reprend :

« Un auteur allemand du nom de Zack fit un livre de la version révisée (des plans) de Weishaupt (…) En 1784, on envoya un exemplaire de ce document aux Illuminés que Weishaupt avait délégués pour fomenter la révolution française. Le courrier fut mortellement frappé par la foudre alors qu'il chevauchait du côté de Ratisbonne. La police trouva les documents subversifs sur son corps et les expédia aux autorités gouvernementales concernées[24] ».

Après examen soigneux des documents, le gouvernement de Bavière perquisitionna les loges du Grand Orient que Weishaupt et les domiciles de ses membres les plus en vue, dont le Baron Bassus-in-Sandersdorf.

Selon William Guy Car :

« Les informations supplémentaires qu'ils y trouvèrent persuadèrent les autorités que les documents constituaient une preuve véritable d'une conspiration de la synagogue de satan, qui contrôlait les Illuminati au sommet, prévoyant d'utiliser les guerres et les révolutions

---

[24] William Guy Car, Pawns in the Game, traduit en français par Des pions sur l'échiquier, LENCULUS, Paris, 2010.

afin d'établir une sorte de gouvernement mondial dont elle espérait usurper le pouvoir dès sa mise en place[25] ».

En 1785, le gouvernent de Bavière interdît la secte des Illuminati et ferma les loges du Grand Orient. En 1786, les pièces prouvant la conspiration et son projet délirant furent rendues publiques. Le titre anglais de cette publication est « The Original Writings of the Order and Sect of the Illuminati ». Des exemplaires furent remis aux dirigeants de l'Église et des royaumes. En vain… Il était trop tard.

Avec Albert Pike, les Illuminés prirent le contrôle de la franc-maçonnerie anglaise puis américaine via le Rite écossais, créé en 1801 et ouvertement anti-chrétien et sataniste selon sa charte. Ce psychopathe a eu une influence sur la création en 1843 de l'ordre indépendant « B'Nai B'Rith », une loge sioniste violente au sein de la communauté juive, revendiquant outrageusement la suprématie sur le Judaïsme. Albert Pike est également en 1867 le fondateur du sinistre groupe raciste et criminel du Ku-Kux-Klan. Albert Pike fut chargé par les Rothschild, qui le finançaient, de dévier tous les rituels et de donner une coloration luciférienne à la doctrine maçonnique en plagiant le « Dogmes et Rituels » du sulfureux ésotériste français Eliphas Levi.

---

[25] William Guy Car, Pawns in the Game, traduit en français par Des pions sur l'échiquier, LENCULUS, Paris, 2010.

René Guénon dénonce l'imposture de Pike et ses rapport à Levi en trois accusations fondées.

Albert Pike n'est qu'un auteur minable, tout juste capable de plagier un magicien noir assumé comme Eliphas Levi et de fréquenter les agents secrets instigateurs de ce qui allait devenir le new-âge:

> « Disons à ce propos que le général Albert Pike, grand-maître du Rite Ecossais pour la juridiction méridionale des Etats-Unis (dont le siège était alors à Charleston), fréquenta aussi Mme Blavatsky vers cette époque (…) Nous ajouterons, puisque l'occasion s'en présente, que la réputation d'Albert Pike comme écrivain maçonnique a été très surfaite : dans une bonne partie de son principal ouvrage, Morals and Dogma of Freemasonry, il n'a fait que démarquer, pour ne pas dire plagier, le Dogme et Rituel de la Haute Magie de l'occultiste français Eliphas Lévi[26] ».

Guénon ajoute que ce plagiat a influencé d'autres auteurs du futur niou-edge (la version pour le vulgaire et le populaire de l'Illuminatisme bavarois), ce qui fait de Pike un auteur sans aucune valeur intellectuelle et même dangereux :

> « Les ouvrages d'Eliphas Lévi, quoique beaucoup moins profonds qu'ils ne veulent en avoir l'air, exercèrent une influence extrêmement étendue : ils inspirèrent les

---

[26] René Guénon, *Le Théosophisme*, chapitre II – Les origine de la Société théosophique

chefs des écoles les plus diverses, comme Mme Blavatsky, la fondatrice de la Société Théosophique (…) tout comme l'écrivain maçonnique américain Albert Pike, et comme les néo-rosicruciens anglais[27]. »

Il conclue que les écrits de Pike et ces groupes ne sont que fumisteries, basées sur des falsifications et des inventions de Lévi et d'autres « illuminés » :

« Nos lecteurs savent quelles réserves nous avons à faire sur les œuvres d'Eliphas Lévi ; il convient d'ailleurs de ne prendre ce qu'elles contiennent que pour l'expression de « vues personnelles », car l'auteur lui-même n'a jamais prétendu revendiquer aucune filiation traditionnelle ; il a même toujours déclaré ne rien devoir qu'à ses propres recherches, et les affirmations contraires ne sont en somme que des légendes dues à des admirateurs trop enthousiastes. Dans le présent livre, ce qu'il y a peut-être de plus intéressant en réalité, bien qu'à un point de vue assez contingent, ce sont les détails vraiment curieux qu'il donne sur certains « dessous » de l'époque à laquelle il fut écrit ; ne fût-ce qu'à cause de cela, il méritait certainement d'être réédité. Dans un autre ordre, il y a lieu aussi de signaler certains des documents qui y sont joints en appendice, notamment les figures hermétiques de Nicolas Flamel, dont on peut cependant se demander jusqu'à quel point elles n'ont pas été « arrangées », et la traduction de l'Asch Mezareph du juif Abraham ; pour cette dernière, il

---

[27] René Guénon, L'Erreur spirite, Partie 1, chapitre V – Spiritisme et occultisme

est fort à regretter que la provenance des fragments qui sont donnés séparément comme compléments des huit chapitres ne soit pas indiquée expressément, ce qui eût été une garantie de leur authenticité ; la reconstitution de l'ensemble du traité n'est d'ailleurs présentée que comme « hypothétique », mais il est bien difficile de savoir dans quelle mesure les copistes qui l'auraient « morcelé pour le rendre inintelligible » en sont responsables, et quelle y est au juste la part d'Eliphas Lévi lui-même[28] ».

Ce qu'ont visé les Illuminés, c'est en réalité falsifier la franc-maçonnerie et fabriquer le new-age pour préparer ce qui devrait être la religion universelle de leur Nouvel Ordre Mondial. C'est religion ou plutôt pseudo-religion est conçue comme l'adversaire de toutes religions authentiques. C'est à ce titre qu'elle ne pourra être que « satanique », quelque soit son contenu et son adoration affichée et désopilante pour Lucifer.

Dans son délire d'inspiration cabalistique intitulé « L'Antéchrist », le philosophe du nazisme Frederich Nietzsche affirme que les valeurs occidentales nées du Judaïsme, du Christianisme et de l'Islam, puis évidemment du Bouddhisme, sont des obstacles aux progrès de l'humanité et des Lumières. Il les juge pessimistes dans leur ambition de ne pas se satisfaire de ce monde et de viser l'au-delà. L'auteur sataniste propose donc une alternative radicale : le retournement pur et simple et

---

[28] René Guénon, Le Théosophisme, comptes rendus de livres, février 1940

« l'inversion de toutes les valeurs » de l'occident et de ses religions. A la place, il proclame l'avénement de son « sur-homme » - « l'aryen » de Karl Ritter dont le culte sera vendu par le « juif » khazar Adolf Hitler et sa bande de dégénérés financés par les Rothschild - et évidement la mort de Dieu et le triomphe de « l'homme lumière ».

Ah, ah, ah! On y est…

B. Le luciférianisme

Lucifer ou Eblis est dans le contexte biblique et coranique un ange-lumière déchu en génie (« djinn »), après qu'il se soit révolté contre Dieu (Isaïe XIV, Luc 10:18 et en l'Apocalypse 9:1-11). La justification de cette révolte est selon le Coran que la création était parfaite sans l'homme, et que ce dernier n'est qu'un bouseux, susceptible de générer du désordre. Banni de la proximité du trône divin, Lucifer est devenu un satan, un adversaire de l'homme et de Dieu.

Le luciférianisme comme culte se caractérise par l'accord avec la pensée luciférienne. L'homme est une création ratée, il faut le perfectionner ou le détruire. Cette idée est sous-jacente au marxisme, avec son homme soviétique, et au fascisme, avec son sur-homme. Dans le cadre des divagations sataniques du sionisme, c'est le trans-humain: un homme biologique au mental contrôlé par le psychotronisme et au corps amélioré par des technologies faisant de lui une sorte d'androïde. Le nouvel-homme du nouvel ordre mondial: c'est un zombie psychotroné avec des pièces d'ordinateur dans le corps. Ainsi, la création serait parfaite.

On mesure le niveau d'imbécilité du sionisme, avec son trans-humanisme, au regard des essais soviétiques et nazis de générer ce nouvel homme. On risque fort en vérité d'avoir comme sur-homme une masse de pauvres bougres promis à une version high tech du goulag russe et du camp d'extermination allemand.

Bon nombre de preuves indiquant qu'Albert Pike, comme Adam Weishaupt, était un adepte de Lucifer. En plus de la lettre controversée qu'il adressa à Mazzini en 1871, il existe un courrier authentifié de Pike aux Conseils Palladiens du Rote écossais en date du 14 Juillet 1889. Elle leur explique le dogme luciférien et en particulier les avantages de l'adoration de satan et de Lucifer.

Pike déclare notamment :
  « Nous disons à la foule que «nous adorons Dieu».
Mais il s'agit du Dieu que l'on adore sans superstition. La religion devrait être, pour nous tous, initiés des hauts grades, maintenue dans la pureté de la doctrine luciférienne. Oui ! Lucifer est Dieu. Et par malheur Adonaï (le Dieu d'Abraham) est aussi Dieu... car l'absolu ne peut exister qu'en tant que dualité divine. Ainsi, la doctrine du satanisme est une hérésie : la véritable et pure religion philosophique, c'est la croyance en Lucifer, l'égal d'Adonaï. Mais Lucifer, Dieu de Lumière et Dieu de Bonté combat pour l'humanité contre Adonaï, le Dieu des Ténèbres et du Mal ».

On a là un bon résumé du délire des Khazars, qui n'est qu'une forme abâtardie du manichéisme. Cette doctrine pose l'existence de deux Dieux: le dieu de ce monde, satan, et le dieu de l'autre monde, Adonaï.

John Lennon a chanté sans équivoque son hymne manichéen au nouvel ordre mondial en ces termes et ils éclairent bien l'idée générale des déviants :

      « Imagine qu'il n'y ait **aucun paradis**,
      C'est facile si tu essaies,
      Aucun enfer en-dessous de nous,
      Au dessus de nous, seulement le ciel,
      Imagine tous les peuples,
      Vivant dans le présent…
      Imagine qu'il n'y a **aucun pays**,
      (…) **Aucune religion** non plus,
      (…) Tu peux dire que je suis un rêveur,
      Mais je ne suis pas le seul,
      J'espère qu'un jour tu nous rejoindras,
      Et que **le monde vivra uni**. »

Négation de la théologie, sentiment d'être apatride, a-religiosité et appel à un ordre mondial mené par un gouvernent unique de zombies sans passé ni futur, vivant dans l'insouciance. On y est. Et il convient donc d'être plus clair sur le manichéisme.

Le catéchisme de l'Eglise catholique est explicite : nous assistons depuis l'empereur Néron à une accélération vertigineuse de la falsification des religions, dont le pic sera l'affirmation qu'il est Dieu ou Maitreya par « l'antéchrist » pour les sémites ou « le mâra » pour les bouddhistes, un prince de ce monde.

Le texte indique:

« Avant l'avénement du Christ, l'Eglise passera par une épreuve finale qui ébranlera la foi de nombreux croyants (Luc, 18:8 et Mat, 24:12). La persécution qui accompagnera son pèlerinage sur terre (Luc, 21:12 et Jean, 15:19-20) dévoilant le « Mystère d'iniquité » sous la forme **d'une imposture religieuse apportant aux hommes une solution apparente à leurs problèmes au prix de l'apostasie de la vérité.** L'imposture religieuse suprême est celle de l'anti-Christ, c'est à dire celle d'un pseudo-messianisme où l'homme se glorifie lui-même à la place de Dieu et son Messie venu dans la chair » (Catéchisme de l'Eglise catholique, édition 1998, p. 675).

Le manichéisme est historiquement un courant de pensée attribué à l'évêque Mani, un perse du IIIe siècle. Il a été protégé et financé par le roi perse Shapur 1er, qui y voyait un moyen de renforcer son autorité et son pouvoir face à Rome et l'Inde. Le manichéisme a été conçu comme une synthèse du Zoroastrisme perse, du Bouddhisme, de doctrines hindoues et du Christianisme (oriental).

La doctrine s'est diffusée d'ouest en est, jusqu'en Chine où elles été vue hélas comme une forme de Bouddhisme hétérodoxe. Le manichéisme est surtout connue en Europe au travers des réfutations de saint Augustin, qui en fut initialement sectateur avant d'abjurer.

Cette religion syncrétique fut décrétée hérétique en 297 en occident. Les Ouïgours, des cousins génétiques de nos pseudo-juifs ashkénazes - en réalité des Khazars parents des Huns - se convertirent massivement au manichéisme au VIIIe siècle. Jusque vers l'an 1.000, il s'épanouit en Mongolie et finit par entrer en Chine, où il produisit une guerre civile. Cette propension a une cause, inhérente à cette pseudo-religion.

La doctrine manichéenne est dualiste. Elle oppose un principe du mal à un principe du bien, irréductibles. Les deux apparaissent simultanément dans le processus cosmogonique. Mani place ainsi en face à face satan, le dieu des ténèbres, et Adonaï, le dieu de la lumière.

Leur relation s'articule en trois temps distincts:
1. Lors de l'époque antérieure, la division est totale et les deux mondes co-existent sans rapport.
2. Vient une période de mélange où l'humanité apparait et se place au coeur de luttes entre les deux pôles du bien et du mal.
3. Enfin, dans le temps postérieur, les âmes humaines reposent dans la lumière en un seul corps et un seul esprit éternel.

Cette division temporelle et spatiale engendre plusieurs conséquences:
1. L'homme est vu comme un binaire irréductible, composé d'un corps mortel de ténèbres et d'un esprit

immortel de lumière, dont la combinaison produit son âme.

2. L'homme entretient un contact avec Dieu comme satan, ce qui revient à satisfaire les deux dieux d'un pied d'égalité pur pouvoir se développer et exister.

3. Toutefois, par le détachement des choses matérielles (vues comme mauvaises) et notamment de la sensualité (vue comme dangereuse), l'homme peut se préparer à la vie éternelle dans la lumière. S'il n'y parvient pas, son âme se réincarnera en emportant avec elle ses mémoires.

L'hérésie est donc quintuple du point de vue chrétien, hindou et bouddhiste:

1. attribuer la création à aucune cause divine mais
2. poser l'apparition de deux dieux immémoriaux,
3. rendre un culte à satan pour les choses matérielles,
4. faire de la lumière préternaturelle une fin et
5. faire croire à une réincarnation d'âmes éternelles.

On se demande où Mani est allé pêcher tout cela et comment une telle doctrine a pu avoir un tel succès!

C. Le traditionalisme et la superstition.

Une tradition spirituelle se compose d'un noyau ésotérique, composé de la révélation au fondateur de la religion et d'un ensemble signes et symboles signifiants. Elle s'exprime par des cultes religieux ou exotériques et engendre la culture, avec ses us, ses coutumes et son folklore (la manière dont le peuple les reçoit).

En soi, la culte et la culture n'ont aucune valeur si l'élite qui a accès à la révélation et aux signes et symboles vient à disparaitre. La tradition devient alors une croyance, avec un ensemble d'éléments épars survivant, d'où le terme « superstition » (ce qui survit).

Le traditionalisme est une tendance psychologique à vouloir conserver les cultes et la culture alors que la révélation a été oubliée et les signes et symboles ne sont plus compris.

Le danger de cette attitude de conservation sans l'esprit est qu'elle peut conduire à l'idolâtrie, en particulier des formes extérieures de la religion, de la culture et de la nation. Associés à la découverte du domaine préternaturel lors d'expériences mystiques incontrôlées ou sous le coup d'une contre-initiation, ces éléments peuvent prendre une coloration luciférienne. En termes modernes, ils peuvent faire « tilt », éclairer un sujet et donner un sentiment sur la question, mais cet état d-ne permet pas une réalisation intégrale authentique permettant d'embrasser toute la tradition. Le luciférianisme est ceci: une vue partielle de la vérité, encombrée d'erreurs.

Au final, se produisent des inversions qui constituent à proprement parler le satanisme. La religion peut être comprise et pratiquée à l'envers, ce qui produit des effets opposés non de libération mais d'aliénation. Idem avec les cultes, la culture et la folklore.

Pour éviter ce risque, les nouvelle révélations prennent en général soin de détruire tout ce qui subsiste de celles qui les ont précédées, dans la mesure où elles sont obsolètes.

Parvenu à l'oubli de la révélation chrétienne et la perte des initiations sous le coup de la réforme protestante, de sa rationalité et des confusions cartésiennes, l'Occident s'est vu exposé au luciférianisme et surtout au satanisme. Outre le rejet de la métaphysique et l'obsession pour le monde et l'activité de création de machines, les modernes ont opéré un retournement et un travestissement des trois types d'initiations de castes, dont on voit bien qu'elles ont donné naissance aux trois grenouilles de l'apocalypse: marxisme, fascisme et sionisme.

Nous allons voir cela mais avant considérer les cinq hérésies, telles que dénoncés dans le catholicisme romain.

D. Les cinq hérésies modernes: nationalisme, libéralisme, maçonnisme, modernisme et marxisme.

Une révélation du Christ à la bienheureuse Anna Maria Tegi lui apprit que « le temps de la Purification serait abrégé lorsque les cinq arbres d'hérésie qui infestent la forêt seraient déracinés. Ces cinq arbres sont : le nationalisme, le libéralisme, le maçonnisme, le modernisme et le socialisme »[29].

---

[29] Une révélation citée par le P. Bessières S.J. dans sa biographie d'Anna-Maria Taïgi — DDB 1936 — page 188.

a) Le nationalisme.

Le nationalisme est une idée politique antérieure aux Lumières, apparue au XIIIe siècle mais qui n'atteint son apogée qu'à la fin du XVIIIe siècle. Son objectif est de légitimer l'existence d'un État, associé à chaque nation et pour chaque peuple, indépendamment de la personne du souverain et de la couronne.

Les deux systèmes sont donc en concurrence, affrontant d'une part la conception royale chrétienne et d'autre part le droit romain des personnes morales. Le concept de nation de sédentaires fut créé dans les milieux laïcistes de l'Islam espagnol, par des juifs et musulmans, notamment le philosophe Averroés que les idéologues des Lumières traitent comme prédécesseur. Le nationalisme s'est érigé en opposition à la royauté chrétienne, en vue de déclarer la souveraineté des peuples contre celles des rois croyants.

Le « peuple souverain » au sein de « la nation » décide seul de la religion qu'il pratiquera (ou non) et de la personne de son souverain, c'est à dire de qui le gouverne. Cette astuce permet de le pousser à en décider et à en assumer seul la terrible responsabilité pourvu que l'on en est les moyens d'influer sur les masses, de corrompre les leaders d'opinion et ainsi l'orienter la société, sans pour autant passer par le coup d'Etat. L'élection est un vrai piège à cons, qui par le biais du mandat permet de faire endosser au peuple la responsabilité des actes des dirigeants. Une arnaque bien vendue… mais une arnaque tout de même.

Ainsi les banquiers illuminés ont utilisés la nation parce qu'elle lui permettait via les médias et le crédit, d'orienter la population en lui faisant croire qu'elle se gouvernait elle-même en tant que nation. Ils pouvaient donc commettre les pires horreurs et en laisser la responsabilité aux dirigés. Et ils le firent!

L'ONU, l'organisation des nations unies dont le siège est bâti sur un terrain des Rockefeller à New-York, ville qui n'est pas la capitale administrative des Etats-Unis mais le siège de sa bourse. Son apparition marque le triomphe de la première étape du plan de Weishaupt: diviser les peuples en nations souveraines, les gouverner par la terreur et la dette puis les réunir en une organisation dominée par les Illuminés, à laquelle elles abandonneront au final leur souveraineté lors de l'avènement du gouvernement mondial luciférien.

Ce processus est échelonné en zones géographiques pyramidales où des entités déjà supranationales désossent les Etats-nations : Union Européenne, Union du Pacifique, Aliéna, Mercosur, … créées sous l'égide des banquiers depuis 1957 et obtenues via des élections. L'illuminé décide mais c'est l'électeur qui paiera la note. Elle est abyssale, comme la dette publique des « démocraties »!

Outre ce problème de responsabilité, le nationalisme repose sur trois erreurs et leurs conséquences, qui le rendent satanique, c'est à dire en opposition à la dignité de l'homme et la volonté de son Créateur.

1. La nation ne peut étymologiquement désigner que des nomades, liés par les femmes en un groupe ethnique stable, et en aucun cas des sédentaires. En le faisant, on sape à sa base la civilisation, qui est par nature un creuset où se rassemblent des hommes de toute origine ethnique et géographique en vue d'un projet commun de sédentarisation où le lien de sang n'intervient pas mais celui de sol.

Le droit du sol est donc l'attribut des sédentaires et le droit du sang celui des nomades. En valorisant le rattachement à la nation (au sang) et non au sol, on rend les castes héréditaires, ce qui en paralyse à terme le fonctionnement. Dés lors, n'importe quel dégénéré ou bâtard va occuper les fonctions d'une caste sociale par héritage sans en avoir les qualités psycho-subtiles et induire des distorsions dans l'organisation. Il se produit alors une confusion des castes, dans la mesure où elles sont désormais composées d'êtres n'ayant pas la nature psycho-subtile requise et qui vont donc y générer des désordres d'abord fonctionnels puis organiques.

La Déclaration du 4 août 1789 en France est un exemple de dégénérescence d'une caste (la noblesse), dont les bâtards et les apostats vont jusqu'à abolir ce qui fait son existence même: ses devoirs. La nation peut alors se déclarer souveraine et imposer son droit, en opposition à la loi divine.

On observe à ce titre que plus l'hérédité s'impose et plus l'initiation régresse. De la sorte, à la fin du XVIIIe siècle, il ne subsistait déjà plus de caste à part entière et les initiations avaient toutes disparues ou presque en Europe. Il ne survivait que les initiations de métiers moribondes, notamment la maçonnerie opérative dans le Compagnonnage, et la maçonnerie spéculative, qui avait déjà été infiltrée par les Lumières et utilisée comme sphère de diffusion des idées de l'antéchrist et de sa synagogue de satan, annoncés par la Bible et le Coran.

Cette situation faisait les affaires des banquiers: la confusion psychique au sein des castes leur permettait de diffuser leur doctrine mondialiste et d'imposer un ésotérisme dévié à leur service dans la maçonnerie. En parallèle, les individualités les plus anti-traditionnelles étaient gratifiées de crédits et les bons chrétien poussés à la ruine. Diabolique mais efficace…

2. En détachant le pouvoir de la personne du souverain, on crée l'Etat, ce qui conduit à rendre possible l'élimination de la royauté et son remplacement par l'oligarchie ou la tyrannie selon le schéma de Platon.

Le mécanisme a été crée sciemment. Il a largement profité aux Capétiens qui ont adopté le nationalisme pour s'émanciper de l'Empire germanique d'une part et de la Papauté d'autre part. Philippe-le-bel est l'exemple même de cette ambition d'indépendance nationale de son royaume, quitte à se battre contre l'Empereur et d'imposer des anti-papes depuis Avignon. Le roi est ainsi le précurseur de l'illuminatisme, avec la même visée à gouverner le monde. La destruction de l'Ordre des Templiers, qui jouissaient du contrôle monétaire en Occident, a permis leur remplacement par les usuriers juifs apostats. De le sorte, on se demande quel soutien Philippe a pu recevoir de cette communauté, quitte ensuite à la persécuter pour s'en débarrasser une fois son ambition accomplie. Ceci explique certainement des traits de la maçonnerie illuminée.

Le nationalisme et la montée de l'Etat central français au cours des siècles qui suivront se retourneront contre les Capétiens, dont l'un des leur sera un fervent illuminé et maître du Grand orient de France: Philippe Egalité (Louis-Philippe d'Orléans, (1747-1793), cousin du Roi. Il votera la décapitation de Louis XVI et jouera un rôle plus que symbolique dans la Révolution française.

Décapité en 1793, c'est son fils Louis-Philippe (1773-1850) qui réalisera son rêve: devenir le chef de la nation française comme « roi des Français » et non plus « roi très chrétien » sacré par le Pape à Reims. A sa mort, la nation française tomba de nouveau dans les mains des Bonaparte puis des présidents directement imposés par les banquiers via les élections nationales. Le président actuel de la France est ainsi un ancien employé de la banque Rothschild.

3. En déclarant la souveraineté du peuple en la nation, on s'oppose à Dieu qui exerce sa souveraineté par l'intermédiaire des rois très chrétiens et s'exprime via les Papes, vicaires du Christ.

Le nationalisme est donc à sa base l'ambition de détacher le pouvoir politique de la couronne - légitimée par Dieu en son Pape - pour le confier à la nation. Dés lors, il est plus facile d'usurper ce pouvoir, tout en donnant l'illusion au peuple qu'il se gouverne lui-même pour le tenir tranquille. Il en est d'ailleurs si flatté qu'il ne réalise même pas le bourbier dans lequel il s'enfonce.

La démocratie, selon le schéma de Platon, est le meilleur moyen pour l'oligarchie financière d'accéder à son rêve de tyrannie. Elle ne peut le faire qu'en fabriquant la nation. De la sorte, il n'est pas étonnant que le nationalisme soit considéré par le Catholicisme romain comme une hérésie, outre le fait que la nation soit érigée en idole et exige son lot de sacrifices humains.

Les monuments aux morts présents dans tous les villages de France pour commémorer le sacrifice de ses enfants en 1914 et 1939 portent les mentions « morts pour la nation » ou « morts pour la France ». On devrait écrire « morts pour la république des banquiers illuminés », ou « assassinés par et pour banques et les vendeurs de canon » comme l'indiquait Jean Jaurés.

Le nationalisme, de par sa nature idolâtre, a amené au fascisme, qui n'est que l'affirmation paranoïaque de la nation. A ce titre on doit mentionner le rôle de Karl Ritter, sorte de pendant de Karl Marx, dans l'élaboration conceptuelle du nazisme. J'y reviendrai aux chapitres suivants.

b) Le libéralisme.

Le libéralisme est une autre idée issue de la philosophie des Lumières. Elle est fondée à son origine sur une règle: s'opposer au pouvoir royal par le biais de la formulation des droits individuels, soi-disant détenus par les membres de la nation. Chaque individu jouit de droits fondamentaux, qui vont régir son rapport à autrui et à l'Etat-nation.

On oppose classement le libéralisme politique au prétendu « arbitraire royal », alors que le souverain utilise son libre-arbitre en accord avec la foi chrétienne pour édicter les lois et procéder aux jugements. Pour les libéraux, le droit doit l'emporter sur la morale chrétienne et le pouvoir objectif du roi. De la sorte, le libéralisme a justifié des comportements immoraux et sacrilèges, dans la mesure où ils ne menaçaient ni l'Etat, ni la nation.

Par exemple, l'usure interdite par le monothéisme et l'impiété menaçant la cohésion psychique de la société ont pu s'imposer sans problème grâce au libéralisme. Rien n'interdit de laisser crever un pauvre ou d'exploiter les paysans et les ouvriers dans les conditions d'aliénation de la production moderne, dans la mesure où l'Etat est sauf et que la nation en ses législateurs ne s'y oppose pas. De tels abus ont évidemment préparé le lit du marxisme, qui s'y substitué à la religion comme promesse d'émancipation.

La paternité du libéralisme politique est donnée généralement à John Locke, un juif anglais et averroïste du

XVIIe siècle, en particulier car il est l'auteur d'une « Lettre sur la tolérance ». Le philosophe appartient à une des écoles issues de la pensée de René Descartes. Dans son « Essai sur l'entendement humain », il bâtit une étrange éthique scientifique s'opposant tant au matérialisme de Hobbes qu'à la théorie des idées innées soutenue par Descartes.

Sa théorie de la connaissance est qualifiée « d'empiriste » car il considère que l'expérience est à l'origine de la connaissance et non la Révélation divine et de l'hérédité (la faute d'Adam). Elle est une machine de guerre contre le Christianisme et le philosophe pousse même le bouchon jusqu'à suggérer que le parlement (les pouvoirs civils élus) devrait décider de la religion de la nation, la fabriquer si besoin est et en imposer la pratique. On n'est pas en URSS mais les graines sont semées: l'Etat de droit comporte en son sein les germes de l'Etat totalitaire… au nom de la liberté. Evidement, c'est une liberté contre Dieu, mais plus du tout le libre-arbitre chrétien. Et quelle liberté?

Le libéralisme économique est l'application des principes du libéralisme politique dans le domaine des échanges et de la production de biens. Pour elle, les droits de l'homme supposent :
- des libertés économiques basées sur le libre-échange sans taxe royale ;
- la liberté d'entreprendre contre les corporations de métier et leur éthique chrétienne ;

- le libre choix de consommer des produits au mépris des règles religieuses ;
- et l'existence d'un marché libre où le citoyen-libre peut vendre sa force de travail au plus offrant. Dans ce contexte, le pouvoir royal doit être aussi limité que possible, les seules limitations pouvant être imposées par la nation en ses élus dans l'intérêt de l'Etat.

Les libéraux consacrent ainsi la valeur suprême du capital sur la morale religieuse et l'organisation traditionnelle des castes dans la société de sédentaires, ainsi que sa domination sur le travail et la propriété foncière. On range ces hurluberlus sociopathes en deux familles.

Pour les libéraux classiques comme Condillac, Locke et Turgot, le libéralisme économique est l'application dans le domaine économique des principes fondateurs du libéralisme : émancipation du pouvoir royal, individualisme et consécration de la propriété en capital.

Pour y parvenir, ils demandent la limitation plus ou moins grande voire totale des interventions religieuses et royales dans le champ de l'économie. Le pouvoir politique et l'autorité religieuse n'auraient ni la légitimité, ni l'information nécessaire pour prétendre savoir mieux que les consommateurs ce qu'ils peuvent ou doivent consommer ou pour prétendre savoir mieux que les producteurs ce qu'ils peuvent ou doivent produire. Ni règle protégeant la société, ni éthique religieuse, le consommateur est seul face au marchand cupide et athée.

Le marché décide ainsi de ce qui doit être produit et vendu, quitte pour le plus malins à orienter les consommateurs par la publicité, vraie ou mensongère, ou créer des besoins artificiels ou immoraux. Vendre et produire sans aucune règle éthique, ni souci de la société aura conduit aux usines à viande, à la déforestation suicidaire et aux pires sandales sanitaires.

Peu importe, la nation est libre! Le peuple est souverain, comme le consommateur. Mais on voit bien qu'en réalité cette souveraineté est factice et fait le jeu du capital.

Les libéraux modernes comme Raymond Aron, Benedetto Croce, Karl Popper et Adam Smith, tous issus de familles de juifs apostats, sont plus sensibles que les libéraux classiques aux « défaillances du marché ». De ce fait, ils diffèrent quant aux limites exactes à fixer aux interventions de l'État-nation: plutôt que de l'exclure, il faut en faire un élément régulateur des excès.

Ils ont ainsi fait beau jeu aux théories marxistes et fascistes, selon lesquelles l'Etat doit dominer le capital et le mettre au service du prolétariat et de la nation, sans quoi il devient totalitaire. L'électeur a ainsi le choix entre trois formes de tyrannies: le capital totalitaire avec ou sans Etat, l'Etat marxiste totalitaire ou l'Etat fasciste totalitaire... au nom de la liberté. Quel choix!

Les libéraux modernes ont surtout récemment justifié le fait que les défaillances des marchés de capitaux doivent être assumés par l'Etat et in-fine les contribuables, c'est à dire les travailleurs et les propriétaires fonciers, les capitaux étant libres et peu fiscalisés à notre époque. La crise de 2007 qu'ils ont sciemment organisée avec un système d'usure proposé aux travailleurs pauvres leur a permis de faire le plus gros hold-up fiscal de l'histoire. Les propriétaires fonciers et les travailleurs ont été ruinés puis endettés en tant que contribuables, tandis que les banquiers qui s'étaient enrichis par la spéculation sur des dettes courriers ont vu leur pertes assumées par les deux premiers. Bien entendu, au nom de la liberté des capitaux.

Le libéralisme est une arnaque, dont l'ambition est de déposséder non seulement la nation, son Etat mais aussi les citoyens travailleurs et propriétaires fonciers au profit des détenteurs de capital. Nul besoin de rappeler que toutes les encyclopédies le consacrent comme fruit des Lumières, on s'en doute bien!

Toute ceci est fait chaque jour, sans que personne ne proteste que les fascistes au nom des petits épargnants et les marxistes au nom des travailleurs. Le parlement de la nation reste de marbre et le casino continue, l'Etat étant contrôlé par et pour la finance via la corruption, le chantage et le meurtre.

c) Le maçonnisme.

La maçonnerie est à son origine une initiation de métier, chargée dans le respect de l'éthique chrétienne de donner aux divers gestes des maçons une portée métaphysique, rappelant les actes par lesquels Dieu a crée le monde. Le maçon n'est pas libre, il est contraint par l'imitation de son Créateur.

Les trois outils nécessaires à l'édification des bâtiments sont particulièrement honorés:
- l'équerre rappelle les quatre éléments (air, feu, eau et terre), qui sont à la base des considérations concrètes des bâtisseurs ;
- le compas permet de tracer la voûte céleste et notamment l'écliptique soli-lunaire, afin de créer des bâtiments résistants aux variation saisonnières ;
- l'étoile flamboyante renvoie à l'Etoile du berger (Vénus), dont le passage sur des points géomagnétiques intéressants permet aux sédentaires de fixer leur pôle civilisationnel.

La maçonnerie en tant que tel est une science appliquée chrétienne, avec ses outils, ses gestes, son éthique, ses pratiques sociales (saints patrons des corps de métier), son enseignement hiérarchisé en trois degrés (apprenti, compagnon et maître) et sa solidarité.

Le « maçonnisme » est autre chose et ne doit pas être confondu. Le maçonnisme est autre chose enrobé de maçonnerie. Une sorte de « Canada dry » de l'initiation. Ce défaut est la conséquence directe de la pratique spéculative. Nobles et religieux étaient admis parfois aux tenues dans les loges maçonniques, dans la mesure où ils étaient les commanditaires et les bailleurs de fonds des édifices religieux et civils demandés aux maçons. Il leur était permis de « spéculer », c'est à dire de réfléchir sur une question. De là, les formes maçonniques ont pu être copiées pour nourrir certains desseins étrangers à la maçonnerie. C'est ce que fit l'Illuminisme.

Avec la déchéance des castes, l'initiation s'est affaiblie, au point que les aspects sociaux puis seulement spéculatifs ont fini par accaparer les tenues. L'initiation s'est détachée du métier et c'est dans ce contexte que le loup illuminatiste est entré dans la bergerie. Les rites n'étant plus compris, ils ont pu être déviés par ceux qui avaient intérêt à en faire un instrument de détraquement des consciences. Albert Pike a été particulièrement chargé par les banquiers de dénaturer la franc-maçonnerie anglo-saxonne sur la base des divagations occultistes et des mystifications d'Eliphas Lévi, un juif apostat français. Je l'ai évoqué plus haut.

Le maçonnisme a ainsi réalisé son opération délirante. Il consiste à introduire des symboles et des rites maçonniques dans le domaine profane sans aucun respect des règles traditionnelles. La capitale du Kazakhstan, antique patrie des escrocs khazars déguisés en juifs sous le masque de la finance internationale, est un exemple parfait du maçonnisme. L'architecte anglais

Lord Norman Forster y a construit tout ce qu'un psychopathe infecté de maçonnisme peut imaginer. Tout est maçonnique par la forme mais rien par le fond. C'est un théâtre pour crétins de la modernité.

Le summum est un grand opéra, dont le sommet ouvert en sphère est consacré au « parlement des religions », une parodie de la table ronde des chevaliers d'Arthur où les apostats de 27 traditions du monde ont signé leur adhésion au projet des banquiers de fabriquer une nouvelle religion mondiale à leur service. Elle sera la 28ème, une religion lunaire par lunatiques.

On peut également observer une pyramide à cent triangles en référence à la proportion de la Terre, des tours encadrant un damier dans le style de la représentation du temple de Salomon avec les colonnes Joachim et Boaz, une réplique du Sénat des Etats-Unis et de la maison blanche de Washington et tout une série de bâtiments tarabiscotés et hideux, dans le plus pour style de la confusion ambiante déjà vue à Las Vegas ou Dubaï.

Astana signifie étoile et la nouvelle capitale du Kazakhstan a été édifiée au centre cardinal de l'Asie et sur une ligne de Ley, entre la grande Pyramide de Gizeh et la Cité interdite de Pékin en Chine. Tout un programme! On nage en pleine parodie des thématiques de la sédentarité et des images de la franc-maçonnerie, évidement par l'ersatz, le faux et le creux. Satan n'est t-il pas le « singe de Dieu »?

Le maçonnisme est une sorte d'arlequin, défigurant la maçonnerie, ses symboles et ses rites pour les mettre au service du manichéisme khazare et son délirant projet de créer un gouvernement mondial dédié à leur dieu de la lumière. Les banquiers véreux de wall-Street et de la City, descendants de tribus pouilleuses d'Asie centrale déguisés en juifs, se prennent pour les plus grands bâtisseurs des civilisations au monde. Ah, ah, ah...

Rien de neuf, leur cousin Genghis Kahn avait tenté la même chose sur la base de leur chamanisme commun, le Tengri, en mettant sous son contrôle des représentants apostats du Bouddhisme, du Christianisme et de l'Islam dans le palais de sa capitale Karakorum en Mongolie. En vain... sa Babel est dans les poubelles de l'histoire. Le reste suivra. Maudit Caïn! Maudit Cham! Maudits Khazars!

Rappelons que les Rothschild possèdent la plus grande collection au monde de poux et de puces, sans doute en mémoire de leur passé tribal dans les plaines stériles de l'Asie centrale. A moins que cela soit en référence à leurs activités sociales. Anciens pouilleux devenus parasites...

d) Le modernisme.

Le modernisme est dans un sens étroit un terme recouvrant l'ensemble des mouvements culturels ayant animé les sociétés occidentales de la fin du XIXe siècle et du XXe siècle dans les domaines des sciences dures et sociales, de l'art, de la photographie, de l'architecture, de la musique, de la littérature et des religions. Etymologiquement, moderne désigne ce qui est contemporain, se fait et est dans l'air du temps.

Dans ce cas, le « modernisme » est avant tout le fruit de l'idéologie à la mode, celle des Lumières, cette philosophie matérialiste et humaniste ayant embrassé toutes les disciplines depuis deux siècles grâce au financement généreux des banques, des nations endettées et des Etats immoraux.

On oppose généralement tradition et modernité. La tradition est le mode de vie ordonné des nomades et des sédentaires depuis des millénaires. La modernité est le fruit d'une idéologie récente, mais puisant ses sources dans le chamanisme d'Asie centrale, véhiculé par les descendants de Cham.

Au Dieu unique de Noé, le chamanisme oppose un esprit de lumière, satan ou Lucifer, et le culte des esprits des ancêtres. Ces croyances ont donné naissance aux théories réincartionnistes du spiritisme, reprises dans la théosophie par déformation des doctrines orientales (incomprises ou déviées à dessin) puis le new-âge. Les apostats au service de Genghis Kahn avait déjà tenté de fabriquer une telle pseudo-religion, elle a disparu sans laisser de trace.

Dans ces croyances, l'homme n'a pas de nature spirituelle mais une existence uniquement corporelle à partir de laquelle son « esprit » va se créer, voyager dans les mondes invisibles et se réincarner de multiples fois dans la dimension matérielle. Cette théorie a justifié des pratiques modernes comme la littérature profane, un moyen de conserver les « esprits » des écrivains reflétant « l'âme de la nation », et le culte de ces écrivains et auteurs dans un « panthéon », comme ceux de Paris et de Rome.

Ridicule non? Le modernisme est donc incompatible avec le monothéisme abrahamique, pour qui il est aberrant. Dans le catholicisme, l'homme est doté d'une nature divine, en tant qu'image et reflet de son Créateur, qui lui a été insufflée lors de sa création. L'homme possède un esprit divin mais aussi un corps de chair, deux pôles entre lesquels va se développer son âme, avec ses pensées et ses sentiments. Son âme sera au moment du jugement dernier choisie par Dieu et projetée dans un monde céleste éternel ou au contraire détruite dans le centre de la Terre, attirée par l'activité géomagnétique pour être dissoute. Les descriptions de la Bible et du Coran sont fidèles à cette vue.

Ce schéma est donc bien différent de celui du chamanisme. Or, avec le new-age, on constate que le public a abandonné les descriptions et les règles du monothéisme fondé par les fils Sem et Japhet de Noé, pour adopter celles du chamanisme, issu de Cham. Ce changement n'est pas sans graves conséquences en matière de salut religieux et de réalisation métaphysique, puisque le chamanisme tend à diriger l'être vers les sphères de dissolution, la destruction et le néant, après une courte phase de réussite dans le domaine concret.

Les idées de Cham sont d'ailleurs bien reflétées dans l'opéra Faust de Goethe, dont Adolf Hitler - Rothschild dit qu'il avait sur lui un « effet hypnotique » et le plongeait dans des transes médiumniques. On est en plein pathétisme philosophique du IIIe Reich: un bâtard des Rothschild, une idéologie de supermarché pour déchristianisé allemand et un « théâtreux ».

Cela vaut le septième empire satanique de la Bible: le président abruti George Bush, le « choc des civilisations » de Huntington et les vidéos de DAESH réalisées avec un financement de la CIA par une société de production d'Hollywood, où les sionistes donnent le tempo des inepties télévisées pour ménagères et adolescents.

e) Le marxisme.

Je reviendrai sur le marxisme au chapitre suivant et j'y renvoie donc le lecteur. Toutefois quels éléments doivent être posés d'ores et déjà pour permettre une compréhension plus rapide.

Le marxisme est une idéologie conçue par et fabriquée pour la finance comme une alternative au Judéo-Christianisme. Son objectif est d'empêcher les travailleurs de retourner au monothéisme abrahamique et d'exiger le retour des monarchies. Le marxisme a été imaginé dans les cercles du Grand Orient comme une offre bidon de salut et financé par Wall-Street et la City. Les faits sont prouvés et je vais y venir.

Le marxisme est une idéologie née de l'Illuminatisme, au service du capitalisme pour lequel elle sert de punition imposée aux peuples récalcitrants.

Karl Marx, financé par un groupe de trois illuminés américains menés par un anglais, a construit sur la base des théories de Friedrich Engels un courant de pensée politique, avec sa sociologie et son modèle économique propres.

L'URSS a démontré qu'ils étaient des impostures et menaient à l'échec politique, social et économique. Il suffit d'aller en Mer d'Aral, aujourd'hui disparue et remplacée par un désert hautement pollué d'herbicides, pour constater les grand succès du marxisme.

Marx a essentiellement fait reposer sa thématique sur une relecture de l'histoire en tant que « lutte des classes », c'est à dire des castes sociales les plus humbles, ignorantes et illettrées contre les classes sociales du capitalisme les plus riches, savantes et lettrées.

Le but de cette lutte est de parvenir à une société sans caste, sans nation et sans Etat par le biais de « l'émancipation des travailleurs ». Elle doit être l'œuvre des travailleurs eux-mêmes, par la violence sociale, le terrorisme aveugle contre les institutions et la guerre contre les peuples non-marxistes.

Ceci est un bon résumé de ce que fut l'URSS, jusqu'à ce que les banquiers décident de passer à une autre phase de leur plan où les guignols de Moscou et de Pékin n'étaient plus utiles à leurs desseins de domination globale. Russie et Chine furent donc mises en réserve, converties à un libéralisme d'Etat pour tenir leurs masses tranquilles, les occuper par le matérialisme consumériste et détruire les organisations de syndicat de travailleurs et les usines dans le monde libéral, dans la mesure où ces derniers émancipés du marxisme et privés d'alliés rouges pouvaient devenir une menace pour leurs intérêts.

La mondialisation a été voulue comme telle: une stratégie de marché du travail à échelle planétaire, dont l'intérêt était de plonger l'occident dans le chômage et le divertissement par la consommation. Cette transition devait amener à la suite: un troisième conflit international destiné à écraser la Russie puis la Chine, liquider les deux tiers de la population mondiale et les religions, puis rendre incontournable l'adhésion des peuples à un gouvernement mondial des Illuminés. Le rêve!

Tradition	Illuminatisme monétariste	Illuminatisme socialiste
Société sédentaire	**Société capitaliste**	**Société marxiste**
Société de quatre castes de sédentaires: le clerc le noble le fabricant le producteur	Société de trois classes sociales: le capitaliste le propriétaire foncier le travailleur	Société sans classe: le marxiste (le non-marxiste est au goulag ou liquidé)
Domination de Dieu	Domination de la monnaie (capital)	Domination du Parti
Société synarchique	Société pyramidale	Société totalitaire
Issue: salut au paradis damnation en enfer	Issue: retraite avec de l'argent vieillesse pauvre entrée au panthéon	Issue: glorification par le Parti

Schéma directeur de la société traditionnelle
et des deux sociétés illuminées.

E. La dégénérescence de la mentalité de caste.

Outre une analyse sous l'angle des cinq hérésies de la modernité, on peut observe le processus de déchéance de l'Occident comme une dégénérescence de la mentalité de caste.

Les deux analyses ne s'excluent pas et pas se complètent.

a) L'internationale marxiste, dégénérescence de l'initiation de métier.

Il est établi qu'en 1829, des membres éminents de la secte des Illuminati organisèrent en secret un cabinet à New-York, dirigée par leur agent local un anglais du nom de Wright et auquel contribuait au moins Clinton Roosevelt (un parent du futur président Franklin Delano Roosevelt), Horace Greeley et Chas Dan[30]. On y annonça aux frères que les nihilistes et athées étaient désormais en nombre suffisant pour les regrouper en une organisation internationale, dont le nom serait « communisme ».

Les mêmes Roosevelt, Greeley et Dana constituèrent un comité pour réunir les fonds nécessaires au financement de économiste juif apostat allemand Karl Marx et du philosophe anglais Engels. Le « Capital » et le « Manifeste du Parti Communiste » furent écrits à Soho en Angleterre dans la foulée et promis à un bel avenir pour occuper et divertir les nouveaux esclaves de la révolution industrielle.

Le faux idéal du « paradis des socialistes » visaient comme l'a très précisément défini le philosophe juif apostat français Jean-Paul Sartre à « ne pas désespérer Billancourt ». La ville était le siège des sinistres usines Renault et Citroën, organisées selon le modèle tayloriste d'Henry Ford, par

---

[30] De Pamela J. Ray ,To Kill a Country, AuthorHouse, USA, 2006

ailleurs le soutien le plus important d'Hitler et propagateur des idées antisémites de Karl Ritter aux USA.

Le marxisme relève d'une parodie de l'initiation de métier en ce sens: aux promesses du Judéo-Christianisme aux producteurs (en matière d'au-delà notamment) et aux règles de l'apprentissage, du compagnonnage et de la maîtrise, il fallait opposer une contre-façon pour maintenir les masses d'ouvriers et de paysans tranquilles. Cette masse, dirigée par la noblesse avec son coeur et les prêtres avec leur foi, était le seul contrepoids possible aux projets du grand capital. Il fallait donc en distraire les travailleurs.

Le résultat dépassa les espérances, avec la complicité des instituteurs marxistes de l'Education nationale de la république française. Leur haine nationaliste de Guillaume II et leur défaitisme face à Hitler montrent bien de qui ils recevaient leurs ordres pour envoyer nos paysans à la boucherie de 1914 et en faire les témoins passifs de la Shoah.

Pour mieux exploiter les masses laborieuses par le marché du travail et surtout neutraliser son rôle politique, il fallait leur faire rêver d'une utopie. Ainsi on justifia de faire ici de la Russie puis de la Chine la « mère-patrie » des socialistes et la matérialisation de leur paradis en ce monde… et de là-bas le goulag, la tyrannie policière et la paranoïa guerrière permanente. Cette stratégie cynique porta ses fruits empoisonnés au-delà de toute espérance.

Les millions de victimes de Staline et Mao disent merci au Parti communiste et Parti socialiste français.

Seul au final un courageux auteur comme Hergé a osé un « Tintin au pays des Soviets » démasquant l'arnaque du marxisme. Le dessinateur a poussé jusqu'à mettre en scène avec réalisme Rothschild sous les traits de l'infâme Rastapopoulos: marchand de drogue, esclavagiste, faux-monnayeur et gardien de la psychiatrie freudienne grâce à sa secte égyptianniste en capuches, frappée du logo du Taoïsme défiguré. Evidement, c'est pour les enfants. Pour les adultes, il y a la télévision des journalistes de gauche.

A tout dire, les analyses de Karl Marx ne sont pas dénuées d'intérêt lorsqu'il dénonce l'emprise du capital, de même que celle de Ritter sur l'influence du nomadisme dévié. Toutefois, en en faisant l'Eglise et la noblesse les porteurs historiques de la monnaie, le marxisme déviait la vindicte populaire vers les deux seules institutions qui pouvaient encore mettre fin aux terribles conditions d'esclavage de la modernité. L'ambition du nazisme a été plutôt de détruire le Christianisme en commençant par sa religion racine: le Judaïsme. Les deux pour Jekyll island.

Le rôle du marxisme s'est limité à faire croire aux ouvriers et paysans qu'une fois débarrassés des institutions traditionnelles de la sédentarité (noblesse et religion), ils pourraient échapper à l'emprise du capital. Or le capital n'était plus détenu par l'Eglise et les nobles (propriétaires fonciers) depuis longtemps mais les propres bailleurs de fonds du marxisme, auquel l'URSS ni la Chine ne s'attaqueront jamais!

Il n'est tout de même pas difficile de faire assassiner les membres des treize familles de psychopathes khazars dirigeant l'Occident lorsque l'on dispose des moyens financiers et humains de la Chine et de la Russie. Les familles aristocratiques exécutées par ces régimes en témoignent dans la tombe, comme l'oeil d'Abel. Il n'en fut rien. La preuve logique est donc faite de leurs liens.

Ceci se passe de démonstration. La preuve est faite par ce simple argument que derrière le rideau, marxistes, fascistes et sionistes se saluent du même signe: celui de Weishaupt.

L'éthique marxiste (ou plutôt son absence d'éthique), ses rites communautaires inversés et son idéal de paradis socialiste ne sont qu'une contre-façon des règles, des pratiques et des croyances sur l'au-delà des métayers et des apprentis dans le monde traditionnel, devenus paysans et ouvriers dans l'enfer moderne. Pour rependre dom Camillo s'adressant à Pépone, le maire communiste du village venu en cachette faire baptiser son fils du nom de Lénine :

« Quand on a cru à Karl Marx, on peut croire n'importe quoi ».

Thématique traditionnelle	Thématique marxiste
Producteurs: métayers et apprentis	Paysans et ouvriers
Le partage et l'entre-aide	La collectivisation des moyens de production par l'Etat propriétaire
La vie communautaire en ce monde autour du seigneur (défenseur) et pour le monde à venir autour du prêtre (guide spirituel)	La destruction des classes sociales par la lutte politique et le terrorisme
La croyance au paradis de l'au-delà	L'athéisme matérialiste

Thématiques des régimes traditionnel et marxiste

b) Le national fascisme, dégénérescence de l'initiation de la noblesse.

La nation est ainsi une idole, générée à dessein depuis le XIIe siècle dans les milieux de ce qui allait l'Illuminatisme, essentiellement les apostats du Judaïsme puis du Christianisme. J'ai pu indiquer plus haut son caractère nocif. Elle le deviendra encore plus lors de l'avénement du fascisme, qui conjugue nationalisme et ambition totalitaire de l'Etat en réaction à l'empire du capital libéral.

Envisager le fascisme sans parler de Karl Ritter est assez difficile, même si tous les universitaires modernes du monde le font. J'y viendrai. Ce que me préoccupe plus n'est pas la manière dont cette idéologie est apparue, ni avec l'aide de quel agent. Le national fascisme est avant tout pour moi une dégénérescence de l'initiation de la noblesse, en particulier des propriétaires fonciers.

Ce n'est pas un hasard si les fascismes italien et allemand ont pu séduire des aristocrates et des petits propriétaires, que le grand capital apatride avait ruiné ou presque depuis la Révolution française et son exportation partout dans le monde. De même de certains prélats catholiques, dans la mesure où le marxisme menaçait les biens de l'Eglise. Pour beaucoup, Hitler et Mussolini sont passés pour un moindre mal face aux horreurs de Lénine et Staline en Russie et en Espagne. En 1940, le choix était: Rothschild (Churchill), Staline ou Hitler. Le pied!

L'initiation dans la noblesse vise traditionnellement à l'image de la maçonnerie pour les maçons à transmettre aux chevaliers ce qui est nécessaire à l'exercice de leurs fonctions de défense et d'administration du royaume. Les outils comme l'épée et le maillet, des gestes comme l'adoubement et l'accolade ainsi que des sciences guerrières et administratives y étaient transmises.

Le philosophe grec Platon est sans doute celui qui a le mieux théorisé ce que devrait être l'éducation de la noblesse dans son essai « La République ». Il y décrit les enseignements de nature à favoriser l'émergence, le développement et le maintien des qualités nobiliaires. Dans son discours « Le banquet », on approche de plus prés le rôle de l'initiation et de la transmission, notamment par l'amour pédérastique et l'agape. Certains de ces éléments ont pu être introduits dans l'initiation maçonnique par les aristocrates venus y spéculer. Les hauts grades portent ainsi la trace des doctrines de Platon et des fonctions dans la noblesse (les titres et les emblèmes).

L'amour pédérastique, l'agape et l'importance donnée à la transmission militaire et administrative ont pu s'inverser dans le fascisme, par décadence et dégénérescence des initiations nobiliaires. L'homophobie, l'hygiénisme naturaliste et le rôle donné aux fonctionnaires de l'Etat totalitaire portent la marque de fabrique de cette inversion, donc du satanisme.

Tout comme la Révolution française fomentée par les Grands Orients a persécuté les maçons refusant d'entrer dans les clubs révolutionnaires, le nazisme a vu le jour au sien du Grand Orient d'Allemagne... puis a détruit les loges. Des milliers de maçons sont morts dans les camps.

Karl Ritter (1779-1859), un professeur allemand d'histoire et de géopolitique, fut chargé par les Rothschild d'écrire l'antithèse du Manifeste du parti communiste de Karl Marx, tout comme plus tard Theodor Herzl (1860-1904) de concevoir le sionisme dans son ouvrage « L'Etat juif ». Les trois idéologies reposent sur une même base: la nation et l'Etat. Ce sont un internationalisme de façade exprimé dans le nationalisme soviétique, un nationalisme à visée mondialiste dans le nazisme et un Etat national et international dans le sionisme ambitionnant la domination globale, les trois appuyés sur un Etat totalitaire.

Là où Herzl affirme la race sémitique comme groupe de nomades visant à un Etat, Ritter souligne le rôle de la race aryenne comme fondatrice d'un Etat visant à envahir le monde. Les deux idéologies sont jumelles et fonctionnent sur la même réthorique: athéisme, nationalisme, Etat et domination.

Ritter n'est pas plus chrétien et aryen (donc descendant de Japhet) que Herzl ou Marx ne sont juifs et sémites (de Sem). Les trois sont des descendants de la racaille des Khazars, des asiatiques descendants de Cham, et athées, au moins en façade. Le nazisme fut créé à partir de l'oeuvre de Karl Ritter au sein du Grand Orient d'Allemagne. Le groupe obéissait aux banquiers apatrides, sachant qu'ils n'avaient que eux choix: les servir comme Herzl ou les détruire.

La banque Rothschild imposa un de ses fils comme dirigeant de la secte: Adolf Hitler, petit-fils adultérin d'Adam Rothschild, patriarche de leur branche familiale à Vienne. Le chaman fut assuré de crédits illimités pour mener à bien le projet conçu par Ritter. J'en apporterai la preuve dans la quatrième partie de cet ouvrage sur base de documents des services secrets russes.

Les liens menant de Karl Ritter aux dirigeants nazis sont peu peu connus. Karl Ritter indique dans son oeuvre qu'un petit groupe de banquiers riches, influents et apatrides, avait organisé dés 1773 la franc-maçonnerie du Grand Orient dans le but d'en faire un mouvement international de destruction des royautés et des religions, afin de les remplacer par le chamanisme Tengri et un gouvernement mondial sur le modèle de Genghis Kahn. Merci au passage pour la confirmation.

La totalité de ces banquiers Internationaux étaient d'ascendance khazare, sans considérer le fait qu'ils pratiquaient ou non en apparence la religion juive ou chrétienne ou l'Islam. Ritter eut donc l'idée de les assister en leur permettant de détruire le sémitisme et le danger que pouvait représenter une coalition d'Européens convertis aux religions du Livre (Judaïsme, Christianisme et Islam).

Karl Ritter proposa à la noblesse allemande un séduisant programme de destruction des juifs, des catholiques et des musulmans, en faisant appel au nationalisme. Une fois convaincus qu'ils appartenaient à la « nation supérieure aryenne », les Allemands n'auraient qu'à exterminer les Juifs et la Papauté et diaboliser l'Islam, pour revenir à leur identité première de « Germains »... et ainsi surtout laisser le champ libre aux Khazars.

Selon William Guy Car, le plan était de suivant:
« 1. La domination de tous les pays européens par l'Allemagne. Pour réaliser ce point il suggéra de (...) convaincre le peuple allemand de sa supériorité physique et mentale par rapport aux races sémites (...)
2. Karl Ritter recommanda une politique financière qui empêcherait les banquiers internationaux d'obtenir le contrôle de l'économie allemande et de ses États satellites comme ils avaient obtenu le contrôle économique de l'Angleterre, de la France et de l'Amérique.
3. Il recommanda l'organisation d'une cinquième colonne nazie pour contrer l'organisation communiste « souterraine ». Son objectif était de persuader les classes moyennes et dirigeantes des pays qu'ils avaient l'intention de dominer, d'accepter le fascisme comme seul antidote au communisme (...)
4. Karl Ritter recommanda froidement la destruction totale du communisme et l'extermination de la « race

juive ». C'était essentiel d'après lui, pour obtenir le contrôle final des affaires internationales sous la direction des dirigeants aryens. Il justifia cet argument expéditif par les faits historiques qui prouvaient que les banquiers juifs internationaux utilisaient le communisme pour favoriser leurs propres visées matérialistes et égoïstes (op. cit.) ».

La noblesse allemande, déjà très déchristianisée sous l'effet du Calvinisme (créé par le juif apostat Cohen, dit Cauvin ou Calvin) et de l'idéologie des Lumières, et les milieux catholiques et nationalistes tombèrent dans le piège et crurent trouver dans l'idéologie de Ritter et le nazisme un moyen de lutter efficacement contre le communisme et l'action du grand capital apatride, se prétendant juif et ayant financé le marxisme.

De la même façon, les ouvriers et les paysans avaient pensé légitimement échapper aux conditions aliénantes de le modernité dans le marxisme, modernité qu'ils imputaient à tort à l'aristocratie et au capital bourgeois.

De la même manière les Juifs pensaient échapper à leur sort en se précipitant en Israël, la colonie des Rothschild. En vain... tout le monde s'est fait baiser et ce qui attend les imprudents émigrés en Palestine est absolument monstrueux. Celui que les Romains ont nommé le roi des Juifs, Jésus-Christ, l'annonce à des Juifs:

« Vous verrez celui qu'on appelle «l'Horreur abominable», dont le prophète Daniel a parlé ; il sera placé dans le lieu saint. — Que celui qui lit comprenne bien cela !

— Alors, ceux qui seront en Judée devront s'enfuir vers les montagnes ; celui qui sera sur la terrasse de sa maison ne devra pas descendre pour prendre ses affaires à l'intérieur ; et celui qui sera dans les champs ne devra pas retourner chez lui pour emporter son manteau. Quel malheur ce sera, en ces jours-là, pour les femmes enceintes et pour celles qui allaiteront ! Priez Dieu pour que vous n'ayez pas à fuir pendant la mauvaise saison ou un jour de sabbat ! Car, en ce temps-là, la détresse sera plus terrible que toutes celles qu'on a connues depuis le commencement du monde jusqu'à maintenant, et il n'y en aura plus jamais de pareille. Si Dieu n'avait pas décidé d'abréger cette période, personne ne pourrait survivre. Mais il l'a abrégée à cause de ceux qu'il a choisis. » (Mat, 24:15-18).

Chers frères Juifs, quittez l'Israël du khazar Rothschild et de satan!

En 1989, la Russie était mise au pas, l'indépendance de Staline ayant provisoirement contrarié les plans des banquiers mais tout compte fait, il s'était avéré utile comme épouvantail. Les banksters avaient certes dû accepter un partage du monde avec les marxistes, devenus indépendants, mais ce n'était que situation provisoire, le marxisme n'étant pas viable économiquement. La Chine négocia vite avec ces mêmes banquiers sa survie à la mort de Mao. L'Europe était devenue en 1992 un satellite des USA, sous leur contrôle, l'Allemagne était vaincue, humiliée et dépeuplée. Il fallait encore la repeupler dans les années

2000 avec des Sémites (maintenant des Arabes), pour ensuite remettre un petit coup de génocide.

En un siècle, on était passé d'un monde dominé par la noblesse et sous le contrôle éthique des religions, à une planète où le sionisme avait triomphé du marxisme et du fascisme par le biais du libéralisme.

La dette publique explosa partout, les crises se succédèrent, les conflits liés à la domination du dollar furent incessants et l'ombre de la troisième guerre mondiale se dessine pour embraser de nouveau la planète.

Presque plus rien ne peut désormais s'opposer au pouvoir des Khazars, qui ont placé leurs idéologies et leurs agents dans tous les pays, quitte à organiser eux-mêmes leur opposition pour mieux la détruire selon la théorie du « nid de frelons ». DAESH est une création israélienne[31], même le Pentagone en a fait l'aveu public, destinée à gérer le Hezbollah iranien et à ficher les Occidentaux sensibles à l'argumentaire sémite[32].

---

[31] Afrique Asie, Le général américain Wesley Clark : « Daesh est une création israélienne », à http://www.afrique-asie.fr/le-general-americain-wesley-clark-daesh-est-une-creation-israelienne/

[32] Le Figaro, États-Unis : le Pentagone a déboursé des millions de dollars pour de fausses vidéos djihadistes, à http://www.lefigaro.fr/international/2016/10/04/01003-20161004ARTFIG00094-etats-unis-le-pentagone-a-debourse-des-millions-de-dollars-pour-de-fausses-videos-djihadistes.php

Faisons encore remarquer que quatre pays ont une banque centrale échappant au contrôle direct ou indirect des Rothschild: Cuba, la Syrie, l'Iran et la Corée du Nord. On comprend mieux pourquoi ces pays sont les derniers dans « l'axe du mal », tel que défini par les « démocraties ». La Russie de Poutine[33] vient d'ailleurs de rembourser ses dettes à la banque Rothschild et celles de trois de ces pays et d'autres :

« En 1994, la dette de l'ancienne URSS était de près de 105 milliards de dollars. La plus grande partie de ce montant (plus de 47 milliards de dollars) a été accordée au Club de créanciers de Paris. C'était un bassin de 19 créanciers, principalement dans l'Ouest, y compris les États-Unis et le Royaume-Uni (CQFD: l'URSS était financée par l'ouest) (...) En 2014, la Russie a effacé plus de 30 milliards de dollars de la dette de Cuba, qui représentait 90% du passif total (...) La Russie a également annulé la dette de l'Irak de 21,5 milliards de dollars, la Mongolie (11,1 milliards de dollars), l'Afghanistan (11 milliards de dollars) et la Corée du Nord (10 milliards de dollars), ainsi que des dettes de 20 milliards de dollars de la part de plusieurs pays africains ».

Poutine patriote russe ou Poutine agent khazar des Rothschild? Ah, ah, ah! Suivez l'argent...

---

[33] Réseau international, Poutine efface la dette finale de la Russie à Rothschild détenue par les banques centrales, à https://reseauinternational.net/poutine-efface-la-dette-finale-de-la-russie-a-rothschild-detenue-par-les-banques-centrales/

Thématique traditionnelle	Thématique fasciste
Nobles: chevaliers guerriers et servants administrateurs	Le soldat et le fonctionnaire de la bureaucratie
La loyauté entre pairs	La sélection darwinienne des membres « purs » de la nation
La vie communautaire en ce monde autour du seigneur (défenseur) et pour le monde à venir autour du prêtre (guide spirituel)	La nation comme origine, moyen et but L'Etat-nation totalitaire comme propriétaire ultime
La croyance au paradis de l'au-delà	Le paganisme pré-chrétien de nature chamanique

c) Le capitalisme mondialiste et sioniste, dégénérescence de l'initiation du clergé.

Le capitalisme mondialiste est dirigé par la City et Watt Street, où dominent ce qu'il est convenu d'appeler depuis la crise de 2007 : les « banksters ». Cette situation s'est consolidée bien avant et de siècles en siècles depuis l'Empire romain, avec une accélération depuis le dictateur anglais Cromwell, la Révolution française et le président américain Wilson. On impute généralement la cause de cette situation au club de banquiers réuni en 1910 sur leur île de villégiature Jekyll island en Géorgie (USA) et nommé depuis « groupe de Jekyll island ».

Dans sa démonstration « La créature de l'île Jekyll », l'auteur américain Edward Griffin a mis en lumière les conditions de la création de la Réserve Fédérale et de la réforme des contributions aux USA. Il décrit notamment comment le monopole de création de la monnaie fiduciaire aura permis à un petit cercle de banquiers escrocs de contrôler les institutions américaines, en achetant l'autorité et l'emprise des gens qui les dominent par la monnaie de singe qu'ils créèrent grâce à la Réserve Fédérale.

En 1910 donc, ce petit cercle de millionnaires de New York, dont J. P. Morgan, William Rockefeller et leurs associés, possédait l'île Jekyll en totalité et leurs familles venaient y passer les mois d'hiver, l'Etat américain de Géorgie leur rappelant leur Khazarie natale (à cheval sur le Kazakhstan et la Géorgie). L'île servait de lieu de vacances et on l'appelait le Club de l'île Jekyll. On y retrouve encore un pavillon où se trouve une pièce spéciale. Sur la plaque de laiton fixée à la porte de cette salle, on peut lire :

« Le système de la Réserve fédérale fut créé dans cette pièce ».

La preuve est là. Qui sont ces banquiers et qu'y ont t-ils planifié ? Edward Griffin en donne la liste et les fonctions. William Guy Car est plus précis sur les intentions.

Les conspirateurs de Jekyll island furent :

1. Le sénateur Nelson Aldrich, chef du parti républicain du Sénat, était membre de la Commission monétaire nationale. Le comité spécial du Congrès avait été créé dans le but d'émettre des recommandations relatives à la réforme législative des opérations bancaires des USA.

2. Abraham Piat Andrews, le secrétaire-assistant du Trésor américain, devint un membre du Congrès et fut tout au long de sa carrière un politicien très influent dans les milieux bancaires.

3. Frank Vanderlip, le président de la National Bank de New York, la plus grande et la plus puissante banque des USA, représentait les intérêts financiers de William Rockefeller, impliqué dans le financement des bolchéviques de Russie, et de la société d'investissement internationale Kuhn, Loeb and Company, dont on reparlera plus bas pour ses liens avec la naissance du nazisme.

4. Henry Davison, l'associé principal du plus riche banquier au monde J. P. Morgan Company, était également présent. La silhouette de Morgan est celle du banquier du jeu de Monopoly.

5. Charles Norton, le président de la First National Bank de New York, participait à la forfaiture.

6. Benjamin Strong, le directeur général de la J. P. Morgan's Bankers Trust Company, y assistait également et en devint d'ailleurs le P.D.G., trois ans plus tard, suite à l'adoption de la Loi sur la Réserve fédérale.

7. Paul Warburg était probablement l'homme le plus important en ces lieux grâce à ses connaissances bancaires européennes. Allemand de souche, il se fit naturaliser citoyen américain. En plus d'être un partenaire de la Coon, Loeb and Company, il représentait également la dynastie bancaire Rothschild en Angleterre et en France. De plus, il entretenait des liens étroits avec son frère Max, le directeur en chef du consortium bancaire Warburg en Allemagne et aux Pays-Bas, impliqué à outrance dans le nazisme. Paul Warburg était l'un des hommes les plus riches du monde.

Ces sept hommes - tous adeptes du Rite écossais d'Albert Pike - se trouvaient sur l'île Jekyll et représentaient à eux seuls en ce temps, directement et indirectement, approximativement un quart de la richesse planétaire globale.

On retrouve sur le dollar américain, cette monnaie que leur banque privée (la Réserve Fédérale) imprime et vend à sa valeur faciale plus intérêts au peuple américain et aux marchands du monde entier (qui ne peuvent échanger dans d'autres monnaies), tous les symboles de l'idéologie de Weishaupt. Ceci prouve la filiation sans conteste entre le groupe de Jekyll island et le père de l'Illuminatisme.

Quelques exemples non limitatifs :

1. Sur la gauche du billet d'un dollar est frappé l'emblème de l'Ordre des Illuminati, créé Weishaupt lorsqu'il fonda l'ordre, le 1er mai 1776. Cet événement est indiqué par la date en latin MDCCLXXVI au pied de la pyramide. Il ne fut utilisé par la franc-maçonnerie qu'après sa subversion par l'Ordre des Illuminati au Congrès de Wilhelinsbad en 1782. Ce n'est donc pas un symbole maçonnique authentique.

2. La pyramide fait référence à leur « secret » : leur ancêtre est pharaon dans la lignée de Cham, dirigeant qui fut assassiné selon eux par les Juifs et qu'ils se promettent de détruire par le Sionisme, ainsi que toutes les religions du Sémitisme, Eglise catholique et Islam compris.

3. L'oeil irradiant au sommet de la pyramide est celui de Lucifer. Il symbolise aussi leur capacité d'espionnage dans

toutes les directions, qui ne fut réellement accompli qu'avec les technologies de l'information actuelles.

Cette ambition s'exerça en premier lors de la période de la Terreur de la Révolution Française, avec un contrôle par une armée de fonctionnaires dévoués et de délateurs rémunérés de tous les courriers et conversations de France. Le réseau Internet et les espions qui le surveille sont leurs héritiers.

L'Islam annonce dans sa prophétie de l'antéchrist (dajjal) que ce dernier sera doté seul d'oeil (« dajassa »), dans lequel on peut voir la caméra de surveillance et la webcam piratée par les services d'espionnage pour entrer dans la vie intime des internautes. George Orwell l'a anticipé dans son roman « 1984 » avec le « télécran » affichant l'image de Big Brother et par lequel les sbires sadiques du « Ministère de la vérité » épie les zombies de son Etat totalitaire socialiste anglais (Eng'Soc).

4. La formule « Annuit coeptis » annonce « Notre entreprise (la conspiration) a été approuvée et sera couronnée de succès ». Cette entreprise est celle des Khazars, dont Weishaupt est leur idéologue moderne.

5. Au-dessous, la formule « novus ordo seclorum » éclaire le caractère de la conspiration : un « nouvel ordre (social) séculier », donc sans Dieu, sans clergé, sans noblesse et sans corporations de métiers.

Qui osera affirmer que le lien entre la banque moderne et l'illuminatisme est une fable? La preuve est sous nos yeux depuis cent ans et touchée par des millards de gens journellement.

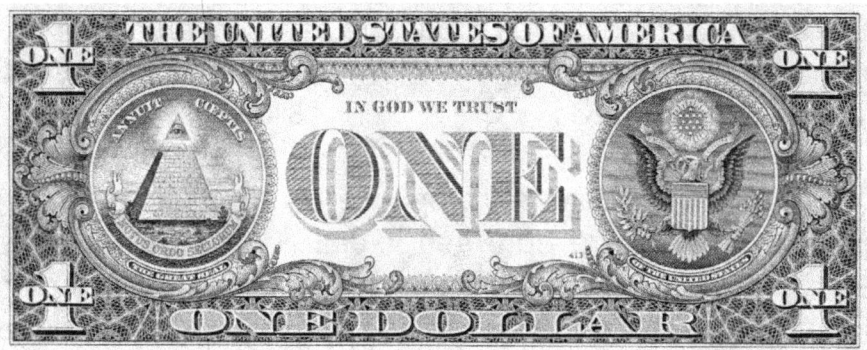

Le plan militaire imaginé par Albert Pike de 1859 à 1871 à la lecture des divagations mystiques d'Eliphas Levi et des idées de Weishaupt fut égalent définitivement adopté à Jekyll island.

Le marxisme, le fascisme et le sionisme, parodies sataniques des initiations de métier, de la chevalerie et des clercs européens, allaient être financés et utilisés pour générer trois conflits mondiaux, au terme desquels l'humanité exsangue se vouerait corps et âmes à la doctrine luciférienne de Weishaupt: le chamanisme Tengri de Genghis Kahn en version moderne « up-to-date ».

1. La première guerre mondiale devait faire de la Russie l'empire satanique du marxisme, qui rendait nécessaire de liquider le Tsar, roi très chrétien et descendant de ceux qui avaient rasés la Khazarie pour l'intégrer à leur empire et sa religion sémitique.

L'URSS devait devenir le bastion de la science et de l'athéisme, le peuple russe majoritairement slave étant jugé comme assez inférieur pour gober une telle ineptie et se laisser massacrer. Slave vient « d'esclave » et est un terme issu des conceptions raciales allemandes.

2. La deuxième guerre mondiale devait être fomentée en opposant les fascistes et les sionistes, sur la base des divagations raciales de Karl Ritter et de Theodor Herzl. L'Allemagne serait vaincue, expurgée du Catholicisme et des communautés de Juifs orthodoxes, humiliée et reprise en main par la finance.

L'Etat laïc d'Israël devrait émerger des fumées des camps d'extermination pour être utilisé comme instrument de déstabilisation du monde arabe, puis de destruction de l'Islam. Ainsi, les Juifs et les Chrétiens modernistes se méprendraient et assimileraient la venue de l'antéchrist et sa parodie de royaume de Judée à la celle du Christ du retour et au rétablissement d'Israël comme pôle religieux d'intérêt mondial.

Car c'est ce qu'annonce le prophétisme abrahamique: son retour comme leader intellectuel du monde, depuis

Jérusalem, et la seconde venue de Jésus. L'Israël laïc des Rothschild n'est qu'une parodie pour l'empêcher et imposer son néo-chamanisme Tengri, quitte à faire de la Palestine un bain de sang et une poubelle nucléaire.

Il ne fait aucun doute qu'avant de se barrer - s'ils en étaient délogés - les sionistes n'hésiteraient pas un instant à lancer une bombe nucléaire sur la Terre sainte et en accuser l'Iran, quitte à revenir ensuite en éternelles victimes. Les descriptions de Jésus sont à ce titre assez funestes et les Khazars nous ont habitués à leur pratique du false-flag. Organiser sa propre opposition et tuer y compris les siens pour imposer ses solutions.

3. La troisième guerre mondiale doit être orchestrée grâce à trois acteurs (A, B et C ci-dessous) :

A. La Russie et la Chine communistes mises en réserve et provisoirement vouées au libéralisme afin de détruire l'industrie européenne et américaine dont les travailleurs représentent un danger pour la finance ;

B. Le monde arabo-musulman resté traditionnellement fidèle au Sémitisme ;

C. L'occident dominé par le Sionisme : USA, Canada, Australie, Japon, Union européenne et Amérique du sud (maintenue sous contrôle selon la théorie Monroe).

L'ancien agent secret canadien Willian Guy Car décrit ce projet en 1958, sur la base de documents officiels et de notes de renseignement. On a voulu faire croire que l'auteur avait pour cela dénaturé une lettre d'Albert Pike au chef des anticléricaux italiens Guiseppe Mazzini. La lecture de « Des pions sur l'échiquier » démontre le contraire.

La lettre de Pike est citée en appui de la description de cet agenda pour l'avènement du nouvel ordre des Illuminés de la banque. Comme dans le cas des Protocoles des sages de Sion, on a voulu semer le doute sur l'authenticité des faits rapportés, le tout en criant à l'antisémitisme. L'accusation est assez efficace depuis les divagations de Ritter et Herzl.

Ce programme monstrueux est avant tout une entreprise religieuse, ou plutôt pseudo-religieuse, puisqu'il s'git de détruire les religions sémitiques pour imposer une version moderne du Tengrisme, le chamanisme des descendants de Cham en Asie centrale et sa formulation déjà expérimentée en pseudo-religion de sédentaires sous l'Egypte pharaonique.

Ce n'est pas pour rien que les monuments du Nil sont devenus depuis la fin du XVIIIe siècle un « must » de la (dé)formation des élites mondiales. Napoléon Bonaparte s'y précipita avec la clique de savants illuminatistes grâce à laquelle il entendait fonder son « nouvel ordre » contre l'Eglise et la noblesse terrienne, que la Révolution (dont il avait été un éminent général) avait exterminés et dépossédés.

Cette entreprise pseudo-religieuse est ainsi résumée dans la lettre de Pike à Mazzini en date du 15 août 1871:

« Nous lâcherons les nihilistes et les athées et nous provoquerons un formidable cataclysme social qui montrera aux nations, dans toute son horreur, l'effet de l'athéisme absolu, à l'origine de la sauvagerie la plus sanglante et du bouleversement intégral. Ainsi obligés de se défendre partout contre la minorité de révolutionnaires, les citoyens extermineront ces destructeurs de la civilisation. La multitude, emplie de désillusions vis-à-vis du Christianisme dont les adorateurs seront à ce moment désorientés et à la recherche d'un idéal, sans plus savoir vers où diriger leur adoration, recevra la véritable lumière par la manifestation universelle de la pure doctrine de Lucifer. Elle sera enfin révélée au peuple, cette manifestation qui résultera du mouvement réactionnaire général suivant de près la destruction du Christianisme et de l'athéisme, tous les deux conquis et détruits au même instant ».

Elle se passe de commentaire. Ce qui est visé est donc un anti-catholicisme romain, dans la mesure où l'Orthodoxie chrétienne a déjà été vaincue en Russie par le marxisme d'un côté et le Judaïsme par le sionisme de l'autre côté dans leurs sphères respectives de diffusion. On est passé en soixante-dix ans en Occident d'une population qui allait à prés de 50% à la messe du dimanche ou à la synagogue… à moins de 4% de nos jours.

En parallèle, le new-âge a comblé le vide, sur la base des divagations orientalistes de la société théosophique et des pratiques spirites, tandis que la franc-maçonnerie infiltrée et dénaturée servait à contrôler les élites, y compris en les impliquant dans des scandales financiers et sexuels. La troisième guerre mondiale devrait régler son compte à l'Islam, déjà infiltré et transformé sous l'influence de l'idéologie des Lumières en « islamisme ».

La bande de pouilleux d'Asie centrale, devenu usurière, entend exercer sa vengeance contre ceux qu'elle accuse d'avoir détruit sa Khazarie et son Egypte pharaonique. Ridicule, pathétique, vain? Sans aucune doute. Pour parvenir à s'imposer, le lavage de cerveau opéré depuis la Renaissance en Europe restera un cas unique dans l'histoire des perversions de la pensée et du libre-arbitre. Le psychotronisme est ainsi la cerise sur le gâteau, les trois grenouilles de l'apocalypse (marxisme, fascisme et sionisme) n'ayant été que les étapes menant à cet état de fait écoeurant.

Thématique traditionnelle	Thématique sioniste
Clercs: enseignants et médecins	L'industriel de la pharmacie, de la guerre (pseudo-religieuse) et des médias
La fidélité et la bienfaisance	Le darwinisme social et le transhumanisme
La vie communautaire en ce monde autour du seigneur (défenseur) et pour le monde à venir autour du prêtre (guide spirituel)	La destruction de la société par l'individualisme et la corruption
Le prophétisme abrahamique	Le messianisme luciférien

Section 4. Les 12 mentors, leurs lois et leurs mythes.

J'ai indiqué plus haut que le nomadisme s'organisait de manière tribale, avec douze groupes distincts frappés d'interdits et de privilèges chez les Amérindiens. Ce mode de fonctionnement se retrouve chez les Hébreux après la sortie d'Egypte, lorsque furent formées les douze tribus d'Israël. Leur fonctionnement fut optimal jusqu'à l'introduction de la royauté davidienne, qui bouleversa ce schéma

Brièvement: lassés d'être la proie des monarchies les entourant, les Hébreux demandent à Dieu de se sédentariser définitivement et de leur donner un roi, en la personne de David. Ce dernier n'est pas le titulaire désigné par la loi mais un jeune berger héroïque, amant de Jonathan, le fils du premier souverain (le roi Saül) envisagé puis déchu pour avoir pratiqué le spiritisme.

Avec la destruction par les Babyloniens puis les Romains de la royauté d'Israël, la communauté davidienne formant l'empire de Juda (donc les juifs) subit une interdiction divine: ne plus demeurer à Jérusalem de manière organisée et autonome. La diaspora commence dans le sang et la destruction. La cité est confiée aux Romains puis aux musulmans jusqu'à l'époque récente où elle tombe sous mandat anglais puis devient de nos jours l'Etat sioniste, laïque, guerrier et messianiste que l'on connait.

Dés lors, la condition de nomade imposée aux juifs n'est plus respectée et on doit d'attendre à une inversion de paradigmes. Soit la monarchie fait son retour et tout ira bien avec la bénédiction de Dieu. Soit un drame va sanctionner cette aventure. La plupart des Israéliens lucides attendent donc la venue de messie, roi d'Israël, et craignent une destruction de leur Etat. On les comprend et on se joint à leur crainte sans restriction.

A ce titre, René Guénon dénonçait le caractère maléfique du nomadisme dévié et soulignait le rôle pervers de certains juifs coupés de leur tradition religieuse. Ils auraient une influence à l'opposée de la mission des juifs, c'est à dire alors égarer et tromper, dans une ambiance sulfureuse de blasphème.

Un exemple clair de transformation des arcanes salvatrices du judaïsme en instrument de perdition est la psychanalyse freudienne. La pratique clinique est claire de cette ambition malsaine: elle ritualise la lecture des mémoires pour renforcer la pensée dualiste et a évacué Dieu, pour le ranger dans le domaine des superstitions.

Freud a clairement imaginé son contre-rituel psychanalytique en inversant les éléments du culte juif à la synagogue:
- page blanche du psychanalyse contre page ornée de la Torah;
- stylo immobile du psychanalyste contre stylet suivant les lignes de la Torah du lecteur;

- position dans le dos du patient du psychanalyste contre position face à la foule du célébrant juif;
- lecture des mémoires contre lecture de la loi divine, etc.

Ce judaïsme dévié et inversé a été amplement utilisé pour partir à l'assaut de la psychologie traditionnelle, appelée « science de l'âme », en appui de pratiques contre-initiatiques basées sur les vestiges des initiations de métier et de la kabbale dans certains groupes occultes dirigeant la république.

Ce qui ne pouvait être détruit en occident, comme le christianisme, a été faussé, en particulier les doctrines orientales comme le bouddhisme ou l'hindouisme et les yogas. La lettre d'Albert Pike au républicain italien Mazzini est assez clair sur ce point: un délire occultiste vaguement inspiré du judaïsme préside à un messianisme eschatologique délirant, dans lequel la psychanalyse a été conçue comme une pseudo-religion, celles des rationalistes et des laïcistes français en particulier. Notons que cette lettre a été falsifiée au même titre que les faux Protocoles des sages de Sion pour alimenter la thèse « antisémite ».

Dés lors, il ne faut pas s'étonner que les juifs coupés de leur tradition et des règles du nomadisme soient suspectés d'être ceux qui accueilleront en libérateur celui que Jésus appelle « le fils de la perdition », c'est à dire « l'antéchrist » des chrétiens ou de « dajjal » des musulmans.

Saint Paul annonce :

« Pour ce qui concerne l'avènement de notre Seigneur Jésus-Christ et notre réunion avec lui, nous vous prions, frères, de ne pas vous laisser facilement ébranler dans votre bon sens, et de ne pas vous laisser troubler, soit par quelque inspiration, soit par quelque parole, ou par quelque lettre qu'on dirait venir de nous, comme si le jour du Seigneur était déjà là. Que personne ne vous séduise d'aucune manière ; car il faut que l'apostasie soit arrivée auparavant, et qu'on ait vu paraître **l'homme de l'iniquité, le fils de la perdition, l'adversaire qui s'élève au-dessus de tout ce qu'on appelle Dieu ou de ce qu'on adore, jusqu'à s'asseoir dans le temple de Dieu, se proclamant lui-même Dieu.** Ne vous souvenez-vous pas que je vous disais ces choses, lorsque j'étais encore chez vous ? Et maintenant vous savez ce qui le retient, afin qu'il ne paraisse qu'en son temps. Car le mystère de l'iniquité agit déjà ; il faut seulement que celui qui le retient encore ait disparu. Et alors paraîtra l'impie, que le Seigneur Jésus détruira par le souffle de sa bouche, et qu'il anéantira par l'éclat de son avènement. L'apparition de cet impie se fera, par la puissance de Satan, avec toutes sortes de miracles, de signes et de prodiges mensongers, et avec toutes les séductions de l'iniquité* pour ceux qui périssent parce qu'ils n'ont pas reçu l'amour de la vérité pour être sauvés. Aussi Dieu leur envoie une puissance d'égarement, pour qu'ils croient au mensonge, afin que tous ceux qui n'ont pas cru à la vérité, mais qui ont pris plaisir à l'injustice, soient condamnés. » (2 Thessaloniciens 2).

Que sait t-on de lui ? Tout d'abord, il est issu de la communauté juive, de sang et non de foi. La tradition médiévale en fait un descendant de la tribu de Dan, donc de Jésus, via Marie de Mandala, leur fille et les femmes mérovingiennes. Cela signifie que l'antéchrist sera de sang royal européen par sa mère. Le fils d'un reine mérovingienne, descendante de Jésus?

Saint Jean le confirme :
    « Petits enfants, c'est la dernière heure, et comme vous avez appris qu'un antéchrist vient, il y a maintenant plusieurs antéchrists: par là nous connaissons que c'est la dernière heure. Ils sont sortis du milieu de nous, mais ils n'étaient pas des nôtres; car s'ils eussent été des nôtres, ils seraient demeurés avec nous, mais cela est arrivé afin qu'il fût manifeste que tous ne sont pas des nôtres... » (1 Jean, 2:18).

Ces antéchrists sont désignés par Nostradamus comme trois personnages historiques, outre l'empereur Néron : le franc-maçon Napoléon, qui s'est sacré empereur de sa main sacrilège, le médium sataniste Hitler et l'antéchrist anglo-saxon à venir. Tous sont issus du milieu juif, mérovingien dans le cas de Napoléon et Rothschild dans celui d'Hitler.

On remarquera aussi que tous les acteurs sans exception de la révolution bolchévique étaient des juifs apostats, à commencer par Lénine et Trotsky, disciples du juif apostat Marx. Certains auteurs pensent que George Walker Bush serait le dernier des antéchrists avant la venue du grand antéchrist final, lui-même ayant un lien avec treize familles maléfiques de kabbalistes apostats, voués au diable.

Cette situation était parfaitement prédite et de longue date, sur l'apparition d'une synagogue de satan:

- « Mais l'Esprit dit expressément que, dans les derniers temps, quelques-uns abandonneront la foi, pour s'attacher à des esprits séducteurs et à des doctrines de démons » (1 Timothée 4:1);

- « Car il viendra un temps où les hommes ne supporteront pas la saine doctrine; mais, ayant la démangeaison d'entendre des choses agréables, ils se donneront une foule de docteurs selon leurs propres désirs » (2 Timothée 4:3-4);

- « Il y a eu parmi le peuple de faux prophètes, et il y aura de même parmi vous de faux docteurs, qui introduiront des sectes pernicieuses, et qui, reniant le maître qui les a rachetés, attireront sur eux une ruine soudaine » (2 Pierre 2:1);

- « Ecris aussi à l'Ange de l'Eglise de Philadelphie : le Saint et le Véritable, qui a la clef de David, qui ouvre, et nul ne ferme; qui ferme, et nul n'ouvre, dit ces choses. Je connais tes œuvres : voici, je t'ai ouvert une porte, et personne ne la peut fermer; parce que tu as un peu de force, que tu as gardé ma parole, et que tu n'as point renoncé mon Nom. Voici, je ferai venir ceux de la synagogue de satan qui se disent juifs, et ne le sont point, mais mentent; voici, [dis-je], je les ferai venir et se prosterner à tes pieds, et ils connaîtront que je t'aime» (Apocalypse 3:7-9).

Difficile d'être plus clair. L'antéchrist est également annoncé par le prophétisme islamique de la manière suivante (entre autre):
1. il sera né d'une femme d'origine juive se prétendant vierge sans l'être ;
2. il sera borgne, c'est à dire qu'il n'aura qu'un point de vue matérialiste sur l'existence ;
3. il se fera sacré roi d'Israël en toute illégitimité dans un temps de grandes tribulations écologiques et économiques;
4. il sera démasqué à Damas par Mahdi, un libérateur arabe venu du Magreb, et tué par Jésus en personne, descendu des cieux.

D'autres détails issus du christianisme et de l'islam permettent à cette heure de ne plus avoir aucun doute sur son identité et sa prochaine manifestation. En effet, quel prince européen, se prétendant de sang davidien et dont la vertu de mère était controversée, placé au sommet d'un empire voué au matérialisme le plus étroit... pourrait se trouver de nos jours au coeur d'une mystification messianiste au point de sa faire sacrer « roi à Jérusalem » et affirmer être le messie, après un cataclysme mondial, naturel ou fabriqué à dessin ? Tout le monde l'aura reconnu, même si le personnage est pour le moment un peu palot et mis en réserve.

Il en est ainsi dans l'économie cosmique du salut, le peuple qui aura amené une des plus puissantes traditions de salut au monde finirait par se subvertir et enfanter d'un monstre:

« Que personne ne vous séduise d'aucune manière; car il faut que l'apostasie soit arrivée auparavant, et qu'on ait vu paraître l'homme du péché, le fils de la perdition » (2 Thessaloniciens 2:3-12).

On ne saurait donc plaisanter avec les lois cosmiques, et notamment celles qui président au mode d'organisation des collectivités humaines. Sédentaire ou nomade, on est tenu de se plier à certaines règles, sous peine de servir de vecteur ou de support à des manifestations parasites, du domaine de la mémoire et des infra-mondes. Pour ne pas tomber dans ce piège, les tradition spirituelles ont conçu des modèles spirituels sains, dont les constellations zodiacales sont la présence au niveau céleste.

On dispose de trois séries classiques assez fiables : les 12 divinités du bouddhisme japonais, les 12 apôtres de Jésus et les 12 prophètes de l'islam, décrits par Ibn Arabi. Chacun de ces modèles peut être confronté aux données de l'astrologie et mis en perspective avec les lois gouvernant le cosmos.

Comme avec les éléments, nous allons observer la nature et en tirer les conséquences symboliques.

§1. Les constellations de l'écliptique soli-lunaire et les bestiaires célestes.

La zone créée par projection dans le ciel revêt une grande importance dans toutes les traditions spirituelles puisqu'elle rythme les saisons et donc les cultures et les cultes. L'apparition du soleil face à une des grandes quatre constellations indique la saison: le taureau pour le printemps, le lion pour l'été, le scorpion ou l'aigle pour l'automne et le verseau ou l'ange pour l'hiver.

Ces mêmes constellations sont le siège des quatre étoiles fixes et les plus brillantes de la voute céleste: Aldebaran, Régulus, Antarès et Formahault.

D'un point de vue géocentrique, l'écliptique est le cercle imaginaire créé par la projection sur la sphère céleste de la trajectoire annuelle des deux luminaires et de leurs points d'éclipses. Y apparaissent alors des groupes d'étoiles dont la signature de la lumière rappelle des éléments terrestres, selon les règles du symbolisme.

Du point de vue moderne ou héliocentrique, ce cercle est celui de l'intersection entre la sphère céleste et le plan d'écliptique, un plan géométrique comprenant l'orbite de la Terre autour du soleil. Les constellations et leurs noms sont soit des fantaisies d'astronomes, soit le vestige des superstitions de naïfs anciens.

ici encore, deux visions s'opposent: une spirituelle et logique, une moderne basée sur le hasard. Inutile de préciser qui a raison. Le point de vue moderne, sous son illusoire liberté, est aberrant.

Dans le domaine des sciences traditionnelles, l'écliptique fait également l'objet d'une projection sur Terre, à 30 degrés de l'équateur, sous la forme d'un cercle de 100 km de large. Ce cercle va de l'Ile de Pâques à Gizeh et retour, en passant par les géoglyphes du désert de Nazca, Machu Picchu, Cusco, Ollantaytambo, Mohenjo-daro, Ankhor, les pyramides chinoises de Shen-Hsi, Yonaguni au Japon et bien d'autres monuments antiques, tous eux-mêmes réputés construits sur des bâtiments antérieurs de l'époque antédiluvienne et réoccupés par les civilisations suivantes que nous connaissons. Bien entendu, pour la science moderne, c'est un hasard et le progrès technique est réputé avoir été toujours linéaire et constant. Rien que l'histoire récente affirme le contraire, mais soit.

Dans le christianisme, qui l'a hérité du judaïsme, le cercle céleste et sa projection sur Terre sont reliés au mystère de la croix. Au niveau terrestre, la croix est évidemment incarnée par celle de Jésus. Une croix céleste est également représentée sous la forme du trône divin entouré de quatre « Vivants » : le lion, le taureau, l'aigle et l'ange.

Cette vision apparait à deux reprises: sous la plume du prophète Ezéchiel de la bible (Ez 1 ; 1-14) au VIe siècle av.J-C et de saint Jean l'apôtre (Apoc 4; 7-8) dans l'Apocalypse, au début du premier millénaire.

Les Pères de l'église les ont associés plus tard aux quatre évangélistes canoniques: le taureau pour Luc, le lion pour Marc, l'aigle pour Jean et l'ange pour Matthieu. Tout au long du moyen-âge, la figure a été reprise avec au centre le Christ du jugement, lors de son retour, et les quatre Vivants comme repères temporels.

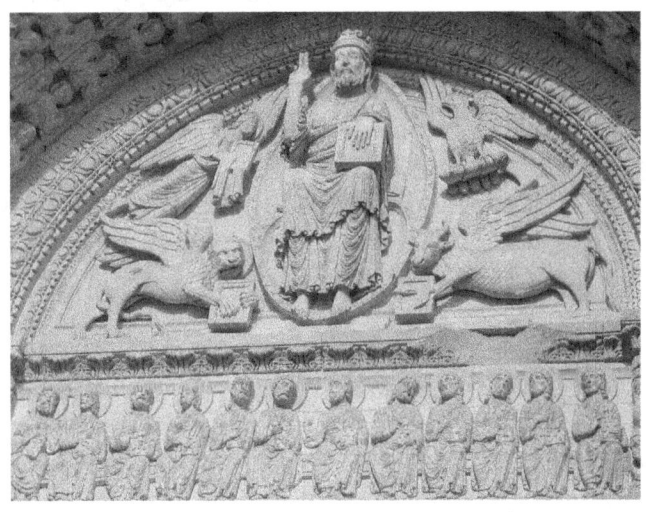

Christ « pantocrator » et en gloire royale,
entouré des quatre vivants
et surmontant les douze apôtres de Jésus
- Image Wikipedia -

Dans le bouddhisme, ce sont les cinq bouddhas vainqueurs, placés en croix, comme je l'ai indiqué précédemment, qui jouent le rôle de piliers de l'âme, autour de l'axe de communication Terre-ciel.

Il faut rappeler que cette figure n'est pas statique. Elle est même datée car son schéma ne correspond plus au cycle actuel des saisons. Si on se réfère à l'astrologie et à la position des étoiles, cette croix n'apparaissait comme telle que lors de l'ère du Taureau, de 4.000 à 2.000 avant Jésus-Christ. Le printemps avait alors bien lieu en mai sous le taureau; l'été en août sous le lion: l'automne en novembre sous le scorpion et l'hiver en février sous le verseau. Ce décalage est la résultante du mécanisme de précession des équinoxes, qui fait se lever le soleil au premier jour du printemps devant une constellation zodiacale nouvelle, selon un mouvement anti-horaire de 26.000 ans.

Le bouddhisme aura évité de paraître daté, même si élaboré à la même époque que les visions d'Ezéchiel. Il n'a aucun référent astrologique et a associé les bouddhas vainqueurs aux directions. Cette croix ne nous intéresse pas ici, mais je la cite pour mémoire, dans la mesure où les Vivants sont des zodiacaux, des images liées à des groupes d'étoiles observables le long de l'écliptique solaire.

§2. Le cycle solaire.

La trajectoire du soleil sur la voûte céleste se nomme « écliptique », je viens de le mentionner. Les planètes et les luminaires évoluent dans l'axe de cette bande céleste, toujours d'un point de vue géocentrique. Les zones du ciel qui se détachent de mois en mois sont appelées « templum », des temples. Ils n'apparaissent chaque année que lors d'un « tempus », un temps, qui est fêté lors des rites.

L'écliptique définit en vérité treize constellations sur une bande dans le ciel, et non douze. En astrologie mésopotamienne que nous utilisons, la constellation d'Ophiuchus (ou Serpentaire) était la treizième. Elle a été occultée pour diverses raisons symboliques et techniques.

Au Ve siècle av. J.-C., l'écliptique a été divisée en 360 degrés et douze parties égales, associées aux mois du calendrier. On a attribué le nom de la constellation principale : le Bélier, le Taureau, les Gémeaux, le Cancer (Scarabée ou Crabe), le Lion, la Vierge, la Balance, le Scorpion, le Sagittaire, le Capricorne (ou la Chèvre), le Verseau et les Poissons.

Les 12 maisons astrologiques.

Le système des douze maisons astrologiques est un mode d'analyse concurrent à celui du zodiaque. Il s'est trouvé en quelque sort absorbé par ce dernier. Il décrit le ciel comme l'index des modifications affectant les douze domaines de notre existence, en relation avec les éléments.

- le Lion occupe la maison V (Feu) et s'exprime comme besoin de sécurité au niveau de l'identité (la façon d'aimer) ;
- le Cancer, la maison IV (angulaire d'Eau): action au niveau de l'âme et des émotions (la façon d'être enraciné) ;
- les Gémeaux, la maison III (cadente d'Air): apprentissage au niveau social et intellectuel (la façon de communiquer) ;
- le Taureau, la maison II (succédente de Terre): besoin de sécurité matérielle (la façon de posséder) ;
- le Bélier, la maison I (angulaire de Feu): identité dans l'action (la façon d'être) ;
- les Poissons, la maison XII (cadente d'Eau): apprentissage au niveau de l'émotion et de l'âme ;
- le Verseau, la maison XI (succédente d'Air): besoin de sécurité au niveau social et intellectuel ;
- le Capricorne, la maison X (angulaire de Terre): action au niveau matériel ;
- le Sagittaire, la maison IX (cadente de Feu): apprentissage au niveau de l'identité (par l'élargissement du champ de conscience par exemple) ;
- le Scorpion, la maison VIII (succédente d'Eau): besoin de sécurité au niveau de l'âme et des émotions ;

- la Balance, la maison VII (angulaire d'Air): action au niveau social et intellectuel ;
- la Vierge, la maison VI (cadente de Terre): apprentissage à travers l'expérience directe des affaires matérielles (la façon de servir).

Le système du zodiaque et des maisons a dominé l'occident mais n'est pas le seul ayant eu cours. On peut observer au musée du Louvre de Paris un carte du ciel égyptienne, trouvée dans le temple de Dendérah et datant du 1e siècle av. J-C.

Sur l'intérieur de son disque, on distingue l'écliptique soli-lunaire, reprenant les descriptions mésopotamiennes mais dans un style iconographique plus égyptien. En particulier, le Verseau prend les traits du dieu des eaux Hâpy, avec deux amphores dont jaillit de l'eau. Les autres personnages reprennent les dessins des constellations telles que nous les entendons de nos jours.

D'autres représentations sont attestées par l'archéologie dans diverses civilisations : le calendrier celtique par exemple. Un autre système diverge grandement, celui de la Chine, où les sédentaires se sont livrés sous l'auspice de la Lune à une refonte complète des représentations en cours dans l'hémisphère nord, plutôt basées sur le soleil.

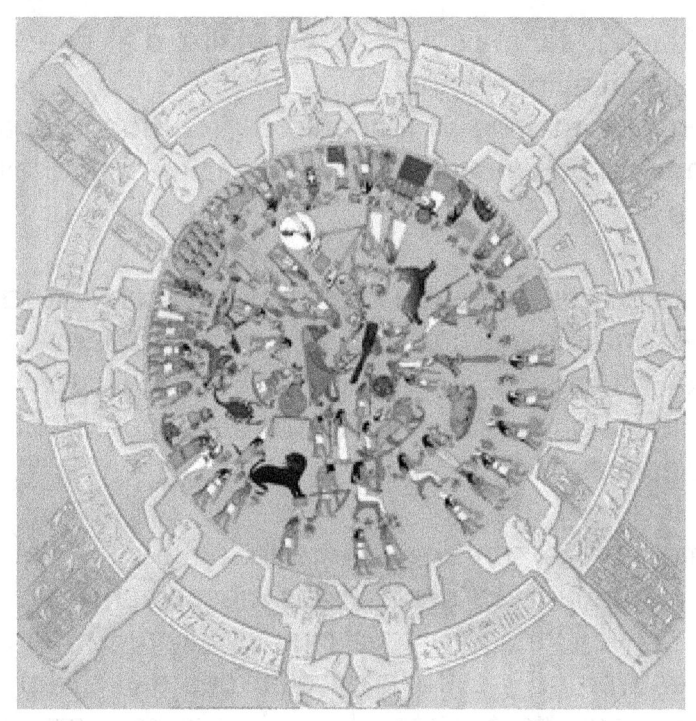

Zodiaque de Denderah, Egypte
- Image Wikipedia -

§3. Le cycle lunaire.

Les astrologues chinois ont associé les cinq planètes majeures à leurs cinq Eléments sacrés: Mars au Feu, Vénus au Métal, Saturne à la Terre, Mercure à l'Eau et Jupiter au Bois. Ils ont ensuite divisé la zone de l'écliptique en vingt-huit « maisons lunaires » (ou astrales), d'amplitudes inégales. Chacune se distingue par une étoile brillante, qui sert ainsi de repère spatial et temporel au passage de la Lune.

Les vingt-huit stations lunaires ont été regroupées en quatre quartiers de sept constellations. Ils sont appelés « maisons célestes » et associés à des êtres fantastiques. Ils sont mis en rapport également avec les cinq éléments de la cosmogonie (Feu, Métal, Terre, Eau, Bois) et les couleurs sacrées:
- le Feu, avec le rouge et Mars sont gouvernés par l'Oiseau rouge du sud;
- le Métal, avec le blanc et Vénus, par le Tibre blanc de l'ouest;
- la Terre, avec le jaune et Saturne, par le Serpent jaune du centre;
- l'Eau, avec le noir et Mercure, par la Tortue noire du nord;
- le Bois, avec le vert et Jupiter, par le Dragon vert de l'est.

On retrouve ici une formulation des quatre Vivants du monothéisme et des vainqueurs du bouddhisme, mais dans une vision en cercle et en étoile, et non plus en croix. Le passage du nomadisme à la sédentarité explique ce choix, dans une vision où le cycle est la préoccupation d'une société entièrement tournée vers la culture du grain.

Les Chinois se sont également associés un cycle de douze années incarnées par des animaux: Rat, Bœuf, Tigre, Lapin, Dragon, Serpent, Cheval, Chèvre, Singe, Phénix (ou Coq), Chien et Porc, dont les liens sont assez évidents avec le zodiaque mésopotamien.

Les noms des groupes d'étoiles et leur définition sont toutefois bien distincts des images utilisées par les autres peuples de l'hémisphère nord, de sorte que le système chinois est original et unique. Il s'adresse à des sédentaires dont la vision du cosmos est à l'opposée de celle des nomades.

Le duodénaire chinois est utilisé principalement en astrologie et en médecine. Il permet de discerner la manière dont le masculin et le féminin, les cinq Eléments et les huit énergies primaires (le système chinois en compte huit et non sept, comme celui des occidentaux) sont modulés en chaque individu et au cours de l'espace et de temps.

Les chinois décrivent ainsi un cycle de soixante ans pendant lequel les Eléments sont dominants deux ans, le signe zodiacal changeant lui de février à février tous les ans. Par exemple, les années 2018 et 2019 sont dominées par la Terre, mais 2018 par le Chien et 2019 par le Cochon. On a donc 2018, année Chien de Terre, et 2019, Cochon de Terre.

La coloration Elément / Signe permet d'anticiper la manière dont la nature et les hommes vont réagir pendant la période concernée, tant en eux-mêmes que dans leurs rapports. Certaines années sont donc plus favorables pour entreprendre certaines activités, tandis que d'autres sont neutres ou défavorables. Le consultant chinois veut s'assurer que ses efforts seront récompensés, qu'ils porteront un fruit au moins proportionnel à son investissement. L'astrologie conseille mais l'homme décide, en dernier ressort.

Toutefois, quelle que soit la religion. Les sciences traditionnelles de l'âme s'accordent à souligner l'importance de l'astrologie dans la conduite, tant que l'homme ne s'est pas émancipé de l'emprise de son passé. C'est à ce stade que deux mythes nous intéresse ici: celui de la résurrection et celui de la damnation. Nous verrons cela plus loin.

Proposition d'équivalence entre les zodiacaux mésopotamiens et les signes chinois.

Lion - Mouton
Vierge - Singe
Balance - Coq
Scorpion - Chien
Sagittaire - Cochon
Capricorne - Rat
Verseau - Bœuf
Poisson - Tigre
Bélier - Lièvre
Taureau - Dragon
Gémeaux - Cheval
Cancer - Serpent.

§4. Les apôtres et Jésus le guérisseur du Serpentaire.

Dans la mystique chrétienne, qui doit tant aux mythes antiques, Jésus est vu comme le grand guérisseur et donc la manifestation humaine de la constellation du Serpentaire. Chacun des douze apôtres se voit ainsi associé une constellation zodiacale, conformément à sa tribu d'origine et ses fonctions dans le mystère christique:

« Ce n'est pas vous qui m'avez choisi, c'est moi qui vous ai choisi » (Jean 15,16).

Les auteurs ne sont pas unanimes sur les rapports des apôtres au système zodiacal mais de sérieuses références symboliques permettent de se faire une idée. A ce titre, les réformes du calendrier catholique des fêtes des saints ont complément déconnecté les apôtres des mois solaires. Ce n'était pas toujours le cas.

Au moyen-âge, les liens entre les apôtres et les zodiacaux ne faisaient aucun doute. Rapportant les enseignements de Théodote, Clément d'Alexandrie, un père de l'église du IIe siècle, indique:

« Les Apôtres (pour lui) ont été substitués aux douze signes du zodiaque: car, comme la génération est réglée par ceux-ci, ainsi la régénération est dirigée par les apôtres ».

Certains disciples de Jésus sont liés à des constellations avec une certaine évidence comme Judas à la balance, car il tenait les comptes des apôtres. Un traitre ou un délateur sont encore appelés de nos jours une balance. De même dans l'iconographie chrétienne, saint Jean avec le Scorpion, représenté chez les Mésopotamiens comme un aigle. Mathieu se réfère également au Verseau, incarné par un ange.

Dans son « L'Evangile et le zodiaque » (« The Gospel and the Zodiac »), Bill Darlison a pu démontrer que l'évangile de Marc suivait un enchaînement logique tiré des douze signes du zodiaque, du Bélier aux Poissons. On remarque que les descriptions de Marc s'inspirent des signes et des décans tels qu'ils ont été repris par les Arabes des auteurs antiques et non de leur représentation actuelle. C'est d'ailleurs cette iconographie arabe qui apparait dans l'art médiéval.

Par exemple, le fronton de l'abbatiale de Vézelay, datant du XIIe siècle, est orné d'une ceinture de médaillons représentant le Christ et les douze apôtres. Les douze signes du zodiaque apparaissent de manière entremêlée, avec les travaux agricoles correspondants à chaque mois de l'année.

Nous le verrons plus loi, le christianisme occidental - à la manière du zodiaque chinois - a particulièrement mis en valeur le cycle agraire, dans lequel il voyait une représentation naturelle de la destinée de l'homme. Le Christ est un grain, destiné à tomber en terre et renaître sous la forme d'une communauté spirituelle. L'islam a pris une autre direction, conformément à sa destination.

§5. Les prophètes de l'islam.

L'islam a repris la doctrine grecque des quatre éléments dans l'éther primordial, la vision antique des sept astres (cinq planètes et deux luminaires) et évidement les douze soleils du zodiaque. Les intellectuels musulmans sont allés plus loin que le domaine physique et philosophique d'Aristote et de Platon pour élaborer une doctrine métaphysique d'une extraordinaire richesse, plaçant l'homme au centre du cosmos. Elle est basée sur les états de sainteté, qui se manifestent dans l'espace comme un pôle entouré de quatre piliers et dans le temps dans la manifestation de sept prophètes et de douze modèles d'hommes spirituels.

Ibn Arabi (1165-1240), de son nom complet Abū ʿAbd Allāh Muḥammad ibn ʿAlī ibn Muḥammad ibnʿArabī al-Ḥātimī aṭ-Ṭāʾī, a uni les apports antiques, hindous, chinois et monothéistes en un seul système de lecture. Disciple critique d'Averroès (Ibn Roshd), le théologien andalou aura produit au cours de sa vie 846 ouvrages, allant du traité au recueil de poèmes.

Chez Ibn Arabi, Dieu n'est pas connaissable dans son identité complète (« Huwa »), mais seulement dans sa partie visible depuis la création (« Allah »). Cette connaissance se décompose en un ensemble de qualités, qui sont exprimées par les dons divins. Vingt-huit de ces dons sont exprimés par des noms eux-mêmes associés aux lettres de l'alphabet arabe, du même nombre. L'homme les synthétise en lui et c'est à ce titre qu'il achève la création, l'incarne et est parfait. Ibn Arabi se base sur le coran, qui s'exprime ainsi:

« Qui t'a créé, puis modelé et constitué harmonieusement ? Il t'a façonné dans la forme qu'Il a voulue » (Coran, Sourate 82, verset 7-8).

A ce titre, le macrocosme du monde, avec la Terre en son centre, et l'homme comme microcosme sont identiques. Toutes les capacités et facultés de l'homme se retrouvent dans l'univers. En les étudiant, en particuliers les sphères célestes et la nature, ont a une image de la charpente psychologique de l'homme et de son fonctionnement.

Ces aspects de la doctrine d'Ibn Arabi - al-Sheykh al-akbar (le plus grand maitre de l'islam) - sont particulièrement traités dans ses ouvrages magistraux « Futûhât » (Les illuminations de la Mecque), ainsi que « Mawâqi' al-Nujûm » (Le couchant des étoiles) et « Tadbîrât al-Ilâhiyya » (Les dispositions divines).

Le Qûbt, le pôle spirituel et ses quatre piliers.

Ibn Arabi affirme que certains individus manifestent un tel degré de perfection de l'homme, tel que conçu par Dieu au commencement, qu'ils constituent des pôles de sainteté, attirant à eux les autres humains et même la création. Ces hommes disposent spontanément du savoir ésotérique et jouissent d'une expérience mystique permanente au cours de leur existence. Ils se distinguent du quidam - de l'homme bête dit Ibn Arabi - par la manière dont ils expriment en eux les qualités divines, énoncées dans les noms de Dieu.

Pour affirmer cette vocation, Ibn Arabi se base sur le coran, qui énonce:
« Et Il apprit à Adam tous les noms » (Coran, II:31) ».

En particulier, ces prophètes sont bénis du don de commandement et de l'ambition de réaliser la volonté du Créateur. Les quatre piliers et le pôle spirituel sont: Noé, Abraham, Moïse, Jésus et Muhammad. Chacun incarne un type de sainteté: central ou axial dans le cas de Mohamed, et lié aux quatre étoiles fixes et aux éléments pour les autres.

Les douze sagesses des prophètes d'Ibn Arabi.

Ibn Arabi a également développé dans sa doctrine une vision du cheminement de la sagesse humaine au travers de douze des prophètes, d'Adam à Mohamed. On parle de « cycle de la prophétie », allant d'Adam (Lion) à Mohamed (Vierge). Il est détaillé dans son essai le plus connu en Europe: « Le livre des chatons des sagesses » (Kitâb Fusûs al-hikam) ou « La sagesse des prophètes ».

Ce cycle prophétique obéit à deux exigences:
- le déterminisme historique depuis la chute d'Adam jusqu'à la rédemption finale d'une partie de l'humanité;
- la nécessité de fournir au cour de l'histoire et de l'espace des prophètes adaptés aux peuples qui les reçoivent.

Cette idée est basée sur ce le verset suivant du saint coran:
> « A chacun de vous, Nous avons donné une Loi et une Voie » (Coran V:48).

Chacun des prophètes exprime ainsi un nom divin et un type de sainteté, que le croyant musulman va utiliser comme mentor spirituel. Evidemment, les liens sont assez clairs entre ces personnages historiques et les zodiacaux, dont ils sont l'expression des mêmes réalités divines mais au niveau humain.

Les vingt deux prophètes du Coran et les lettres.

Plus généralement, le coran met en scène plusieurs patriarches de la bible, le Jésus des évangiles et des textes ébionites ainsi que le prophète Mohamed. Ils sont considérés comme des messagers (« rasoul »), avec une distinction entre les prophètes législateurs (« nabí ») et les saints (« wali »).

On recense vingt-deux prophètes, à mettre en rapport avec les lettres de l'alphabet hébraïque : Adam, Idris ou Enoch, Noé ou Nuh, Abraham ou Ibrahim, Ismaël ou Ismaïl, Loth ou Lût, Issac ou Ishâq, Jacob ou Yaqûb, Joseph ou Yesuf, Shelah ou Sālih, Eber ou Hûd, Aaron ou Hârûn, Moïse ou Mûsâ, Jethro ou Chu'ayb, Job ou Ayyûb, Jonas ou Yûnas, David ou Dawûd, Salomon ou Sulaymân, Élie ou Ilyâs, Ézéchiel ou Dhû'l-Kifl, Zacharie ou Zakarīyā, Jean le Baptiste ou Yahyâ et Jésus ou Isâ.

Ainsi le livre saint des musulmans présente une structure conforme à celle du cosmos et de l'homme, en son centre. L'un et l'autre sont comme deux miroirs se reflétant, dont l'image initiale n'est que le Créateur lui-même, dans Son aspect tourné vers la création. Son identité totale est en effet inaccessible sauf à nier l'unicité divine. Il n'y a de Dieu que Dieu.

Cette conformité de l'homme au microcosme vaut dans d'autres traditions, comme le bouddhisme, qui a exploré son fonctionnement de manière plus psychologique, mais toujours en s'appuyant sur le grand index céleste.

Les aspects islamiques des sciences de l'âme feront l'objet d'un ouvrage de synthèse ultérieur, sur la base d'une reprise de mon essai de 1998 « La voie verdoyante de Khadir: le rôle des Fard en islam, la psychologie islamique et la fin des temps ». J'ai donné ici les explications élémentaires.

§6. Le bouddhisme: les douze causes de la production conditionnée et les douze divinités du bouddhisme shingon.

Le duodénaire cosmique a également servi d'index dans le bouddhisme, qui l'a mis en valeur de deux manières :

- une version négative, liée au samsara - le cycle de renaissances - où est décrit un mécanisme d'enfermement de la conscience dans la souffrance conditionnée par l'ignorance de sa « nature-bouddha » ;

- une version positive où les douze zodiacaux sont associés à des mentors spirituels, des bouddhas éveillés et des êtres humains dédiées à l'éveil, agissant comme des modèles.

Le Bouddha explique le cycle infernal en ces termes :
« En dépendance de l'ignorance se produisent les moteurs karmiques d'existentiation (les mémoires). En dépendance des moteurs karmiques d'existentiation se produit la conscience discriminative (la saisie dualiste). En dépendance de la conscience discriminative se produit l'individualité psychophysique (la sensation d'être une forme et un moi propres, et que les objets ont une forme et un moi propres). En dépendance de l'individualité psychophysique se produisent les six bases de l'activité des sens (les cinq sens externes plus l'activité mentale). En dépendance des six bases de l'activité des sens se produit le contact avec les objets des sens. En dépendance du

contact avec les objets des sens se produisent les sensations. En dépendance des sensations se produit la soif (cette chaleur interne qui nous brûle de désir). En dépendance de la soif se produit l'attachement. En dépendance de l'attachement se produit le devenir. En dépendance du devenir se produit la naissance. En dépendance de la naissance se produisent vieillesse, mort, chagrins, lamentations, peines, douleurs, désespoir. Ainsi s'élève dans le futur cette masse de malheur ».

Le Bouddha réalise que ce cycle peut être inversé, pour faire cesser la souffrance, en une dynamique de Délivrance qu'il nomme le « Nirvana », l'extinction :

« Par l'extinction de l'ignorance, s'éteignent les moteurs karmiques d'existentiation. Par l'extinction des moteurs karmiques d'existentiation, s'éteint la conscience discriminative. Par cette extinction de la dualité, s'éteint l'individualité psychophysique. Par l'extinction de l'individualité psychophysique, s'éteignent les six bases de l'activité des sens. Par l'extinction des six bases de l'activité des sens, s'éteint le contact avec les objets des sens. Par l'extinction du contact avec les objets des sens, s'éteignent les sensations. Par l'extinction des sensations, s'éteint la soif. Par l'extinction de la soif, s'éteint l'attachement. Par l'extinction de l'attachement, s'éteint le devenir. Par l'extinction du devenir, s'éteint la renaissance. Par l'extinction de la renaissance, s'éteignent vieillesse, mort, chagrins, lamentations, peines, douleurs, désespoir. Ainsi est anéantie cette somme de malheur ».

Le point de départ de ces deux cycles est la séquence ignorance - connaissance. J'ai décrit à propos des cinq éléments de la cosmologie comment la croyance un moi (la vague) distinct du tout (l'océan dans l'image classique) se fabriquait. Les mémoires jouent un rôle central en exerçant une action hypnotique sur la conscience. Elles l'enferment dans la souffrance existentielle.

A force de répétition journalière du schéma inscrit par ces mémoires dans le corps, la conscience oublie sa nature-bouddha pour ne plus s'identifier qu'au flux de conscience, le fleuve psycho-subtil (le moi) charriant l'information karmique par la combinaison des cinq agrégats: - la conscience discriminante (dépressive ou répressive), - les moteurs karmiques (poussant à analyser et non vivre son existence), - la perception (qui génère l'attachement et le rejet), - la forme (qui rend agressif ou passif) et - les sensations (avec leur corollaire de recherche de pouvoir ou de soumission).

L'individu ne s'identifie alors plus qu'à son contenu. J'ai fait remarquer que la psychanalyse entendait justement limiter l'être à ce flux et lui nier toute réalité extra-psychique ou extra-corporelle. Ce n'est pas pour rien que Freud qualifie son patient normalisé de « névrosé », c'est à dire d'être en souffrance.

A la différence du Bouddha, qui entend libérer les êtres par la connaissance de leur nature-bouddha, le freudisme souhaite les enchainer a l'ego. Le psychanalyste se fait un devoir d'inciter son patient à décrire comment son ego s'est bâti au gré des expériences traumatiques vécues par le passé. Il met en évidence les « complexes », nés de la combinaison de ces souffrances, des expériences traumatiques qui les ont générées et des peurs existentielles (psychoses) de les voir se répéter. La psychanalyse est un effort désespéré pour renforcer l'ego et lui permettre de s'imposer dans la vie sociale industrielle et commerciale de la modernité. Un sadisme absolu, qui ne libère jamais, mais enchaine tout le temps.

A l'opposé, le Bouddha a dispensé une méthode abrupte de libération de l'ego. Elle est basée sur la médiation: observer les sensations, dont le caractère est évanescent et loin d'être aussi conditionnant qu'on le pense dans la vie ordinaire. La positon immobile du méditant a pour objet de fixer le corps pour l'obliger à abandonner agression comme passion. De là, le regard se tourne vers l'intérieur, s'attache aux processus internes et non plus externes, découvre l'emprise des mémoires puis réalise les modes de fonctionnement de la pensée dualiste. Lorsque le processus de répression / dépression est dépassé, l'être découvre sa vraie nature: lui en tant que bouddha, et non plus être mondain.

Dans le culte Shingon, le bestiaire céleste en dynamique de nirvana - de cessation de la souffrance - produira douze divinités bouddhiques de méditation. Le méditant peut les utiliser comme supports de médiation dynamique comme statique, pour s'entraîner à ne plus s'identifier à son ego.

Ces « dieux » sont associés à des syllabes germes de « A » à « Hum » ; soit au total le son sacré « Aum », la vibration totalisant l'univers dans la cosmogonie de l'Inde (noms japonais et sanscrits, lettres japonaises et sanscrites entre parenthèses et sans guillemets à la suite):

1 - le Grand Maître de l'Illumination universelle, Dainichi Nyorai (Mahavairochana), le régent du Lion et du Mouton chinois (germe A, sanscrit Ah) ;

2 - le Roi de la Radiance, Fudo myo-o (Achala-Vajrapani), le régent de la Vierge et du Singe chinois (germe Kan, Sct Ham) ;

3 - le Bouddha Sakyamuni (Ksitigarbha), le régent de la Balance et de l'Oiseau chinois (germe Baku, Sct Bhah) ;

4 - le Bodhisattva à la Splendeur Sans Pareil, Monju Bosatsu (Manjusri), le régent du Scorpion et du Chien chinois (germe Man, Sct Mam) ;

5 - le Bodhisattva à la Beauté Universelle, Fugen Bosatsu (Samanthabadhra), le régent du Sagittaire et du Cochon chinois (germe An, Sct Am) ;

6 - le Bodhisattva Gardien de la Terre, Jizo Bosatsu (Ksitigarbha), régent du Capricorne et de la Souris chinoise (germe Ka, Sct Ha) ;

7 - le Bodhisattva à la Grande Diligence, Miroku Bosatsu (Maitreya), le régent du Verseau et de Bœuf chinois (germe Yu, Sct Yu) ;

8 - le Bouddha de Médecine, Yakushi Nyorai (Baishaijyaguru), le régent du Poisson et du Tigre chinois (germe Bai, Sct Bhai) ;

9 - le Bodhisattva à la Grande Compassion, Kannon Bosatsu (Avalokitésvara), le régent du Bélier et du Lièvre chinois (germe Sa, Sct Sa) ;

10 - le Bodhisattva à la Grande Force, Dei-Seishi Bosatsu (Mahasthamaprapta), régent du Taureau et du Dragon chinois (germe Saku, Sct Sah) ;

11 - le Grand Lumineux Éternel, Amida Nyorai (Amitabha), le régent des Gémeaux et du Cheval chinois (germe Kiriku, Sct Hri) ;

12 - le Grand Pur et Immobile, Ashuku Nyorai (Akshobbhya), le régent du Cancer (germe Un, Sct Hum), du Serpent chinois et de la figure de la destinée (Yin Yang).

Ces douze points de référence renvoient sans conteste dans l'ésotérisme judéo-chrétien et islamique à douze grandes lois, se manifestant lors de la grande année de précision des équinoxes de 26.000 ans.

Selon cette description, l'humanité en tant que collectivité spirituelle chemine pendant cette période de loi en loi pour atteindre un état de perfection psychologique. S'en suit un drame, qui élimine la partie non spirituelle des hommes et permet aux survivants d'entrer dans un nouveau cycle sans la présence nauséabonde des imparfaits.

Actuellement, nous serions ainsi dans l'ère des Poissons, et même à sa toute fin, où une seconde incarnation de la « divinité » de ce signe devrait se manifester en mode punitif (le premier était salvateur), pour faire entrer les croyants dans l'ère du Verseau. Alors que la précédente nait marquée par la guérison universelle puis la maladie généralisée, la nouvelle ère serait placée sous le signe des échanges.

J'y revendrai à propos des Khazars et de leur rôle eschatologique, mais la révélation bouddhiste puis chrétienne ont marqué un tournant dans le panorama des religions, avec leur proposition de guérir l'homme respectivement de la pensée dualiste et du péché. La période actuelle de généralisation de l'empoisonnement par l'information erronée des médias et des université étatiques, les substances de l'industrie chimique, les ondes électromagnétiques et les sons restructurants du programme de psychotronique, et même les pratiques de la médecine témoignent bien de cette dynamique: on empoisonne dans la perspective d'un génocide de masse inscrit dans la pierre des Guide Stones de Georgie. La secte moderne des Rose+Croix, contrefaçon de celle du moyen-âge, l'a même signé du nom du célèbre templier Christian Rozenkreutz, ne reculant devant aucun blasphème.

L'ère du Verseau, placée sous l'auspice des échanges, devrait être marquée par la communication, le voyage et le commerce, tendance que l'on voit se développer déjà depuis un siècle et qui ira grandissant. L'humanité se conçoit de plus en plus comme un lieu de partage de la connaissance, des biens et des savoirs.

§7. Les 12 lois cosmiques.

L'ésotérisme occidental, tel qu'il a été transmis de nos jours par divers maîtres spirituels comme Mikael Aïvanhov, met en évidence douze lois cosmiques, encadrant les activités humaines. Elles sont très présentes dans le Tarot. Exprimées dans les astres, elles sont également au coeur des comportements humains.

Pour parvenir à dépasser les neuf masques de l'ego, avec les distorsions des cinq Eléments et des sept énergies astrales dont j'ai parlé à propos de l'ennéagramme, les traditions spirituelles ont développé diverses techniques d'identification aux douze zodiacaux, utilisés comme mentors spirituels.

Par exemple, la « galvanoplastie spirituelle » de Michaël Omraam Aïvanhov, que le maître orthodoxe bulgare popularisa dès 1938, consiste à choisir un modèle spirituel idéal (un mentor) auquel on s'identifie en lieu et place de son ego habituel. Cette pratique reprend une technique initiatique des Rose+Croix du moyen-âge, appelée « assomption » (NB. Ces Rose+Croix médiévaux n'ont aucun lien avec ceux modernes, qui sont une secte du maçonnisme).

L'exercice consiste à construire dans son psychisme une image nette, claire, précise et vivante de l'être que l'on souhaite être. Par la méditation, on va moduler les éléments et les énergies primaires pour se manifester sous la forme de son mentor, avec ses qualités. Par ce moyen, un être humain attire progressivement à lui tout ce qu'il faut pour réaliser son prototype idéal, au lieu de se cantonner à inlassablement s'identifier à son quotidien et ses souffrances.

Le terme de galvanoplastie est issu de la science des métaux. La technique, basée sur l'électrolytique, sert en orfèvrerie à la reproduction d'objets en utilisant un moule relié au pôle négatif d'une pile. L'objet se recouvre ainsi d'une couche de métal précieux. La galvanoplastie spirituelle consiste à générer un courant de sympathie entre son modèle céleste et son être ordinaire, afin de découvrir sa propre nature spirituelle.

Le cheminement dans la technique reproduit celui de l'humanité au cours des 26.000 ans de la grande année de précession des équinoxes, marqué par la découverte des douze grandes lois.

- **La loi de domination** dispose que celui qui est intelligent ou fort domine son domaine, tel le lion roi des animaux. Si l'homme spirituel souhaite dominer les tendances de son existence corporelle terrestre, il doit se connecter avec son mentor, au travers des arcanes de sa religion.

Par exemple, un chrétien natif d'octobre doit éviter de se concentrer sur Judas, le traître, mais noter ses défauts et son rôle dans l'évangile pour l'éviter. Il peut ensuite s'identifier à saint Mathieu. D'après la « Légende dorée », l'apôtre Matthieu était de la tribu de Juda et né comme Jésus à Bethléem, le lieu de la « pierre sacrée ». Versé dans « la science de la Loi et des prophètes », le disciple menait une vie vertueuse dés avant sa rencontre avec Jésus. Contraint de boire un poison, il invoqua le Christ et n'en fut pas affecté. Il exerça son apostolat en guérissant les malades, libérant les possédés et ressuscitant les morts. Les juifs religieux le firent lapider. Le modèle de saint Mathieu est celui d'un homme capable de dominer son domaine, y compris en dépassant les lois de la chimie, pour manifester un équilibre entre le sacré et le profane.

- **La loi de dualité** ou de tentation induit que celui qui dispose de ce pouvoir est confronté à une tentation: mettre son activité au service de Dieu et de la collectivité ou bien de son ego. Il est écartelé entre ces deux courants, tel le natif du Cancer, tiraillé entre la nature animale et l'essence divine de l'homme.

- **La loi de la cité** ou du sol, exprimée dans le couple des Gémeaux, se retrouve dans le choix cornélien des anciens de rester nomades ou de se sédentariser. On retrouve dans des mythes civilisateurs antiques un couple de jumeaux fondateurs, comme Romus et Romulus à Rome.

- **La loi de Talion** ou de vengeance implique que tout acte est compensé par un acte contraire, afin de maintenir l'équilibre cosmique. Tel un taureau, les énergies primaires fonctionnent de la sorte: action et réaction. Le droit à la réparation des dommages s'inspire directement de cette loi: toute action entraîne une réaction.

- **La loi du sacrifice** intervient en compensation de la loi du Talion. Il est possible en réparation à un acte nuisible ou la perte d'un objet, de substituer un acte ou un bien de valeur équivalente. L'argent peut ainsi réparer un dégât matériel ou un décès accidentel, sans se livrer à un acte de vengeance réciproque. Le sacrifice du bélier, chez les Sémites et les Grecs visaient à cet effet: mettre la faute à part (sens du terme « sacré ») du mouvement cosmique. De la sorte, cette parenthèse interrompt le cycle d'action-réaction.

- **La loi de la guérison** va plus loin que la loi de sacrifice: elle induit le pardon. Elle postule que l'erreur comportementale peut être pardonnée, sans nécessité de vengeance ou de réparation volontaire. Le symbolisme du poisson joue ici à plein, comme guérisseur.

Dans la mythologie chrétienne, la première venue de Jésus intervient en mode sacrificiel, en particulier pour racheter les fautes de l'humanité. Lors de la seconde venue, en fin d'ère, Jésus mettra à mort l'humanité ayant refusé de se guérir. Elle sera incarnée en la personne de l'antéchrist, qu'il nomme lui-même « le fils de la perdition ». J'y revendrai à propos du mythe eschatologique abrahamique.

Le Christ vise en particulier la partie de l'humanité qui aura accepté la « marque de la bête » pour ses avantages matériels en matière de revenu et de transport, avec un sort particulièrement sordide pour ceux qui auront « péché contre l'esprit ». Ceux là sont ceux qui auront utilisé des moyens techniques - singeant l'action de l'esprit saint - pour subjuguer la volonté humaine et la mettre au service du satanisme. Il s'agit ni plus ni moins de ceux que l'on appelle « la communauté du renseignement », un groupe aux ramifications mondiales utilisant le psychotronisme pour influer sur le destin d'autrui.

Le Christ autorisera les Sémites à les exécuter, conformément à la mission des descendants du prophète Sem (les Hébreux et les Arabes, qu'ils soient juifs, chrétiens et musulmans). Il ne faut voir rien d'autre dans les images choquantes où on voit des jeunes sémites des banlieues incendier des véhicules de police et lancer des cocktails Molotov sur les forces du maintien de l'ordre de la république des banquiers. Eux connaissent l'injustice sociale, le rejet racial, la stigmatisation religieuse, la pauvreté, les violences policières, l'incarcération abusive et le harcèlement psychotronique du fait d'une république menteuse, voleuse et criminelle, qui envoya 500.000 sémites d'Algérie à la mort.

- **La loi d'échange** conclue le cycle du Talion en inscrivant les êtres dans un vaste réseau de liens où la vengeance, la réparation, le sacrifice et la guérison ne sont plus nécessaires. L'être a retrouvé le flux de la vie, qu'il perçoit comme l'onde coulant de la cruche du Verseau. Son existence est un possible dans un océan de variations, où l'énergie disponible est illimitée.

- **La loi de l'unicité** est la dernière tentation de sombrer de nouveau dans la dualité. Elle consiste à émerger de l'océan de possibilités et d'énergie pour s'affirmer de nouveau sur le mode duel. Le signe du Capricorne est affecté de cette tendance: ses membres inférieurs de poisson le retiennent dans la mer mais ses membres supérieurs de chèvre le pousse à s'arroger les sommets. Déchiré par cette dualité, il risque de ne rien réaliser et rendre son existence inutile. Il échouera alors dans le deux domaines.

Pour éviter ce double échec, le natif du Capricorne a tout intérêt à trouver dans son mentor spirituel un modèle de capacité à conjuguer ses efforts matériels et spirituels.

- **La loi de** la nature éternelle ou de **l'initiation** est ouverte à celui qui s'émancipe de la tentation d'échapper à l'unité pour retourner à l'individualisme et l'affirmation de soi contre le tout. Toutefois cet état d'éveil n'est pas définitivement stabilisé, même s'il peut se transmettre à autrui par l'initiation. Le centaure ou sagittaire incarne bien cette station spirituelle. L'aspect humain peut viser juste de son arc mais le corps de cheval est encore sensible aux pulsions animales du corps.

- **La loi** de la transmission ou **d'enregistrement** est en cause dans ce processus. L'ésotérisme occidental a repris le symbolisme mésopotamien du scorpion comme manifestation inférieure de l'aigle, en l'associant au nombre impérial 8. Ce nombre est aussi le symbole mathématique de l'infini.

Si l'aigle incarne l'accès à la connaissance la plus élevée dans le ciel, le scorpion est la proie de ses pulsions terrestres les plus fortes, en particulier celles sexuelles où il va jusqu'à se donner la mort lui-même avec son dard. Les traditions spirituelles ont administré cette pratique avec beaucoup de prudence, en particulier en encadrant la pratique sexuelle par des interdits et des méthodes de sublimation. En effet, l'activité intime produit une surexcitation des mémoires corporelles, qui sont mobilisées pour être transmises à l'être à concevoir au terme de l'union. A défaut de transmission, ces mémoires ou « samskara » dans le vocabulaire bouddhiste (les moteurs existentiels) vont se consumer ou contaminer l'environnement.

Le groupe de spirituels fondé par Osho Rajneesh dans l'Oregon est un exemple parfait de l'effet de la liberté sexuelle et de la sublimation des mémoires corporelles sur l'environnent. Il est caractéristique que cet aspect de la vie commentaire est celui qui a le plus choqué les riverains, les opposants et les officiels, policiers et juges. Pour eux, il était inadmissible que l'amour soit libre et pour l'interdire, ils ont fait la preuve que la démocratie, le système constitutionnel et la liberté des Américains étaient une mascarade.

C'est sans doute ce que visait Osho: montrer à ses sanyasins que le système libéral occidental était une illusion, et que ceux qui avaient intérêt à cette illusion n'avaient aucune ambition spirituelle ou morale. Au contraire, les liens entre le procureur général de l'Orégon, le président Ronald Reagan et le fils du président de la multinationale Nike pointent vers la mafia khazare. Si elle-même utilise le sexe, notamment la prostitution et la pédophilie dans ses rites secrets, elle le fait à des fins d'enchaînement aux mémoires et au satanisme… et non de libération spirituelle et d'éveil de la conscience.

On n'envoie pas à la guerre des gens épanouis sexuellement et heureux. Mais on le fait facilement avec des frustrés, comme l'a bien montré l'armée américaine en 1940. Les recruteurs promettaient aux jeunes Américains et aux détenus qui s'engageaient l'entre-jambe des Françaises, qu'ils présentaient comme des femmes faciles. Les nazis avaient fait de même. Voilà les libérateurs de la France, qui y commirent plus de destructions, y violèrent plus de femmes et y provoquèrent la mort de plus d'innocents que les Allemands ne le firent jamais en deux guerres! Il est assez caractéristique que l'ashram d'Osho en Oregon fut racheté par un milliardaire pour le compte d'un leader charismatique évangéliste chrétien prêchant l'abstinence sexuelle, l'homophobie et la soumission aux thèses du messianisme sioniste. On ne se refait pas!

L'Amérique doit être frustrée sexuellement et si elle veut s'émanciper, être dirigée vers l'infra-monde et le mémoriel par son pseudo-clergé de psychiatres et son milieu du renseignement… en attendant de se vouer à l'antéchrist. On a là la tendance générale de la psychanalyse freudienne et du psychotronisme, et plus généralement de la mentalité anglo-saxonne, partout où elle s'est imposée.

Le but de la spiritualité est la liberté absolue, par la neutralisation des mémoires. La sexualité est un des moyens d'y parvenir, comme les Hindous l'ont enseigné dans le sûtra de Kama et illustré dans le temple de Khajuraho en Inde. Le but de la mafia khazare est l'asservissement de l'humanité, en particulier de peuples aussi épris de liberté que le furent les peuples français et américain au cours de leur histoire.

- Ces considérations amènent à **la loi de profanation**, exprimée dans le zodiaque par la balance. Dans un ouvrage éponyme, Mircéa Eliade distingue le sacré et le profane comme deux aspects indissociables de la pensée humaine.

L'homme religieux et l'homme a-religieux vivent dans deux univers distincts. Un exemple de tandem est celui du Christ et d'un de ses disciples: Judas. Jésus est profondément religieux, croyant et spirituel, allant au-delà de la Loi juive pour incarner l'amour de Dieu pour Sa création. Judas, celui qui le vendit au clergé souhaitant l'assassiner, est un nationaliste, profondément a-religieux. Son adjectif « d'iscariote » fait référence aux « sicaires », une secte d'extrémistes qui assassinaient les juifs collaborant avec les Romains. Les iscariotes déclenchèrent des révoltes contre l'empire, dont la dernière entraina la destruction du temple et l'expulsion des juifs de Jérusalem.

La religion de Judas n'était pas le judaïsme mais sa culture. Il était en réalité profondément a-religieux, ne s'attachant qu'aux aspects laïques et extérieurs de sa tradition. Il n'aimait ni la vérité, ni Dieu, ni Jésus mais sa propre culture et au final son ego. C'est là d'ailleurs un point commun avec les Khazars. L'homme a-religieux est obsédé par la réalité concrète de son espace et de son temps, dans laquelle il s'est enfermé comme un mollusque dans sa coquille.

Malgré une apparence d'intégrité et de liberté, l'homme a-religieux est en réalité esclave du passé, des fabrications de sa cité, dont toute modification ou remise en question ont pour effet de le rendre nerveux, voire fou. Son confort, son foyer, sa famille, son village, son emploi et son Etat national fonctionnent comme des cadres sécurisants mais en vérité oppressifs, dont il ne souhaite pas s'émanciper. Dans cet enfermement, il n'y a pas de place pour Dieu, qui demande de tout abandonner pour Le rejoindre, comme Jésus le fait avec le jeune homme riche, imbu de son respect de la loi juive.

Face à cet homme moderne ou a-religieux, rongé par ses angoisses et accroché à ses acquis, l'homme authentiquement religieux, abreuvé de sacré, peut paraitre un être inconscient, naïf et crédule. Il n'en est rien. Il transcende la réalité en s'en remettant à la volonté de son Créateur, bien plus riche, originale et variée que la sienne et celle de ses ancêtres. Sa propre intelligence s'en trouve augmentée et toute peur est vaincue. Face à la vie inconsciente et sûre de l'a-religieux, la vie du religieux est consciente et incertaine, car vibrant dans un univers de possibles. Le seul risque qui le menace encore est la loi d'intoxication, qui va l'obliger à un effort permanent de purification et de travail sur soi.

- **La loi d'intoxication** est la justification des rites de purification rencontré dans toutes les initiations et les traditions spirituelles. Ce n'est pas en vain que Jésus, Krishna, Bouddha, Mithra ou Osiris naissent d'une vierge dans leurs mythes respectifs. L'existence en Dieu nécessite une dynamique de remise en question permanente où ce qui était vrai et bénéfique hier peut devenir en un instant faux et nocif.

L'initié qui est parvenu à ingérer ces lois peut plonger dans un des mystères de l'ésotérisme: toutes les religions sont des expressions d'une même vérité, basée sur les mêmes faits cosmiques sous-tendant la charpente psychique et corporelle de l'homme. Ces faits sont de deux catégories: ceux qui conduisent à plus de liberté et de vie, et ceux qui à l'opposé mènent à l'enfermement et à la mort.

Ce choix a été mis en scène par deux mythes de l'Abrahamisme : celui de la résurrection et celui de la perdition. On les retrouvent néanmoins dans toutes les traditions : Bouddha et le mâra dans le bouddhisme, Krishna et les kshatriyas en révolte dans la Bhagavad Gita, etc.

Je renvoie sur ce point à mon ouvrage « Le grand retour des sciences de l'âme ».

Section 5. La science ésotérique, les alphabets et les images.

Loin d'opposer juifs, chrétiens et musulmans, les trois instruments de la science secrète, des lettres et des images sont utilisés dans les trois traditions, avec des échos dans la pensée platonicienne et aristotélicienne. Nul doute que la connaissance issue de ces traditions ne fera pas plaisir aux modernistes, et de là à leur leader dajjal / l'antéchrist.

A notre époque, la kabbale juive, la science des lettres telle que décrite par saint Yves d'Alveydre et le Tarot de Marseille sont des outils d'une extraordinaire portée en tant que sciences de l'âme. Cela explique la rage des freudiens et plus généralement des modernistes, contre ces pierres dans le jardin du bien-pensant.

§1. La kabbale juive, modèle pertinent de science ésotérique.

« Qabalah », de l'hébreu קיבל (Qibel) désigne la « transmission », donc ce qui a été reçu des anciens et au-delà de Moïse sur le mont Sinaï. Elle constitue un courant puissant au sien du judaïsme, avec des ramifications au sen du christianisme et de l'islam. Ses détenteurs affirment qu'elle constitue la « dimension ésotérique » de la Torah, cette dernière n'ayant que le texte légaliste destiné à la masse et véhiculé par la religion.

La kabbale est donc plutôt le fait des élites, notamment de l'aristocratie, c'est à dire du haut clergé et de la noblesse juifs. On parle en hébreu de « sod »: la connaissance secrète ou devenue telle du fait du retour des Hébreux au culte du veau d'or, lors de l'épisode biblique des tables de la Loi. Destinée à tous à son origine, elle a du être rendue ésotérique par Moïse par prudence. Certaines tendances n'avaient pas encore été purgées du coeur des croyants.

L'aspect « exotérique » de la religion n'est donc qu'un mode d'administration de la cité (la loi) et des cultes (la foi), visant au salut de l'âme mais pas à son éveil et sa délivrance. On retrouve ici la thématique du bouddhisme sur les causes de la souffrance et les moyens de s'en libérer par la connaissance et la sagesse altruiste.

Le Baal Hasoulam donne en ce sens la définition suivante de la kabbale :

« Cette sagesse n'est ni plus ni moins que l'ordre des racines, descendant à la manière d'une cause et de sa conséquence, selon des règles fixes et déterminées, s'unissant au nom d'un but unique et exalté, décrit par le nom « révélation de Sa Divinité à Ses Créatures » en ce monde ».

La kabbale comprend plusieurs aspects, en référence au paradis terrestre et ses quatre fleuves, tels que décrits dans la bible:
- « peshat », le sens littéral du texte prend comme support le monde sensible;
- « remez », le sens analogique est en rapport avec l'âme;
- « derash », le sens symbolique concerne avec l'esprit, qui est au coeur de l'interprétation des mythes, des paraboles et des proverbes;
- « sod », le sens métaphysique est au-delà des apparences et des formes de la création, avec des indications prophétiques sur le sens de l'histoire et les événements.

Ces instruments de connaissance évitent - à celui qui est capable de s'en saisir - une application littérale et sans coeur de la loi, telle que dénoncée par Jésus dans l'épisode du jeune homme riche. Jésus observe qu'il obéit en tout à la loi juive mais pour son bénéfice en ce monde et non par amour sincère de Dieu. Lorsqu'il lui enjoint de le suivre, celui-ci s'en va la mine triste. Son coeur était attaché aux avantages de ce monde et non à Dieu, sa connaissance et son amour.

Dans « Morals And Dogma », le sinistre Albert Pike - qui plagie ici comme ailleurs l'ésotériste français Papus - déclare que la franc-maçonnerie serait un produit de la kabbale. Cette affirmation est erronée, l'art de la construction médiéval s'étant historiquement établi sans l'aide de la kabbale, introduite plus tard sous une forme arabisée par saint Louis et l'abbé Suger puis sous une forme plus judaïsante à la Renaissance.

Par contre, il est exact que la franc-maçonnerie historique anglaise en appui de la monarchie puis celle illuminatiste au service des Rothschild et du projet khazar de « one king, one world » ait pu emprunter des éléments de la kabbale pour les falsifier ou se légitimer d'un apport antique. Freud est un modèle de cette méthode.

Egyptiens, constructeurs du temple de Jérusalem, templiers... la franc-maçonnerie n'a pas manqué d'imagination au XIXe siècle pour s'auto-proclamer la seule détentrice de la gnose. Cette ambition s'est retournée contre la franc-maçonnerie, le terme de « cabale » est devenu depuis le synonyme de « complot ». Quel désastre!

La kabbale se justifie de plusieurs textes rabbiniques comme le Zohar et le Sepher Yetsirah. Les documents ne suffisent pas en eux-mêmes comme généralement dans le domaine initiatique et font l'objet de transmission d'influences spirituelles, d'exercices méditatifs et d'interprétations. La kabbale est un outil de connaissance universel, dont le coeur est la science des deux arbres, mentionnés dans l'épisode de la Genèse, et des lettres hébraïques.

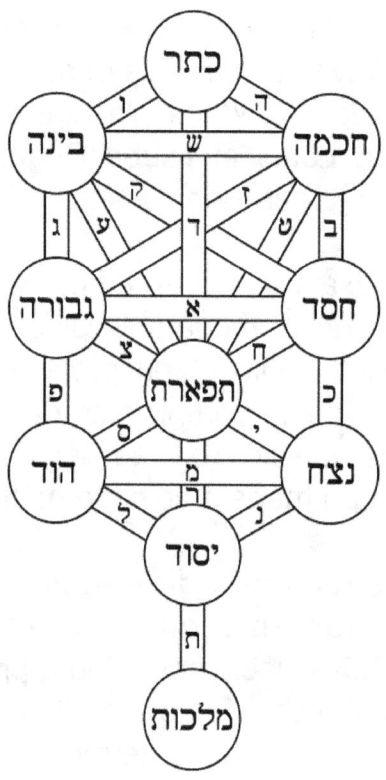

L'arbre de vie de la Kabbale,
avec ses dix sphères et ses vingt-deux énergies / lettres.
- Image wikipedia -

« **L'arbre de vie** » est le plus connu et comporte dix sphères vitales, rapportées aux luminaires et planètes du système solaire et des énergies primaires en l'homme, avec vingt deux courants entre sphères, renvoyant aux lettres de l'alphabet hébreu. « **L'arbre de la connaissance du bien et du mal** » en comprend douze, les dix de l'arbre de vie auxquelles on ajoute la sphère de la présence divine (« Aïn Sof'Or »), le siège de Dieu en ce monde sur un support ou un « trône », et celle de satan (le « schéol »).

Dans le mythe de la Genèse, Adam et Eve dont déchus pour avoir consommé du fruit de l'arbre de la connaissance du bien et du mal, c'est à dire dans le vocabulaire du bouddhisme pour avoir emprunté un mode de pensée dualiste et coupé du tout. Il en résulta leur malédiction, l'emprise de satan sur leur existence (sous la forme du serpent) et la chute dans le domaine concret, sans accès aux état subtils de l'être. La kabbale propose de revenir à une pensée non-dualiste, où non seulement le plan divin mais la présence divine sont de nouveau révélés, avec la possibilité de gouter de nouveau à l'arbre de vie et jouir de ses bienfaits (santé et immortalité).

David Bakan (1921-2004), dans « Freud et la tradition mystique juive » de 1958, a accusé Freud et ses successeurs comme Jung et Reich, des juifs apostats et khazars, d'avoir « consciemment ou inconsciemment, laïcisé le mysticisme juif ». Il affirme que « la psychanalyse peut être valablement considérée comme cette laïcisation », c'est à dire sa transformation en moyen de pouvoir au service de la pensée dualiste, de l'ego et du mal.

David Bakan mit en lumière les liens entre Freud et le judaïsme hassidisme, dans lequel le médecin avait été élevé et contraint. On remarque en effet que Freud élabora ses théories sexuelles conjointement avec Wilhelm Fliess, un clinicien berlinois versé dans la kabbale, le traducteur communiste Adolphe Franck et le rabbin Jelinek (1821-1898), qui célébra son mariage. Freud aura livré sa propre interprétation du Zohar, le Livre des splendeurs divines, pour bâtir ses pratiques d'association-libre, d'interprétation des rêves, de bisexualité, de libido, de transfert, etc... mais dans une dynamique clairement anti-traditionnelle et au service de l'ego.

A ce titre, avec Marx et Hitler, Freud auront constitué un trio au service de la déviance des mythes judéo-chrétiens pour constituer des hérésies, avec les régimes politiques attenants. L'apocalypse de saint Jean n'envisage t-elle pas l'apparition de « trois grenouilles », des « bêtes » croassant des doctrines erronées au service de satan?

Cette accusation sur Freud est corroborée par l'écrivain franco-tunisien Albert Memmi, le psychiatre français Francis Pasche (1910-1996), la psychologue israélienne Eliane Amado-Levy-Valensi (1919-2006) et le chercheur français Charles Mopsik (1956-2003), chercheur et spécialiste de la kabbale de réputation internationale.

Mise au service du projet blasphématoire des Khazars, la psychanalyse freudienne a fini par accoucher d'un monstre: le psychotronisme, un outil technologique permettant d'amplifier les mémoires corporelles, d'en créer de fausses et même de priver les populations ciblées de tout libre-arbitre en falsifiant l'intuition de tout un chacun.

On retrouve également les mêmes Khazars chez Microsoft et Facebook et plus généralement les grandes entreprises américaines impliquées dans le « transhumanisme », un projet d'union biologique de l'homme, de la machine et d'organismes génétiquement modifiés. Le mythe des milieux kabbalistes, celui du Golem ou de Franckeinstein, n'a pas servi d'avertissement à ces milieux.

Albert Memmi affirme que Freud n'a exploré la kabbale juive que pour la transformer sous l'influence du cartésianisme français en une science moderne, industrielle et lucrative, détachée de la religion et de ses sciences de l'âme traditionnelles. Il affirme sans ombre :
    « C'est du judaïsme, que Freud veut libérer le juif moderne ».

Gérard Haddad, un psychiatre tunisien séfarade et disciple de Lacan, soutient plutôt que Freud aurait plagié et falsifié le judaïsme, toujours dans un sens moderniste français mais en l'espèce le Talmud et non la kabbale, en particulier l'école de Moshe ben Maïmon (1138-1204).

Il est possible que Freud ait tout simplement tout mélangé et tout falsifié pour bâtir une science de l'âme moderne, la psychanalyse, basée sur une vision quantitative et mécanique de l'homme, mise au service de l'industrie du médicament.

A l'époque, l'occident a fait les frais de la révolution industrielle, laissant toute une génération de fils d'ouvriers et de paysans à l'état d'épaves psychologiques. L'alcoolisme, les cadences infernales des usines et la pollution voient deux classes émerger:
- celle des bourgeois qui se sont acheté les titres de noblesse et ont envahi les institutions religieuses pour les infecter de leur mentalité libérale et mondialiste ;
- celle de ses esclaves et leur descendance, abrutis et laïcisés.

Adolf Hitler proposera de gazer les handicapés pour s'en débarrasser, sous des prétextes économiques de bonne administration des finances de l'Etat. Sigmund Freud, d'en faire plutôt des moyens de faire du fric pour les industries pharmaceutiques et de l'hôpital. Joseph Staline les enverra en Sibérie, réaliser le rêve socialiste du matin des magiciens. On est loin de l'obligation de la loi juive d'assister les pauvres. On est plutôt au coeur de la mentalité des petits bourgeois, bureaucrates et génocidaires dans l'âme. Les trois étaient des héritiers indignes de la Kabbale, une kabbale déviée, devenue un instrument du satanisme.

§2. Les alphabets sont des recueils de signes, associés à des sons, des charges symboliques et des mouvements.

L'arbre de vie de la kabbale comporte vingt-deux canaux entre les sphères de vie, dont le son est associé aux lettres hébraïques. Il convient donc de faire la distinction entre cet alphabet et l'alphabet adamique (celui d'Adam). Ce dernier en comporte trente-deux puisque les espaces entre sphères de l'arbre de la connaissance sont de ce nombre. L'alphabet arabe, de vingt-huit signes, est un dérivé de l'alphabet hébreu par le redoublement de six lettres.

Historiquement, il est assez aisé de constater le passage entre les langues sémites et les alphabets européens (grec, latin et cyrillique). Sur l'origine de l'alphabet hébreu, les avis divergent mais s'accordent à trouver son fondement dans les signes phéniciens puis syriaques. Ce point de vue est typiquement matérialiste et académique. Il n'en est probablement rien, l'observateur moderne ayant la fâcheuse tendance à imposer sa mentalité à la lecture des faits.

En effet, la kabbale accorde à chaque lettre une charge des quatre niveaux d'exégèse :

1. « peshat », la lettre se réfère à un objet du monde sensible. Par exemple, Aleph / א au boeuf, Bet / ב à la maison, Gimel / ג au sexe, Daleth / ד à la porte, etc.

2. « remez », la lettre se rapporte au sens analogique à une vertu. Par exemple, He / ה à la vertu combattante, Vav / ו à la capacité à attirer, ו / Waw la manipulation des armes, Zayin / ז à limiter etc.

3. « derash », la lettre est utilisée dans un sens symbolique en rapport avec l'esprit, qui est au coeur de l'interprétation des mythes, des paraboles et des proverbes comme Tet / ט mythe des cycles (déluge), Yod / י l'oeuvre de la main de Dieu (Moïse sépara les eaux), Kaph / כ la paume comme instrument de lecture de l'énergie de la personne (Jésus et sa Samaritaine), Lamed / ל le bâton comme instrument du pouvoir (Moïse et Aaron face aux serpent des magiciens égyptiens, etc.

4. « sod », la lettre indique le sens métaphysique, au-delà des apparences et des formes de la création, avec des indications prophétiques sur le sens de l'histoire et les événements. Par exemple, Mem / מ signe la royauté divine, Nun / נ les qualités de lumière de la présence divine, Samek / ס l'audition d'un Dieu omniprésent à l'écoute de sa création et de ses créatures, Ayin / ע l'exaltation des hommes.

A l'aide de ces outils, les objets sensibles, les vertus humaines et les mythes sont mis en relation avec les qualités divines telles qu'elles se manifestent au travers de la création. J'ai indiqué plus haut le rapport entre les quatre constellations des solstices et des équinoxes d'une part et d'autre part les quatre Vivants de la vision d'Ezéchiel, dont chacun se rapporte à une des qualités ou « noms » de Dieu: le Taureau au printemps et à l'amitié de Dieu, le Lion à l'été et à la sainteté de Dieu, le Scorpion à l'automne et à la lumière de Dieu et le Verseau à l'hiver et à l'établissement de la demeure de Dieu. Ces qualités sont exprimées dans les lettres hébraïques Vav / ו, Tet / ט , Nun / נ et Tsade / צ.

Ces connaissances pouvaient aisément se résumer dans des cartes simples, permettant de juger de la « charge » spirituelle d'un objet, d'une vertu humaine et d'un mythe en relation avec les qualités du créateur.

Les milieux judéo-chrétiens et platoniciens ne s'en privèrent pas et élaborent un instrument basé sur les quatre éléments de la cosmogonie, le cycle des quatorze stations qui exprime le rapport de quatre (la matière) à dix (l'esprit) ou le doublement des sept énergies du système solaire, et les vingt-deux lettres de l'alphabet hébraïque.

Cet instrument est le Tarot, inversion possible du terme Torah, ce qui indiquerait bien son ambition d'être l'envers / l'ésotérisme de la loi juive / de l'exotérisme.

Lettre	Pictogramme	Qualité divine
א ﬡ	boeuf	Dieu
ב ﬠ	maison	Eternel
ﬣ ג	sexe	Assembleur
ד ﬢ	porte	Compteur
ה ﬣ	aile	Guide
ו ו	hameçon	Ami
ז ﬦ	arme	Purificateur
ח ﬤ	limite	Vrai
ט ﬨ	roue	Saint
י ﬩	main	Chef
ד ﬥ	paume	Suffisant
ל ﬦ	bâton	Bénin
ﬦ ם	eau	Roi
ﬧ ﬨ	serpent	Lumière
ס ﬩	arête	Auditeur
﬩ גּ	oeil	Exalté
ﬤ ﬥ	bouche	Oeuvrant
ﬨ דּ	papyrus	Etabli
ﬦ ק	singe	Puissant
ﬧ ר	tête	Seigneur

Lettre	Pictogramme	Qualité divine
שׁ ש	dent	Acceptant
ת ת	croix	Pardonnant

Tableau 11. Alphabet hébreu et noms divins.

Tableau page suivante de Luc Marin, L'évangile du monde, libre de droit
http://www.evangile-monde.fr/L'évangile%20selon%20le%20Monde
%20LIVRE%20I.pdf

Proto-Sinaitic	Proto-Canaanite	Phoenician	Paleo-Hebrew	Etrusque	Aramaic	Hebrew	Greek	Latin	Cyrillic	Elder Futhark	Aramean	Arabic
						Alef	Aα	Aa	Aa			
						Bet, Vet	Bβ	Bb	Бб Вв			
						Gimel	Γγ	Cc Gg	Гг			
						Dalet	Δδ	Dd	Дд			
						Hei	Eε	Ee	Ee Єє			
unknown						Vav	Yu / Ff	WwYy FfUuVv	Ww Yy			
unknown						Zayin	Ζζ	Zz	Зз			
						Het	Ηη	Hh	Ии			
						Tet	Θθ	?	Θθ			
						Yud	Ιι	Jj Ii	Jj Ii			
						Kaf, Khaf	Κκ	Kk	Кк			
						Lamed	Λλ	Ll	Лл			
						Mem	Μμ	Mm	Мм			
						Nun	Νν	Nn	Нн			
						Samech	Ξξ Χχ	Xx	Зз Xx			
						Ayin	Οο	Oo	Оо			
						Pei, Fei	Ππ	Pp	Пп			
						Tsadi	Мμ		Цц Чч			
						Kuf	Ϙϙ	Qq	Çç			
						Reish	Ρρ	Rr	Рр			
unknown						Shin, Sin	Σσς	Ss	Сс Шш			
unknown						Tav	Ττ	Tt	Тт			

§3. Les images : le Tarot, un « imagier » du moyen-âge?

Les lames du Tarot sont soixante-dix-huit et réparties en deux séries :

1. les lames mineures, en rapport avec les éléments et les stations, soit cinquante-six, sont exprimées par des objets et des personnages ;

2. les lames majeures, en rapport avec les lettres hébraïques, soit vingt-deux, sont des scènes mettant en oeuvre des personnages et des êtres mythologiques.

Dans la bible, le chiffre quatorze se rencontre à de nombreuses reprises comme preuve de l'action de l'esprit sur les éléments du monde concret:

- Jacob travailla quatorze ans pour son oncle Laban afin de pouvoir épouser sa fille Rachel. La première période de sept ans lui permit de prendre Léa pour femme, la soeur aînée de Rachel, et après la deuxième période de sept ans, il put enfin épouser celle qu'il aimait vraiment, c'est-à-dire Rachel. Et Jacob eut de Rachel quatorze fils et petits-fils (Gn 29,15-30 et 46,22);

- une femme ayant accouché d'un garçon sera considérée impure pendant sept jours et de deux fois sept jours s'il s'agit d'une fille, soit quatorze jours (Lv 12,5);

- les noces de Tobie et de Sara durent quatorze jours (Tb 8,20);

- au retour d'Exil, après la reconstruction du Temple, les Israélites célébrèrent la Pâque le quatorzième jour du premier mois (Esd 6,19);

- dans le Livre d'Hénoch apocryphe, il est question de quatorze arbres privilégiés qui demeurent toujours verts quelque soit la saison de l'année. Egalement de 14 fois 300.000 portails que le Saint béni ouvre à l'ange Métatron (Hénoch), le prince de la Face;

- les quatorze générations de Abraham à David, de même que de David à la déportation de Babylone, et de la déportation de Babylone au Christ (Mt 1,1-17);

- les quatorze stations du Chemin de croix. Mentionnons que le nombre des stations varie jusqu'au XVIIIe siècle et est finalement fixé à quatorze par Clément XII et Benoît XIV;

- les quatorze épîtres écrites par saint Paul.

Dans le Tarot, le nombre quatorze est le fruit de la rencontre des vingt-deux lames majeures - représentant l'esprit divin - avec les quatre éléments. Ces lames majeures ont été dessinées en empruntant au ciel la forme des constellations présentes dans le templum / le temps où elles apparaissent. Chaque lame renvoie ainsi à des groupes d'étoiles et des périodes de l'année où ces influences métaphysiques s'expriment.

Par exemple, la Lame XXI appelée « le monde », reproduit les visions respectivement musulmane des quatre Pôles de la sainteté encadrant l'Axe devin, chrétienne des quatre évangélistes entourant l'Agneau et juive des quatre Vivants autour du trône. J'ai indiqué son expression dans le bouddhisme, avec les Vainqueurs. Les quatre constellations des saisons y apparaissent ainsi qu'un personnage au centre, représentant la vertu platonicienne de sagesse, tenant la coupe de la libation du banquet platonicien et la croix du mythe de la résurrection du Christ.

Au final, on dispose d'un schéma général des symboles tel qu'il fut établi lorsque l'écriture occidentale apparait, sous l'ère du Taureau, soit de 4.000 à 2.000 ans avant Jésus-Christ. Il n'est pas anodin que le Tarot soit initié par une lame (la lame I, « le bateleur ») incarnant le sédentaire et reprenant tout le dessin des constellations visibles dans le ciel de l'hémisphère nord (exprimant la qualité métaphysique primordiale de Dieu: l'acte créateur de la Terre et des éléments) puis s'achève pas une lame (la lame sans numéro ou XXII, « le fou ») représentant un nomade et la carte du ciel autour de la constellation du Serpentaire, le grand guérisseur cosmique.

Le plus remarquable est que le Tarot place le Soleil en Verseau, donc se destine au passage de l'ère du Poisson avec la première venue du Christ à l'ère du Verseau, cadre de son retour. Cet instrument, dans les mains de joueurs et d'ignorants, tout juste capables de l'utiliser à des fins de support de prédiction, est pourtant une merveille de gnose. Sans doute le meilleur moyen de le conserver hors de portée des Khazars. Et tant pis si je passe pour un autre « pyram-idiot » aux yeux des larbins incultes du système, en révélant sa nature.

Bien entendu, comme pour les points communs entre la plupart des civilisations antiques, dotées des mêmes calendriers, des mêmes techniques de construction mégalithiques défiant les capacités des technologies actuelles et des mêmes préoccupations astronomiques en rapport avec le géomagnétisme, tout cela est nié par la science officielle, dans les mains des financiers et de leurs lubies. La caste scientifique, servile à souhait, aveugle, enfermée dans ses théories et ses constructions, ne sait rien et ne véhicule que des éléments disparates de la connaissance. Elle en est incapable, y compris de s'imposer à elle-même la méthode scientifique comme les spécialistes des civilisations antiques le prouvent.

Les égyptologues académiques sont ainsi les pires aveugles qui se puissent rencontrer lorsqu'ils refusent une conclusion technique évidente. Les Egyptiens auront réemployé, comme de nombreux peuples avant eux, des bâtiments anciens pour les utiliser à des fins de sépulture. Ils ne les auraient pas construits eux-mêmes, car ils ne disposaient ni des connaissances mathématiques, ni des moyens de découpe et de levage nécessaires à leur époque. On résout l'anachronisme mais on est obligé de conclure que l'évolution technique de l'humanité n'a pas été linéaire. Et de là que des civilisations techniciennes sont apparues avant la nôtre sans laisser beaucoup de traces.

De même avec le Tarot, qui nous sera parvenu par saint Louis et l'abbé Suger depuis la Tunisie, après la septième croisade. Pourtant, l'histoire officielle ne considère que sa mention par Rabelais en 1533 dans son « Gargantua » ou son appellation attestée de « triomphes » en Italie en 1505. D'après le chercheur Michael Dummett, le jeu aurait été rapporté en France par des soldats après des invasions en Italie de Charles VIII en 1494 et Louis XII en 1499. Vraiment?

En réalité, le Tarot occidental semble avoir eu pour ancêtre les jeux de cartes orientaux des Mamelouks, les gardiens non-musulmans des palais impériaux des califes de Bagdad. Ces deniers étaient d'abord des Caucasiens, donc influencés par la culture grecque (avant les invasions des ethnies de Huns et de Khazars), puis des chrétiens. Le Tarot reprend d'ailleurs des thématiques platoniciennes, comme les vertus.

Platon, qui cite Socrate, énonce trois vertus : le courage, la justice et la tempérance, que le sage doit maîtriser par prudence dans le chemin de la connaissance. Or, les lames du Tarot VII la justice, XI la force, XIV la tempérance et IX l'ermite incarnent bien ces thématiques. Pur hasard?

Si on se rapporte au Tarot et ses rapports aux étoiles, les vertus concernent Vénus, le Cancer, le Lion et le Scorpion.

L'axe Taureau - Scorpion / Aigle ou « Taureau ailé » chez les Mésopotamiens, croise l'axe Lion - Verseau / Ange ou « Sphinx », tel qu'il est représenté en Egypte à Gizeh. Ces constellations abritent quatre des étoiles les plus fortes dans le ciel, conservant la même distance entre elles. Véritable horloge astronomique, elles permettent de déterminer les saisons sur une période de 26.000 ans (et le cycle des glaciations) mais aussi la position de la Terre dans l'univers.

La lame IX donc Vénus est traditionnellement associée à la civilisation, puisque la projection de son ombre sur la Terre détermine tous les points d'apparition des capitales des grandes civilisations... mais aussi leur châtiment par le feu ou l'eau.

La lame VIII - donc le Cancer - est intéressante à ce titre pour sa charge symbolique pour les cités. En astrologie, ce signe incarne la peur du futur, qui est une caractéristique du signe du Cancer / du Crabe. Les Grecs l'associaient à Mnémosine, la personnification mythologique de la mémoire, fille d'Uranus, dieu du ciel, et de Gaïa, déesse de la Terre. Elle engendra neuf filles: les muses, qui confèrent aux dieux et aux hommes dons et inspirations... mais aussi la capacité de prophétie. Ce don est à proprement parler la source du messianisme, dont la plus grande figure historique est incontestablement le sphinx de Gizeh.

Or, si l'on prend le regard de la statue mi-ange (Verseau) et mi-Lion comme point de lecture de la bande de précession des équinoxes, lorsqu'il sera aligné sur l'axe Lion-Verseau, le site de Gizeh met en garde contre une date précise, où un événement dramatique risque de se produire. Il s'agirait d'une interruption du champ géomagnétique terrestre pendant quelques jours, avec un risque de basculement des pôles et de réajustement de l'écorce terrestre. La Terre serait alors immobile et exposée aux radiations solaires… sans nuit pour une partie de la planète.

S'agit t-il du corollaire des déluges, qui ont frappé l'humanité il y a 12.000 ans ? Le péril serait alors un châtiment par le feu du ciel d'un bon quart de notre habitat. S'agit t-il des trois jours et demi annoncés par les Ecritures saintes, où la Terre sera immobile et chacune de ses faces châtiée par le froid ou le chaud ?

Il est remarquable qu'à son retour de captivité en Tunisie, après l'échec de la septième Croisade, saint Louis (1214-1270) initie un vaste projet de construction de cathédrales, dont la structure mathématique et l'emplacement s'inspirent directement de la science et des bâtiments antiques égyptiens (le mètre, Pi et le nombre d'or Phi). Or cet art de la construction, servant une ambition politique et morale, n'a pu apparaître d'un coup et tel quel. Il y a forcement eu une « révélation » puis une transmission dans le temps, qui atteint saint Louis puis la France au XVe siècle, juste avant la Réforme et ses conséquences (Renaissance puis révolutions).

En Tunisie, saint Louis a acquis la conviction que son échec face à l'islam était la conséquence de l'immoralité de son royaume. Il décide alors de punir sévèrement le blasphème mais il protège l'homosexualité au sein de la cour, alors punie de mort par l'église. Il interdit les jeux d'argent, les prêts à intérêts et la prostitution. Il s'en prend aux juifs d'origine d'Europe de l'Est. Il tente également de les convertir de gré ou de force au christianisme.

Pour y parvenir, saint Louis leur impose diverses obligations comme celle de brûler le Talmud en place publique puis le port de la rouelle, signe que reprendront les nazis avec l'étoile jaune de David. Pour autant, le souverain les défend de la force royale lorsqu'ils sont injustement attaqués.

Le roi semble avoir bénéficié de l'influence des milieux musulmans, notamment ceux détenteurs de la science de la construction et du prophétisme. Avait t-il été informé de l'identité réelle des ashkénazes ? Leur fonction eschatologique comme « synagogue de satan » ? Du message des monuments antiques concernant leur venue, ponctuée d'une catastrophe naturelle d'ampleur planétaire, reproduisant par le feu l'épisode du Déluge de la bible ?

Pour preuve, la cathédrale de Strasbourg, achevée en 1365, voit inscrite dans son portail le profil et les proportions de la plus grande pyramide d'Egypte, alors pourtant partiellement sous les sables. Elle est orientée sur la position des astres aux équinoxes. La pyramide de Gizeh, construite sur la base du mètre, du nombre d'or Phi et du nombre Pi, est en effet un chef d'oeuvre de savoir, portant un message mathématique de plus en plus clair de nos jours : constantes de la création et du fonctionnement de l'univers, vitesse de la lumière, informations sur le climat, etc.

Seul un tel monument aurait pu être transmis à l'humanité pour résister à un déluge et son message être découvert par qui de droit et qui survivrait. Est-ce le cas? Pourquoi le retrouve t-on à Strasbourg et même en Arles et St Gilles du Gard, sur fond de thématique du jugement dernier?

Les propriétés géométriques et arithmétiques du bâtiment strasbourgeois auraient été importées des Croisades, sur la base d'une connaissance secrète des milieux judéo-musulmans. Elle est un haut lieu initiatique de la maçonnerie médiévale et même le plus haut bâtiment du monde jusqu'en 1874, et marque le point de départ du chemin rédempteur vers Compostelle. Elle est également un des éléments clefs de l'algorithme dit de la rose, à partir duquel le réseau des cathédrales aura été construit en France, en particulier sous saint Louis et ses successeurs.

Michel Christian Soulier, chercheur en géométrie sacrée, auteur, conférencier et collaborateur de la revue d'archéologie « Atlantis », avait mis en lumière que ce réseau fut imaginé à partir d'une figure de base: une étoile à cinq branches, dont le centre est Paris, et plus exactement la croisée des transepts de Notre-Dame sur l'Ile de la Cité. Le motif est alors amplifié en encorbellement sur des centaines de kilomètres, comme les ondes d'une vague déferlante.

Dans cet espace sacré, les rites, le son des cloches et le chant des fidèles formaient un immense coeur vibrant, tourné vers son créateur. La France est un modèle unique, qui n'a son équivalent que dans l'Egypte antique et les grandes civilisations des Amériques.Cette étoile de base, à Notre Dame de Paris, est en quelque sorte l'algorythme mathématique de base à partir duquel on aura construit la « rose mystique » française, symbole et attribut de la Vierge-Marie.

Autre exemple significatif des influences antiques, juives et arabes, les « vertus » du tombeau des Ducs de Bretagne dans la cathédrale de Nantes pourraient donner une confirmation de l'apport des milieux judéo-chrétiens de l'islam par le Tarot. Le projet fut initié en 1434, période où les images font leur apparition publique en Europe. Michel Colombe mit cinq ans à exécuter (1502-1507) le tombeau de marbre dit de François II. Il est décoré des douze apôtres et des quatre femmes qui représentent la justice, la prudence, la force et la tempérance de Platon. Il ne sera mis en place dans la cathédrale qu'en 1817.

Pourquoi ces révélations? A qui sont t-elles adressées si ce n'est aux croyants?

« Ce qu'on peut connaître de Dieu est pour eux manifeste: Dieu en effet le leur a manifesté. Ce qu'il y a d'invisible depuis la création du monde se laisse voir à l'intelligence à travers Ses œuvres, Son éternelle puissance et Sa divinité. » (Paul, Épître aux Romains 1:19-20).

Le Tarot est un « message » de nos anciens, que seul celui qui en est capable peut lire. Il contribue des sciences traditionnelles de l'âme, celles-là même dont les modernes veulent nous priver pour nous imposer des médicaments, des analyses statistiques et un vocabulaire entièrement dévoués à l'industrie du médicament, elle-même dans les mains des compagnies d'assurance et des banques des sinistres descendants des Khazars. Il n'est au final accessible qu'à ceux qui ont gardé une âme pure, loin des perversités de notre époque:

« Je vous bénis, Père, Seigneur du ciel et de la terre, de ce que Vous avez caché ces choses aux sages et aux prudents, et les avez révélées aux humbles. » (Matthieu, 11,25).

L'occident - tant qu'il a gardé sa propre tradition - entretenait des rapports avec les autres civilisations, tant sur le plan technique qu'intellectuel. Les conflits existaient car ils étaient politiques et religieux, dans leur aspect le plus superficiel. René Guénon faisait remarquer dans son « Orient et Occident »:

« Il y aurait lieu d'étudier plus particulièrement l'époque de Charlemagne, et aussi celle des croisades, où, s'il y eut des luttes à l'extérieur, il y eut également des ententes sur un plan plus intérieur, s'il est permis de s'exprimer ainsi ; et nous devons faire remarquer que les luttes, suscitées par la forme pareillement religieuse des deux traditions en présence, n'ont aucune raison d'être et ne peuvent se produire là où existe une tradition qui ne revêt pas cette forme, ainsi que cela a lieu pour les civilisations plus orientales ; dans ce dernier cas, il ne peut y avoir ni antagonisme ni même simple concurrence. Nous aurons d'ailleurs, par la suite, l'occasion de revenir sur ce point ; ce que nous voulons faire ressortir pour le moment, c'est que <u>la civilisation occidentale du moyen âge, avec ses connaissances vraiment spéculatives</u> (même en réservant la question de savoir jusqu'où elles s'étendaient), <u>et avec sa constitution sociale hiérarchisée, était suffisamment comparable aux civilisations orientales pour permettre certains échanges intellectuels</u> (avec la même réserve), que le caractère de la civilisation moderne, par contre, rend actuellement impossibles ».

Il ne vaut donc pas s'étonner que le « temps des cathédrales », âge d'or du moyen-âge, ait été le fruit d'une union des religions monothéistes avec des apports antiques et orientaux certains. Nos ancêtres ne vivaient pas dans un monde cloisonné, mais sur la base d'une même universalité intellectuelle, qui - quoi qu'exprimée dans des formes locales variées - unissait toute l'humanité. Le mondialisme actuel n'en est qu'une parodie, sur une base inversée, matérialiste et résiduelle.

Il nous fallait faire ce grand détour pour ramener le lecteur au contexte intellectuel du Tarot :

1. Rappeler les formulations traditionnelles de la vérité dans les doctrines orientales (bouddhisme et hindouisme), extrêmes-orientales (taoïsme et shintoïsme) et monothéistes (judaïsme, christianisme médiéval et islam) pour comprendre la mécanique intellectuelle du Tarot.

2. Souligner le caractère mensonger des conceptions modernes, toutes issues du même groupe ethnique venu des plaines d'Asie centrale (les Khazars), véritables financiers et agents de la contre-initiation et de l'anti-tradition. Il ne fait aucun doute que les chefs khazars sont particulièrement conscients de leur fonction et de l'orientation infernale de leur action (lettre de Pike, par exemple). Ils sont les « réprouvés » annoncés par le monothéisme. Toutefois, ceux qui les suivent sont dans l'aveuglement et l'égarement, incapables de comprendre les funestes desseins de ceux dont ils assurent le service. Le Tarot peut les aider à sortir des utopies véhiculées par le nomadisme dévié. Cependant, le travail de réforme de leur pensée et de leur action est colossal, tant tout leur être a été dévié par la modernité.

Lettre	Qualité divine	Astre	Lame
א א	Dieu	Terre	I - le bateleur
ב ב	Eternel	Saturne	II. la papesse
ג ג	Assembleur	Lune	III. l'impératrice
ד ד	Compteur	Mars	IV. l'empereur
ה ה	Guide	Bélier	V. le pape
ו ו	Ami	Taureau	VI. l'amoureux
ז ז	Purificateur	Gémeaux	VII. le chariot
ח ח	VRAI	Cancer	VIII. la justice
ט ט	Saint	Lion	IX. l'ermite
י י	Chef	Vierge	X. la roue de fortune
ך ך	Suffisant	Vénus	XI. la force / la dame aux lions
ל ל	Bénin	Balance	XII. le pendu
ם ם	Roi	Poisson	XIII. (la mort)
ן ן	Lumière	Scorpion	XIV. la tempérance
ס ס	Auditeur	Sagittaire	XV. le diable
ע ע	Exalté	Capricorne	XVI. la maison dieu
ף ף	Oeuvrant	Mercure	XVII. les étoiles
ץ ץ	Etabli	Verseau	XVIII. la lune
ק ק	Puissant	Soleil	XIX. le soleil
ר ר	Seigneur	Jupiter	XX. le jugement

Lettre	Qualité divine	Astre	Lame
שׁ ש	Acceptant	Noeud nord	XXI. le monde
ת ת	Pardonnant	Noeud sud	(XXII.) le fou ou fol / le mat

Lettes hébraïques et Tarot.

Chapitre 2. Les objets et la mécanique du Tarot.

Le Tarot ne laisse rien au hasard. Aucun élément n'est gratuit. Chacun porte un message, délivré au consultant et au consulté.

Cette remarque vaut pour les objets, considérés isolément, mais aussi les rapports des objets entre eux.

Il y a des objets et une mécanique d'ensemble les liant.

Voyons cela.

Section 1. Les objets tarologiques.

Le Tarot ne laisse rien au hasard. Aucun élément n'est gratuit. Chacun porte un message, délivré au consultant et au consulté. Cette remarque vaut pour les objets, considérés isolément, mais aussi les rapports des objets entre eux.

De nos jours, les clefs anciennes du Tarot ne nous sont parvenues que via deux écoles :

1. Celles du Tarot de Etteilla, un cartomancien du XVIIIe siècle, recueillies dans « Le Grand Etteilla : l'art de tirer les cartes » de Julia Or Sini ;

2. Celles de Melle Lenormand, basées sur le jeu de Piquet, la forme populaire du Tarot sans arcanes majeures.

La science tarologique doit être redécouverte, tout en tenant compte des expériences du passé et de l'influence négative des conceptions de la modernité, en particulier les divagations orientalistes (théosophie et niou-edge) et les erreurs du spiritisme.

1. Les quatre éléments.

Les quatre éléments sont associés à des objets et des couleurs :
- l'épée bleue avec le feu (pique dans le jeu de Piquet) ;
- le bâton vert avec l'air (carreau) ;
- la coupe rouge avec l'eau (coeur) ;
- le denier jaune avec la terre (trèfle).

Le rapport symbolique tombe sous le sens :
- l'épée est fait d'un métal, passé du rouge au feu à la couleur bleue ;
- le bâton fait de l'air, élément associé à la vitalité (le bioplasma dans le vocabulaire moderne) ;
- la coupe de porterie permet de récolter l'eau et lui donne l'illusion d'une coloration au rouge ;
- le denier est fait d'or, métal le plus coûteux produit par la Terre.

Lors de l'interprétation, le personnage et le numéro de la Lame mineure éclairent l'expression de l'Elément :
- Roi : le maître de l'Elément, dans sa position de principe ;
- Reine : l'Elément tel qu'il s'exprime ;
- Cavalier : l'Elément tel qu'il agit en défense (opposition) ;
- Valet : l'Elément tel qu'il agit en aide (position).

Les nombres de 1 à 10 se rapportent à ce que le mathématicien Pythagore a appelé la « Tétraktys » :

- 10 : domaine spirituel dominé par le feu, le Créateur ;

- 9 et 8 : domaine de la matière dominé par l'air, caractérisé par l'erreur (9) ou la complétude parfaite (8) ;

- 7, 6 et 5 : domaine de l'union de l'esprit et de la matière, dominé par l'eau, soit dans l'énergie astrale (7), soit dans les Eléments (5), soit dans la confusion et la difformité (6) ;

- 4, 3, 2 et 1 : domaine de la terre, de la forme créée, qui se manifeste sous quatre figures géométriques : carré, triangle, losange et cercle.

Aucun objet, aucun être, aucun évènement n'échappent à ces conditionnements. En chacun, un Elément domine (Roi), agit (Reine), oppose (Cavalier) ou sert (Valet), pour obliger à créer (10), subir (9 et 8), unir (7, 6 et 5) ou contempler (4, 3, 2 ou 1).

Nous avons deux systèmes de mesure en usage au moyen-âge :

- le système humain ou profane, avec son pouce, son pied, sa coudée et sa lieue où l'homme est la mesure de toute chose (système toujours en usage chez les Anglo-saxons) ;

- le système numérique ou sacré, avec les nombres de 1 à 10, avec le mètre comme étalon, dont la valeur est calculée sur la taille de la planète (le dix millionième du quart du méridien terrestre) (encore 10 et 4 !) (système imposé par les Français depuis le tyran du maçonnisme Napoléon 1er Bonaparte).

On remarque que le cheminement de Jésus lors de sa passion est numérique. Il est rythmé par quatorze stations, qui expriment sa dimension cosmique.

Le chiffre 14 est la rencontre du nombre 4, c'est à dire les Eléments et l'illusion existentielle, et du nombre 10, c'est à dire l'Esprit divin.

Les Evangélistes n'ont pas retenu le système profane, en usage dans l'empire romain et en Judée, mais le système pythagoricien, et probablement égyptien de par son origine. Je renvoie à la polémique sur le « pyramidion de Khéops ».

Le Tarot relève ainsi du système sacré, ce qui explique que comme les mathématiques, il contribue du domaine de la gnose. Il n'est réservé à priori qu'à une élite, capable d'en saisir la portée et de l'utiliser à des fins de construction de la Jérusalem, en soi et dans la société.

2. L'échelle et les astres :
les étoiles, la Lune et le Soleil.

L'échelle est un instrument d'une valeur symbolique universelle. On la retrouve partout associée à une ascension graduelle et une voie de communication vers la spiritualité pure.

Cette élévation se fait traditionnellement vers les étoiles, qui sont vues comme des modèles lumineux, transmettant la vitalité et la sagesse. L'échelle est d'un point de vue pratique un outil d'élévation composé de deux longs bois verticaux et de plus petits horizontaux, formant des marches. Par analogie, le Soleil et la Lune sont vus comme les deux montants verticaux, tandis que les degrés sont formés par les cinq planètes du système solaire.

On retrouve ici la description traditionnel du cosmos. Dans la bible, on la retrouve dans le songe de Jacob. Prenant une pierre, pour en faire un chevet, le patriarche se coucha en un lieu promis à une grande célébrité. Il eut un songe, autours duquel il vit une échelle se dressant depuis la terre au ciel. Les anges en montaient et en descendaient (Gen, 28:10-12).

La tradition juive décrit celle échelle comme composée de quatre échelons, qu'elle associe aux quatre niveaux d'exégèse des textes.

s'inspirant de la Kabbale, Alexandre Jorodowski a cru voir une référence à l'échelle dans les Lames XII et XXII du Tarot.

Par exemple, il décrit une échelle tracée par l'imagier sur la besace du Mat.

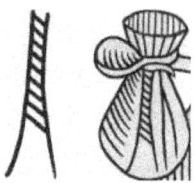

Image Camoin.

Philippe Camoin, avec qui il a travaillé à la compréhension moderne du Tarot, décrit un véritable « code de l'échelle de Jacob », qui serait caché dans le Tarot.

Il écrit :
      « Si l'on regarde la carte du Pendu, on remarque qu'il y a 12 branches coupées dont l'intérieur est de couleur rouge. Bien sûr, ces 12 branches coupées sont en rapport avec les 12 constellations du zodiaque, alors, ceux qui s'intéressent aux Tarot s'arrêtent à cette constatation parce qu'il est toujours difficile de concevoir que plusieurs enseignements puissent être combinés en un seul dessin. En fait, si l'on regarde le poteau horizontal tout en haut de la carte, on remarque qu'il est posé de chaque côté dans le support formé par l'intersection de deux branches. Alors, je

me dis qu'il est possible d'ajouter six autres poteaux horizontaux. Et voilà à présent les sept barreaux de l'échelle de Jacob révélée dans le Tarot. Cela paraît évident maintenant que la clé est révélée, et pourtant cela a échappé à des générations de chercheurs. Les 7 degrés de cette échelle sont les sept marches de l'initiation et correspondent aussi aux sept chakras. Cette échelle permet au disciple de s'élever vers le ciel pour devenir un soleil vivant[34]. »

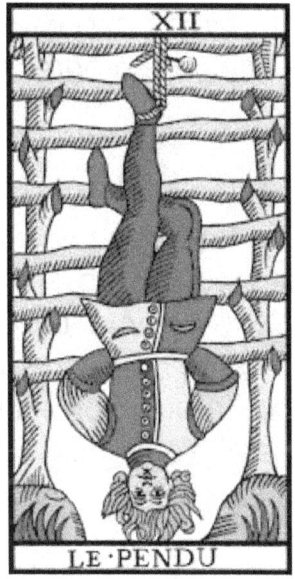

Image Camoin.

---

[34] Philippe Camoin, « Le Code de l'Échelle de Jacob » à https://fr.camoin.com/tarot/L-echelle-de-Jacob-dans-le-Tarot.html

Pourquoi pas ? S'il est vrai que la tradition juive considère le système des sept luminaires, l'allusion aux centre subtils de l'hindouisme laisse entendre ici une influence du niou-edge sur ces auteurs. Ce n'est pas très rassurant, d'autant que ces échelles ne sont pas apparentes sur les autres versions du Tarot. Le jeu est ainsi : on y voit ce que l'on veut bien y voir. Le danger est de rajouter des détails inexistants préalablement et de fausser les arcanes.

Pour ma part, je suis dubitatif sur l'existence d'une « code d'échelle » à proprement parler dans l'iconographie tarologique. Je vois plutôt une progression en échelle dans le Tarot lui-même.

En se souvient que Marsile Ficin a traduit en marge du Corpus Hermeticum un texte gréco-égyptien comportant un tableau en trois colonnes où les sept astres connus de l'époque sont présentés comme une échelle. Ils y sont associés à des nombres de un à vingt-un[35], soit le nombre de Lame majeures du Tarot, si on leur ajoute le Mat. Ce dernier personnage serait l'âme du consultant circulant sur l'échelle tarologique.

Les trois colonnes de cette échelle astrale sont une référence aux trois grâces : la jeunesse corporelle, la joie psychique et la gloire spirituelle. Elles correspondent

---

[35] Source : *Les Mystères du Tarot de Marseille*, documentaire ARTE France, Strasbourg, 2014, une réalisation de Christophe Poncet et de Philippe Truffault.

respectivement aux domaines terrestre, intermédiaire et céleste que le Mat doit réaliser pour s'émanciper de l'oeuf cosmique.

Dans les Lames XVII, XVIII et XIX, appelées respectivement l'Etoile, la Lune et le Soleil, on retrouve une référence aux trois luminaires principaux, formant l'échelle. La différence est ici dans les temples célestes visés.

En effet, dans le Tarot ésotérique, l'Etoile renvoie à Mercure et la Lune au Verseau. Or, en astrologie, Mercure et Lune conjoints en Verseau signent le mouvement et la fécondité, sur une thématique de communication. C'est le règne de l'Esprit, celui de l'ère du Verseau, le nouvel âge d'or annoncé par le Tarot. L'humanité y échangera en toute liberté, la fertilité (l'énergie libre) et les connaissances (la communauté du partage).

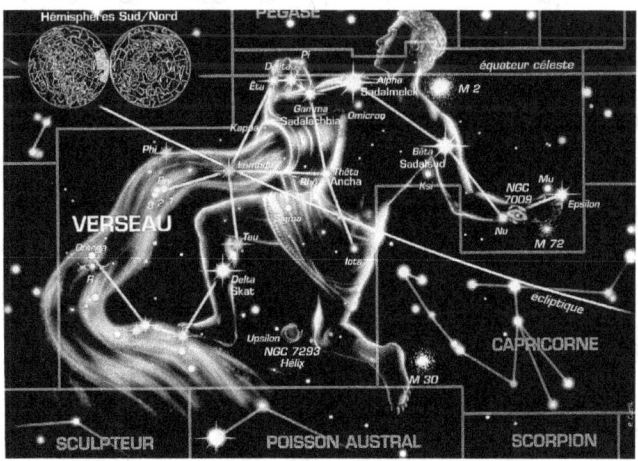

Verseau, Image Wikipedia

En attendant, les thématiques de l'ère des Poissons s'inverseront, pour en entrer en résistance : corporocracy contre communauté des croyants, régimes totalitaires contre systèmes monarchiques traditionnels, faux gnosticisme (maçonnisme et scientisme) contre gnose, mysticisme frelaté (spiritualismes) contre prophétisme abrahamique, conservatisme religieux criminel (pharisianisme) contre spiritualité et initiation authentiques, etc.

Nous sommes entrés dans le domaine de l'ersatz, de l'illusion érigée en norme et de la tromperie généralisée. Ces conditions sont nécessaires à deux événements à dimension universelle pour l'humanité :

1. La venue et le triomphe momentané de l'antéchrist ou dajjal, le faux-messie qui se prétendra « juif », porté par le groupe ethnique des Khazars, vus comme Gog de Magog (Yuj et Majuj).

2. Le Jugement des individus, extraits de tout contexte traditionnel les protégeant de la sanction divine. Ce jugement a nécessité en préalable que les religions et les pouvoirs politiques métaphysiquement orientés disparaissent et laissent leur place à des spiritualismes (illuminisme, spiritisme, orientalisme et niou-edge) et des régimes que j'ai décrits (nationalisme, libéralisme, maçonnisme, progressisme scientiste et socialisme).

On ne peut comprendre le Tarot sans ce travail de clarification. La Lame XIII prédit la fin des monarchies et des religions, afin de livrer l'humanité à elle-même dans la seconde moitié de l'ère des Poissons. La Lame XV annonce la venue d'un Diable, un « poisson pourri », capable de maintenir l'humanité captive dans une bulle psychique infernale. Une imposture dans le cadre du christianisme, celle des Khazars et de l'illuminisme, a assuré la formation de cette cage.

Tous les grands leaders de la modernité sont des juifs ashkénazes apostats du talmudisme : Freud dans les sciences de l'âme, Einstein dans le domaine de la physique, Darwin dans celui de la biologie, Marx dans ceux du droit et de l'économie, Zuckerberg dans celui de la publication des données intimes, Gates dans le traitement de l'information, etc. Les juifs apostats ont fabriqué la modernité, comme si leur action de tromperie répondait au négatif à la mission des juifs traditionnels de sauver l'humanité.

Le Tarot nous est parvenu de ces milieux juifs traditionnels, qui ont su tirer le meilleur de la philosophie grecque et des sciences antiques. Il ne faut pas s'étonner dés lors que le Tarot puisse être un anti-dote à la modernité. Le salut vient des juifs, mails aussi la perdition vient de leurs apostats. C'est ainsi et logique. Dieu a confié aux enfants d'Abraham une mission de sauvetage de l'humanité.

Le cheminement de deux humanités antagonistes est parallèle depuis presque 1.000 ans. Il va prochainement s'interrompre sous l'effet de deux événements prophétisés par le Tarot :

1. La venue de l'Etoile de la Lame XVII, c'est à dire un message porté par Mercure, le maître de la gnose. On doit donc s'attendre à un retour fracassant de la vérité, à une apocalypse ou une révélation finale. Elle est en cours et a utilisé tous les vecteurs à sa disposition, y compris et surtout le réseau internet. Son message ne sera jamais tu et deviendra de plus en plus audible par les élus.

2. Le Jugement de la Lame XX, qui va voir le retour d'Abel, le nomade béni de Dieu, tué par le sédentaire Caïn. L'humanité actuelle descend entièrement de Caïn, Abel n'ayant pas laissé de postérité. Nous allons donc assister à une transformation, qui fera des sédentaires du monde moderne des enfants de Dieu et de nos sociétés criminelles, une Jérusalem sur le modèle de la Lame XXI, le Monde. Pour cela, nous devrons abandonner toute une partie de nos contemporains, comme jadis les Hébreux ont du laisser dans le désert plus de la moitié de ceux qui les avaient suivis dans l'exode hors d'Egypte. Nous assisterons donc à un départ, sur le modèle de la Lame XXII, où les croyants seront traités comme des fous. Ils seront pourtant des « Mat ».

3. Les vêtements, les gants, les coiffes, le voile et les chausses.

Si l'habit ne fait pas le moine, la fonction commande l'habit. Les vêtements tarologiques ont un sens. On doit passer outre la mode vestimentaire du XVe siècle, présente dans l'iconographie du Tarot de Marseille. Elle trahit l'influence de l'école de Florence.

Ceci fait, on retrouve des codes traditionnels. Dans la société d'inspiration métaphysique, chaque caste présente une vestimentaire propre. Elle renseigne sur son état.

Le clergé est affublé de la robe, qui comme chez la femme traduit sa passivité à Dieu. On la retrouve en Lames V et XI, c'st à dire chez le Pape (en Bélier) et la Force (Vénus en Vierge).

Chez le noble, c'est la tunique, comme en Lame IV pour l'Empereur. Chez le fabricant, c'est la guêtre ou pantalon, qui est constitué de deux tubes liant les membres inférieurs jusqu'à l'entre-jambes, comme en Lame XXII.

Le hiérophante de la Lame IX est un personnage à part : il est habillé d'un long manteau. Il rappelle une statue de Mélos au portique des Mystae. On y voit un Hermès sous les traits hiérophante Marios Trophimos, dans une posture similaire à la figure tarologique.

Quant au choix des couleurs, celles des vêtements suivent la charte graphique du Tarot : air / vert ; feu / bleu ; eau / rouge et terre / jaune.

Par exemple, dans la Lame XIV, la Tempérance, la robe de l'ange de vertu est moitié de rouge / eau et moitié de bleu / feu. On a ainsi un mélange harmonieux de feu et d'eau en Scorpion. Il exprime l'idée de maîtrise des contraires et donc de soi-même. C'est à proprement parler la vertu de tempérance qui est signifiée par la juxtaposition équilibrée des couleurs bleue et rouge dans l'habit du personnage angélique.

4. Les bijoux et les insignes.

De la même manière que les vêtements, les bijoux et les insignes rappellent la condition du personnage.

Par exemple, l'Empereur porte le grand collier d'émeraude, le sceptre et l'écu royal à l'aigle. Le collier est une référence à l'écliptique solaire. Le bijou est la pierre de la connaissance, tombée du front de Lucifer et taillée en saint Graal, pour recueillir le sang du Christ. L'Empereur est donc celui qui sait, qui garde la fertilité et donc a conservé l'accès au nomadisme.

Le sceptre renseigne sur son pouvoir sur le monde. L'écu renvoie au symbolisme du Scorpion, transformé en aigle. Il incarne la transformation de l'énergie sexuelle en esprit divin, capable de non plus de reproduire mais de régénérer l'initié.

En Lame VIII, la Justice porte l'épée du discernement et la balance à deux plateaux, un instrument équitable de mesure. Elle est coiffée d'un mortier, le chapeau des magistrats, orné d'un rubis.

Le rubis, du latin « rubeus », rouge, symbolise le bonheur, nécessitant courage et persistance dans l'effort juste. Le rubis est la pierre de la justesse, la qualité menant à la paix véritable. Tout dans la Lame VIII est en rapport avec un vaste réseau symbolique, fonctionnant comme une image fractale : la justesse.

5. Les constructions et les véhicules :
la table, les trônes, la roue, le char, le bassin et les
tours.

Le Tarot présente quelques éléments techniques qui sont
l'apanage des sociétés sédentaires.

La table.

Le premier élément technique du Tarot est la table ou l'autel. Sa fonction profane ne doit pas faire oublier son rôle symbolique. Dans l'islam, elle est la « table gardée ». Elle incarne l'ensemble des possibles que Dieu a écrit pour chaque créature et hors desquels, quoi qu'elle fasse, la créature ne pourra s'exprimer.

Ces possibles englobent la providence divine, les actes de volonté du croyant et son destin, déterminé par sa génétique et son héritage psychologique.

Selon ibn 'Abbâs, un compagnon du prophète Mohamed :
        « Allah créa une Table gardée avec une grande perle blanche. Ses deux planches sont en rubis rouge. Sa plume est une lumière et son écriture est une lumière. Elle est aussi large que l'espace entre les cieux et la terre. Chaque jour, Il la regarde trois cent soixante fois. Avec chacun de Ses regards, Il crée, donne la vie, donne la mort, élève ou rabaisse Ses créatures, et Il fait ce qu'Il veut. C'est exactement ce que nous relate le Verset : [Chaque jour, Il est à l'ouvrage] [Le Miséricordieux ; 29]. »

Les musulmans voient ainsi la création divine comme une table [gardée], sur laquelle un « qalâm » (instrument d'écriture) a écrit les possibles permis par Allah. Ils ne déclarent « vrai » que ce qui est inscrit sur cette table. Le qalâm a séché après avoir écrit tout ce qu'il y aura jusqu'au jour de la résurrection. Tout ce qui n'est pas permis par Dieu est ainsi une illusion trompeuse, vouée à disparaître.

Dans le Tarot, cette idée de « possibles » est rendue avec les objets sur la table et dans les mains du Bateleur en Lame I. On retrouve en effet dans les mains du personnage le bâton (Air) et le denier (Terre). Sur la table, le couteau renvoie à l'épée (Feu) et les gobelets à la coupe (Eau). La conjugaison de ces Eléments est la limite des possibles, dans laquelle le personnage va s'exprimer le long des 21 arcanes suivantes.

Les mutations des Eléments produisant le vécu d'une créature sont illustrées dans le Tarot par la Roue de Fortune en Lame X. Les trois personnages incarnent respectivement :
- le sphinx, la volonté humaine ;
- le chien, la destinée à laquelle l'homme se soumet ;
- le singe, la providence divine, qui ne suit aucune règle.

Cette Lame X est associée dans le Tarot au ciel de septembre, le moment de l'année où pour les sédentaires le fruit de leur volonté est la plus manifeste : récoltes et vendanges sont faites. Il faut choisir comme au jugement dernier, ce qui sera jeté sur l'aire et brûlé, ou ce qui sera monté aux greniers et descendu aux caves et gardé.

Dans le cadre de la Tétraktys pythagoricienne, on a donc :
- le 7, ce qui est parfait et monté au ciel ;
- le 5, ce qui humain et demeure sur terre ;

- le 6, qui doit être éliminé. Dans la Bible 6 représente toujours l'imperfection, le mal ou le péché. Je renvoie à la Lame VI, l'Amoureux pour plus de détails et au 666, comme nombre de la bête (informatique).

Cette élimination du destin, du chien de la Lame X ou des produits du nombre 6, se retrouve en Lame XXII : le Mat est talonné par un féroce canin. L'animal lui déchire la culotte et dévoile sa fesse gauche.

Le mal continuera toujours son emprise, car il est l'instrument du dévoilement : le dévoilement de nos erreurs. C'est sur ce clin d'oeil que se terminent les images du Tarot. Il souligne que le jeu est une gnose destinée à nous faire réaliser nos fautes et offrir les solutions à notre salut.

Quelques exemples du nombre 6 dans le Livre de l'Exode :

« Pendant six jours tu travailleras et tu feras tout ton ouvrage ; mais le septième jour est le jour du repos, sabbat en l'honneur du Seigneur ton Dieu : tu ne feras aucun ouvrage, ni toi, ni ton fils, ni ta fille, ni ton serviteur, ni ta servante, ni tes bêtes, ni l'immigré qui réside dans ta ville.» (Ex, 20:9-10)

« Durant six années tu ensemenceras ta terre et tu en récolteras les produits ; mais la septième année, tu ne la cultiveras pas et tu la laisseras se reposer. Les pauvres de ton peuple y trouveront de quoi manger, et les bêtes des champs en mangeront les restes. Tu feras de même pour ta vigne et pour ton olivier.» (Ex, 23:10-11)

« Si tu achètes un esclave hébreu, il te servira pendant six ans, et la septième année il partira libre, sans payer de rançon » (Ex, 21:2).

Les trônes et le charriot.

Outre sa fonction profane, le trône exprime le lieu de la présence du pouvoir divin dans la création. Toutefois, ce siège n'est pas celui de Dieu en tant que tel, la création ne pouvant contenir Allah :

« Certes Allah a créé le Trône comme manifestation de Sa toute puissance et ne l'a pas pris comme endroit pour Lui-même[36] ».

Par délégation, les trônes du roi et du pape incarnent le siège du pouvoir temporel et de l'autorité spirituelle, légitimés par Dieu.

Dans la vision synarchique, l'Empereur (Lame IV) jouit d'un double trône. Il est titulaire à la fois de l'autorité spirituelle, qu'il délègue au Pape (Lame V) et à la Papesse (Lame II), et du pouvoir temporel, délégué aux rois et princes (Lame XIII).

On retrouve le trône évidemment avec ces personnages tarologiques mais également comme siège de la Justice, en Lame VIII, et dans le Charriot, en Lame VII. Les deux lames renvoient au constellations du Cancer et des Gémeaux, qui pour les anciens encadraient la Voie lactée sur le tracé de l'écliptique soli-lunaire.

---

[36] Rapporté par Abou Mansour Al-Baghdadiyy dans son livre Al-Farqou bayna l-Firaq p. 333

Ces ceux constellations relèvent d'un vaste ensemble symbolique comme siège de la justice (fixité) et de la vitalité (mouvement). Je renvoie évidemment à ce que va être décrit plus loin sur les Lames VII et VIII.

**Trois constructions centrales traditionnelles :
le mur, la tour et le bassin.**

Chez les sédentaires, le mur est l'enclos séparant leur monde civilisé de l'espace des nomades. Extra-muros : c'est le monde horizontal des animaux et du chaos naturel. Intra-muros : c'est le jardin de l'homme éduqué, tendu à la verticale vers son Créateur.

On retrouve la construction en Lame XIX, où deux jeunes gens sont enlacés. Cette image rappelle fortement un récit hébreu, repris dans le coran à la sourate XVIII lorsque des savants juifs interpellent Mohamed sur sa vocation prophétique : celle de Khadir et des orphelins au trésor. J'y reviendrai.

Le bassin et la tour sont le reflet l'un de l'autres, en architecture comme en langage symbolique. La tour relève de la pulsion vers le divin, comme en Lame XVI avec la Maison-Dieu, centré sur la constellation du Sagittaire. Le centaure (Chiron) associé à cet ensemble stellaire exprime la fonction initiatique de la tour comme lieu de transmission et de conservation du feu, donc de la tradition.

A l'opposé, le bassin incarne le lieu de dissolution, et de là de purification par l'eau, comme en Lame XX, le Jugement. On y aperçoit Adam et Eve face au nomade Abel, que l'ange du Jugement dernier a ressuscité de la tombe où l'avait jeté le sédentaire criminel Caïn. La Lame est placée sous les augures de Jupiter : la planète du châtiment.

En Lame XVIII, la Lune, le bassin est de couleur bleue sombre, donc lié à l'épée et au feu. Il y contient « l'aigre-vice », l'écrevisse, symbole de la gnose mais aussi du système lymphatique, véhiculant les hormones et le bio-plasma.

Placée entre chien et loup, sous une éclipse, entre deux tours, l'image de la Lame XVIII renvoie à la part de mémoriel et d'inconscient en nous. C'est cette partie sombre de notre être que la gnose appelle à extraire et à vaincre par le baptême.

Dans ce contexte, le bassin est une allégorie du système lymphatique, collectant les eaux du corps, en parallèle du système sanguin. Le rite baptismal équivaut ainsi à un bain de jouvence, capable de remplacer notre énergie subtile sale par une vitalité parfaite, exempte de toute trace du péché.

6. Les hommes et les femmes, les êtres fabuleux.

Le système du Tarot présente quatre séries de personnages, en rapport aux Eléments :

1. La série ignée des astres regroupe l'Etoile (XVII - Mercure), la Lune (XVIII - Verseau), le Soleil (XIX) et le Monde (XXI, noeud Nord). Elle donne le cadre où vont apparaître les dix personnages tarologiques, incarnant des types psychiques.

2. La série terrestre des personnages regroupe dix figures en progression de l'âme vers la liberté spirituelle : le Bateleur (I - Terre), la Papesse (II - Saturne), l'Impératrice (III - Lune), l'Empereur (IV - Mars), le Pape (V - Bélier), l'Amoureux (VI - Taureau), l'Hermite (IX - Lion), le Pendu (XII - Balance), le Diable (XV - Sagittaire) et le Mat ou le Fol (XXII - Noeud sud).

3. La série aérienne des trois vertus renvoient à la philosophie grecque : Justice (VIII - Cancer), Force (XI - Vénus) et Tempérance (XIV - Scorpion). Ces vertus sont les instruments qui vont permettre aux dix personnages ou types psychiques de maîtriser les cinq puissances, surgies du coeur des Eléments et sous l'influence des énergies astrales.

4. La série aquatique des cinq puissances décrit les cinq étapes de l'existence de l'âme au coeur de ces personnages :

- le Charriot (VII - Gémeaux) parle de la conduite morale de l'âme ;
- la Roue de Fortune (X - Vierge) enseigne les trois constantes dirigeant l'âme au cours de son voyage terrestre (providence, volonté et destin) ;
- la Mort (XIII - Poissons) est la sanction pour notre époque de perversion des consciences ;
- la Maison-Dieu (XVI - Capricorne) est le temple de l'initiation mais aussi la fin du voyage des âmes immatures (les vierges folles) ;
- et le Jugement (XX - Jupiter), celle de la résurrection des âmes bonnes.

On remarque que la présence de trois anges, en Lames VI (l'Amoureux - Taureau), XIV (la Tempérance - Scorpion) et XX (le Jugement - Jupiter). Ils incarnent les deux influences les plus violentes et antagonistes en astrologie : la pulsion de vie (le dieu Ouranos chez les Grecs, avec l'Eros) et la pulsion de mort (le dieu Chronos, avec le Tanatos, et le dieu Zeus, avec l'illumination).

Le Diable (XV - Sagittaire) est un satyre, sur le modèle antique. Chez les nomades, il est le dieu des bergers, le bon conducteur à la flûte. Chez les sédentaires, il est connoté plutôt négativement. Il devient le tentateur, celui qui retient prisonnier de l'état naturel. La Lame XV, comme le signe du Sagittaire, est un symbole ambivalent : positif ou négatif, selon celui qui le contemple.

Dans le Tarot, le Diable renvoie également à la caverne de Platon, le lieu des illusions existentielles. La grotte incarne le lieu de sommeil de la conscience, tel le placenta, dont l'homme doit d'émanciper pour voir le jour de la connaissance.

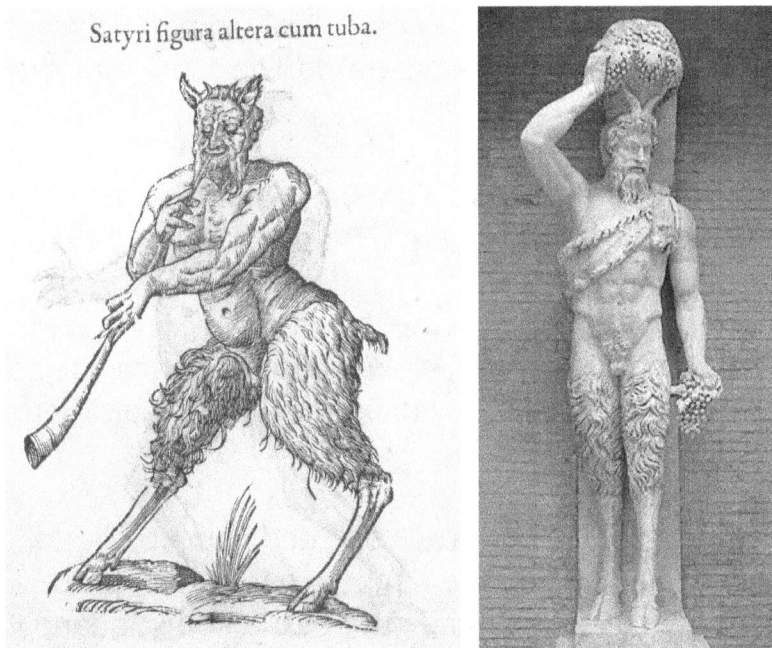

Images Wikipedia, satyre et dieu Pan des bergers.

Cette ambivalence vaut pour la Lame XIII, la Mort (Poissons). Le Tarot la représente fauchant les têtes des rois et des reines. Elle annonce la seconde partie de l'ère des Poissons, qui verra la destruction de tous les systèmes synarchiques. Cette destruction des supports extérieurs de la foi doit mener au Jugement dernier, où chaque individu sera pesé en fonction des qualités de son individualité, hors de son contexte social, ethnique ou national.

Le dernier être fabuleux est le sphinx, au sommet de la Roue de Fortune en Lame X (Vierge). Dans la mythologie grecque, le Sphinx (Σφίγξ) est un monstre hybride : son buste est féminin mais son corps est animal, laissant apparaître des pattes et une queue de lion ainsi que des ailes d'oiseau.

Le sphinx apparaît dans plusieurs mythes, comme interrogateur d'Ulysse ou Œdipe à Thèbes, avec la célèbre formule :
« τί ἐστιν ὂ μίαν ἔχον φωνὴν τετράπουν καὶ δίπουν καὶ τρίπουν γίνεται »/ « Quel être, pourvu d'une seule voix, a d'abord quatre jambes le matin, puis deux jambes le midi, et trois jambes le soir ? »

Œdipe trouva la solution : il s'agissait de l'homme. De fait, lorsqu'il est enfant, il a quatre jambes, car il se déplace à quatre pattes ; adulte, il marche sur deux jambes ; quand il est vieux, il a trois jambes, lorsqu'il s'appuie sur son bâton.

Dans le contexte tarologique, le sphinx se réfère à la mythologie grecque, celui d'Egypte étant sous les sables. Les Arabes voyaient en ce dernier « le père d'effroi » (أبــو الــهول / Abou Al'Hôl), une idole antédiluvienne destinée à avertir du jugement dernier. Il semble qu'ils aient vu juste, si l'on en croit les développements actuels de l'égyptologie sous le regard des mathématiques et de l'ingénierie du contrôle par la psychotronique[37].

Le sphinge du Tarot, pour être exact, incarne les tendances psychiques de l'homme : séducteur par sa parole mais redoutable dominateur et carnassier par ses instincts animaux.

---

[37] Voir mon ouvrage « L'encyclopédie du psychotronique ».

Section 2. La mécanique tarologique.

La tare est une valeur ôtée à une pesée avec une balance pour compenser le poids du plateau ou du contenant quelconque. Elle vient en déduction du poids total et permet de connaître la valeur numérique exacte d'un objet.

Comme son nom l'indique, le « Tarot » fonctionne du même principe. Les images tarologiques sont des tares, c'est à dire des valeurs à ôter des actes pour en connaître la valeur symbolique avec exactitude.

Lors d'une analyse tarologique, le consulté agit comme suit, selon plusieurs méthodes : il demande au consultant de déposer les cartes au hasard, faces retournées. Le consulté va les lever l'une après l'autre pour dévoiler les influences élementales et les énergies astrales gisant sous la problématique considérée.

Par exemple, j'interroge sur mon conflit avec la police politique en France à propos du psychotronisme. Je tire : XV - X - XIII. Pour le passé, c'est le Diable (Sagittaire), c'est à dire les instincts animaux, l'enferment dans l'illusion et aussi une période d'initiation. Ceci est exact. Dans le présent, c'est la Roue de Fortune (Vierge), qui opère le dévoilement de la vérité dans la souffrance. Pour le futur, c'est la Mort (Poissons), donc la fin des systèmes politiques oppressifs actuels.

Le conseil du Tarot est le suivant : valoriser l'expérience, dénoncer la vérité et le mensonge, garder confiance dans la chute des tyrans psychotroniques. La pourriture humaine qui a fait les républiques modernes (finance servie par les armée, police, gendarmerie, renseignement, justice et pénitentiaire) est promise à la disparition. Elle n'était qu'une manifestation nécessaire du mal, dans le processus de déterminisme historique. Bien vu.

L'interprétation commerciale sur internet est la suivante (au hasard de Google) :

1. La Lame XV symbolise la puissance, l'orgueil, les désirs, les tentations, les instincts primaires, les excès de toutes sorte. Elle annonce des passions, **intrigues**, relations fugaces et purement sexuelles, une réussite professionnelle mais par des moyens détournés, une rentrée d'argent mais qui laisse insatisfait.

2. La Roue de Fortune (Lame X) vous demande d'être attentif aux **opportunités** qui se présentent à vous et de ne pas les laisser passer. En effet la Roue de Fortune est souvent un symbole d'opportunités **positives** et fortes avec à la clef des transformations de vie qui dans l'avenir se révéleront positives et enrichissantes.

3. Le message de la Mort (Lame XIII) est contradictoirement plutôt positif et symbolise le passage et la transformation vers une nouvelle vie. Elle est le symbole par excellence du renouveau, de la renaissance et du

changement. On parle d'un nouveau départ ou d'une profonde remise en question du soi et de son chemin de vie. (…) elle annonce une transformation, une transition vers une nouvelle réalisation de vous-même. L'arcane sans nom symbolise aussi le deuil : deuil d'une personne éventuellement, mais aussi **deuil d'une situation** ou d'une relation à faire pour avancer.

Le Tarot n'indique pas l'avenir mais les forces en présence, que le consultant doit identifier sous les faits, comme on le fait pour peser à l'aide d'une tare. Outre son message général comme outil de perfectionnement de l'âme et message prophétique sur la seconde partie de l'ère des Poissons, le Tarot est un merveilleux instrument d'analyse pour les individus.